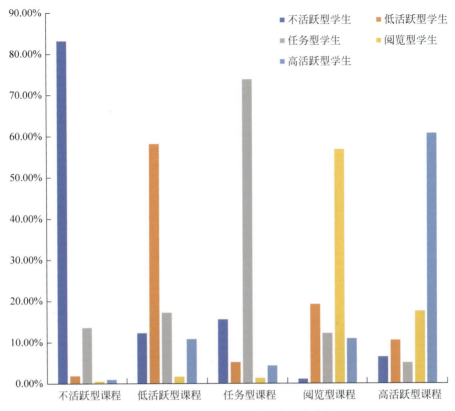

图 4-4　每类混合课程中学生占比分布图

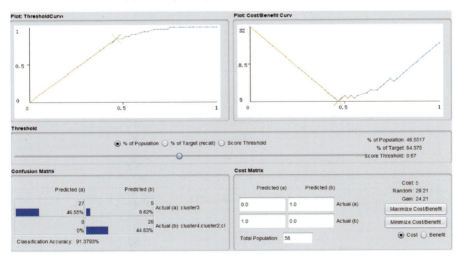

图 4-5　某课程被标记为阅览型课程时对应学生占比成本收益分析图

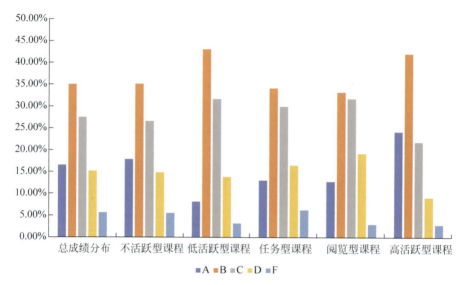

图 5-4 各成绩等级的学生人数占比分布图

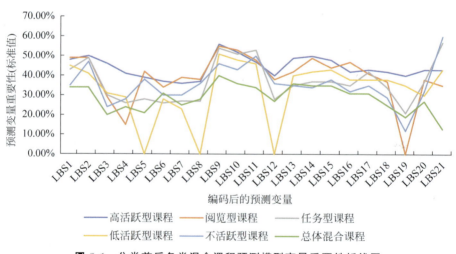

图 5-6 分类前后各类混合课程预测模型变量重要性折线图

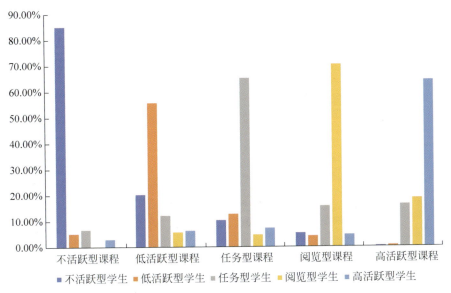

图 6-2　$CC_{2018-2020}$ 中学生群体构成占比图

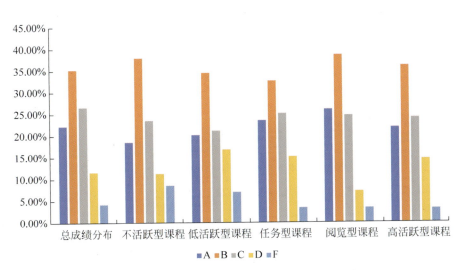

图 6-3　混合课程分类后学生成绩分布图

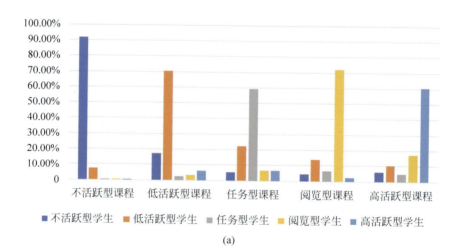

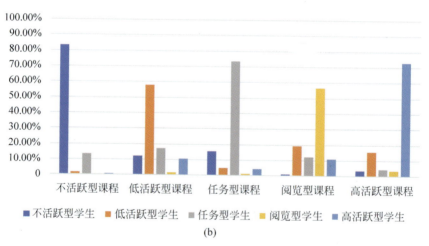

图 6-6　混合课程中学生构成占比图

（a）2020 年；（b）2018 年

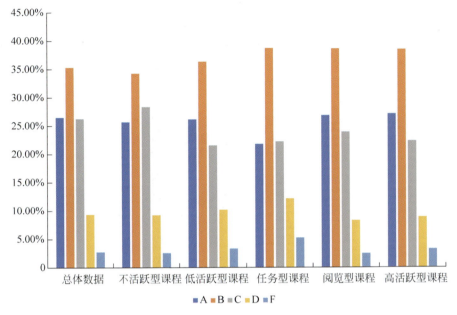

图 6-8 分类前后 CC_{2020} 各类课程中不同成绩人数占比分布图

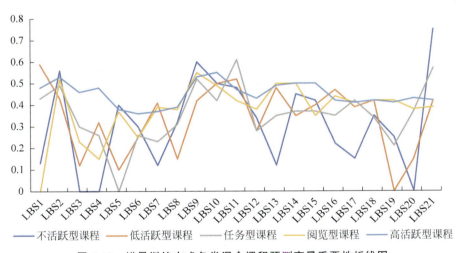

图 6-10 增量训练方式各类混合课程预测变量重要性折线图

清华大学优秀博士学位论文丛书

基于学生在线行为的混合课程学习成绩预测研究

罗杨洋（Luo Yangyang）著

Research on the Prediction of Learning Outcomes
Based on Online Learning Behavior Data in Blended Courses

清华大学出版社
北京

内 容 简 介

混合教学将面授教学和在线教学相结合，形成了多样化、个性化的教学形态、教学环节和教学模式，为学生带来了更多的学习机会和提升学习质量的可能性。然而传统教学管理策略无法满足混合教学中对多样化、个性化学习过程监控的需求，预测学生的学习成绩已成为动态掌握混合课程中学生学习情况，进而提高教学效果的新途径。当前大多数教学实践中可收集到的混合课程实施过程只包含学生在线学习部分的数据，只通过收集部分学习过程数据预测学生成绩具有很大挑战。这些挑战主要包括：收集哪些在线学习数据，如何处理和转换学生在线学习数据，在当前的研究中并无统一的指导原则；影响学习成绩预测结果准确率的在线学习数据指标项选择和处理方法没有学术界公认的标准；只通过部分数据建构混合课程学习成绩预测模型并保障其预测结果准确性的方法也缺少实践检验；最后对于已构建的混合课程学生成绩预测模型的通用性限制条件有哪些，也是当前研究领域的空白。本研究试图分析大量混合课程实施中产生的数据，提出解决上述问题的方法。

版权所有，侵权必究。举报: 010-62782989, beiqinquan@tup.tsinghua.edu.cn。

图书在版编目(CIP)数据

基于学生在线行为的混合课程学习成绩预测研究/罗杨洋著. —北京：清华大学出版社，2023.8

（清华大学优秀博士学位论文丛书）

ISBN 978-7-302-63314-3

Ⅰ. ①基… Ⅱ. ①罗… Ⅲ. ①高等学校－网络教学－学生－学习成绩－研究 Ⅳ. ①G642

中国国家版本馆 CIP 数据核字(2023)第 060507 号

责任编辑：梁 斐
封面设计：傅瑞学
责任校对：欧 洋
责任印制：刘海龙

出版发行：清华大学出版社
网　　址：http://www.tup.com.cn, http://www.wqbook.com
地　　址：北京清华大学学研大厦 A 座　　邮　编：100084
社　总　机：010-83470000　　邮　购：010-62786544
投稿与读者服务：010-62776969, c-service@tup.tsinghua.edu.cn
质量反馈：010-62772015, zhiliang@tup.tsinghua.edu.cn

印 装 者：三河市东方印刷有限公司
经　　销：全国新华书店
开　　本：155mm×235mm　印 张：17.75　插 页：3　字 数：305 千字
版　　次：2023 年 8 月第 1 版　　印 次：2023 年 8 月第 1 次印刷
定　　价：99.00 元

产品编号：096741-01

一流博士生教育
体现一流大学人才培养的高度(代丛书序)①

人才培养是大学的根本任务。只有培养出一流人才的高校,才能够成为世界一流大学。本科教育是培养一流人才最重要的基础,是一流大学的底色,体现了学校的传统和特色。博士生教育是学历教育的最高层次,体现出一所大学人才培养的高度,代表着一个国家的人才培养水平。清华大学正在全面推进综合改革,深化教育教学改革,探索建立完善的博士生选拔培养机制,不断提升博士生培养质量。

学术精神的培养是博士生教育的根本

学术精神是大学精神的重要组成部分,是学者与学术群体在学术活动中坚守的价值准则。大学对学术精神的追求,反映了一所大学对学术的重视、对真理的热爱和对功利性目标的摒弃。博士生教育要培养有志于追求学术的人,其根本在于学术精神的培养。

无论古今中外,博士这一称号都和学问、学术紧密联系在一起,和知识探索密切相关。我国的博士一词起源于2000多年前的战国时期,是一种学官名。博士任职者负责保管文献档案、编撰著述,须知识渊博并负有传授学问的职责。东汉学者应劭在《汉官仪》中写道:"博者,通博古今;士者,辩于然否。"后来,人们逐渐把精通某种职业的专门人才称为博士。博士作为一种学位,最早产生于12世纪,最初它是加入教师行会的一种资格证书。19世纪初,德国柏林大学成立,其哲学院取代了以往神学院在大学中的地位,在大学发展的历史上首次产生了由哲学院授予的哲学博士学位,并赋予了哲学博士深层次的教育内涵,即推崇学术自由、创造新知识。哲学博士的设立标志着现代博士生教育的开端,博士则被定义为独立从事学术研究、具备创造新知识能力的人,是学术精神的传承者和光大者。

---

① 本文首发于《光明日报》,2017年12月5日。

博士生学习期间是培养学术精神最重要的阶段。博士生需要接受严谨的学术训练,开展深入的学术研究,并通过发表学术论文、参与学术活动及博士论文答辩等环节,证明自身的学术能力。更重要的是,博士生要培养学术志趣,把对学术的热爱融入生命之中,把捍卫真理作为毕生的追求。博士生更要学会如何面对干扰和诱惑,远离功利,保持安静、从容的心态。学术精神,特别是其中所蕴含的科学理性精神、学术奉献精神,不仅对博士生未来的学术事业至关重要,对博士生一生的发展都大有裨益。

独创性和批判性思维是博士生最重要的素质

博士生需要具备很多素质,包括逻辑推理、言语表达、沟通协作等,但是最重要的素质是独创性和批判性思维。

学术重视传承,但更看重突破和创新。博士生作为学术事业的后备力量,要立志于追求独创性。独创意味着独立和创造,没有独立精神,往往很难产生创造性的成果。1929年6月3日,在清华大学国学院导师王国维逝世二周年之际,国学院师生为纪念这位杰出的学者,募款修造"海宁王静安先生纪念碑",同为国学院导师的陈寅恪先生撰写了碑铭,其中写道:"先生之著述,或有时而不章;先生之学说,或有时而可商;惟此独立之精神,自由之思想,历千万祀,与天壤而同久,共三光而永光。"这是对于一位学者的极高评价。中国著名的史学家、文学家司马迁所讲的"究天人之际,通古今之变,成一家之言"也是强调要在古今贯通中形成自己独立的见解,并努力达到新的高度。博士生应该以"独立之精神、自由之思想"来要求自己,不断创造新的学术成果。

诺贝尔物理学奖获得者杨振宁先生曾在20世纪80年代初对到访纽约州立大学石溪分校的90多名中国学生、学者提出:"独创性是科学工作者最重要的素质。"杨先生主张做研究的人一定要有独创的精神、独到的见解和独立研究的能力。在科技如此发达的今天,学术上的独创性变得越来越难,也愈加珍贵和重要。博士生要树立敢为天下先的志向,在独创性上下功夫,勇于挑战最前沿的科学问题。

批判性思维是一种遵循逻辑规则、不断质疑和反省的思维方式,具有批判性思维的人勇于挑战自己,敢于挑战权威。批判性思维的缺乏往往被认为是中国学生特有的弱项,也是我们在博士生培养方面存在的一个普遍问题。2001年,美国卡内基基金会开展了一项"卡内基博士生教育创新计划",针对博士生教育进行调研,并发布了研究报告。该报告指出:在美国和欧洲,培养学生保持批判而质疑的眼光看待自己、同行和导师的观点同样非常不容易,批判性思维的培养必须成为博士生培养项目的组成部分。

对于博士生而言,批判性思维的养成要从如何面对权威开始。为了鼓励学生质疑学术权威、挑战现有学术范式,培养学生的挑战精神和创新能力,清华大学在 2013 年发起"巅峰对话",由学生自主邀请各学科领域具有国际影响力的学术大师与清华学生同台对话。该活动迄今已经举办了 21 期,先后邀请 17 位诺贝尔奖、3 位图灵奖、1 位菲尔兹奖获得者参与对话。诺贝尔化学奖得主巴里·夏普莱斯(Barry Sharpless)在 2013 年 11 月来清华参加"巅峰对话"时,对于清华学生的质疑精神印象深刻。他在接受媒体采访时谈道:"清华的学生无所畏惧,请原谅我的措辞,但他们真的很有胆量。"这是我听到的对清华学生的最高评价,博士生就应该具备这样的勇气和能力。培养批判性思维更难的一层是要有勇气不断否定自己,有一种不断超越自己的精神。爱因斯坦说:"在真理的认识方面,任何以权威自居的人,必将在上帝的嬉笑中垮台。"这句名言应该成为每一位从事学术研究的博士生的箴言。

提高博士生培养质量有赖于构建全方位的博士生教育体系

一流的博士生教育要有一流的教育理念,需要构建全方位的教育体系,把教育理念落实到博士生培养的各个环节中。

在博士生选拔方面,不能简单按考分录取,而是要侧重评价学术志趣和创新潜力。知识结构固然重要,但学术志趣和创新潜力更关键,考分不能完全反映学生的学术潜质。清华大学在经过多年试点探索的基础上,于 2016 年开始全面实行博士生招生"申请-审核"制,从原来的按照考试分数招收博士生,转变为按科研创新能力、专业学术潜质招收,并给予院系、学科、导师更大的自主权。《清华大学"申请-审核"制实施办法》明晰了导师和院系在考核、遴选和推荐上的权力和职责,同时确定了规范的流程及监管要求。

在博士生指导教师资格确认方面,不能论资排辈,要更看重教师的学术活力及研究工作的前沿性。博士生教育质量的提升关键在于教师,要让更多、更优秀的教师参与到博士生教育中来。清华大学从 2009 年开始探索将博士生导师评定权下放到各学位评定分委员会,允许评聘一部分优秀副教授担任博士生导师。近年来,学校在推进教师人事制度改革过程中,明确教研系列助理教授可以独立指导博士生,让富有创造活力的青年教师指导优秀的青年学生,师生相互促进、共同成长。

在促进博士生交流方面，要努力突破学科领域的界限，注重搭建跨学科的平台。跨学科交流是激发博士生学术创造力的重要途径，博士生要努力提升在交叉学科领域开展科研工作的能力。清华大学于2014年创办了"微沙龙"平台，同学们可以通过微信平台随时发布学术话题，寻觅学术伙伴。3年来，博士生参与和发起"微沙龙"12000多场，参与博士生达38000多人次。"微沙龙"促进了不同学科学生之间的思想碰撞，激发了同学们的学术志趣。清华于2002年创办了博士生论坛，论坛由同学自己组织，师生共同参与。博士生论坛持续举办了500期，开展了18000多场学术报告，切实起到了师生互动、教学相长、学科交融、促进交流的作用。学校积极资助博士生到世界一流大学开展交流与合作研究，超过60%的博士生有海外访学经历。清华于2011年设立了发展中国家博士生项目，鼓励学生到发展中国家亲身体验和调研，在全球化背景下研究发展中国家的各类问题。

在博士学位评定方面，权力要进一步下放，学术判断应该由各领域的学者来负责。院系二级学术单位应该在评定博士论文水平上拥有更多的权力，也应担负更多的责任。清华大学从2015年开始把学位论文的评审职责授权给各学位评定分委员会，学位论文质量和学位评审过程主要由各学位分委员会进行把关，校学位委员会负责学位管理整体工作，负责制度建设和争议事项处理。

全面提高人才培养能力是建设世界一流大学的核心。博士生培养质量的提升是大学办学质量提升的重要标志。我们要高度重视、充分发挥博士生教育的战略性、引领性作用，面向世界、勇于进取，树立自信、保持特色，不断推动一流大学的人才培养迈向新的高度。

清华大学校长

2017年12月5日

丛书序二

以学术型人才培养为主的博士生教育,肩负着培养具有国际竞争力的高层次学术创新人才的重任,是国家发展战略的重要组成部分,是清华大学人才培养的重中之重。

作为首批设立研究生院的高校,清华大学自 20 世纪 80 年代初开始,立足国家和社会需要,结合校内实际情况,不断推动博士生教育改革。为了提供适宜博士生成长的学术环境,我校一方面不断地营造浓厚的学术氛围,另一方面大力推动培养模式创新探索。我校从多年前就已开始运行一系列博士生培养专项基金和特色项目,激励博士生潜心学术、锐意创新,拓宽博士生的国际视野,倡导跨学科研究与交流,不断提升博士生培养质量。

博士生是最具创造力的学术研究新生力量,思维活跃,求真求实。他们在导师的指导下进入本领域研究前沿,汲取本领域最新的研究成果,拓宽人类的认知边界,不断取得创新性成果。这套优秀博士学位论文丛书,不仅是我校博士生研究工作前沿成果的体现,也是我校博士生学术精神传承和光大的体现。

这套丛书的每一篇论文均来自学校新近每年评选的校级优秀博士学位论文。为了鼓励创新,激励优秀的博士生脱颖而出,同时激励导师悉心指导,我校评选校级优秀博士学位论文已有 20 多年。评选出的优秀博士学位论文代表了我校各学科最优秀的博士学位论文的水平。为了传播优秀的博士学位论文成果,更好地推动学术交流与学科建设,促进博士生未来发展和成长,清华大学研究生院与清华大学出版社合作出版这些优秀的博士学位论文。

感谢清华大学出版社,悉心地为每位作者提供专业、细致的写作和出版指导,使这些博士论文以专著方式呈现在读者面前,促进了这些最新的优秀研究成果的快速广泛传播。相信本套丛书的出版可以为国内外各相关领域或交叉领域的在读研究生和科研人员提供有益的参考,为相关学科领域的发展和优秀科研成果的转化起到积极的推动作用。

感谢丛书作者的导师们。这些优秀的博士学位论文,从选题、研究到成文,离不开导师的精心指导。我校优秀的师生导学传统,成就了一项项优秀的研究成果,成就了一大批青年学者,也成就了清华的学术研究。感谢导师们为每篇论文精心撰写序言,帮助读者更好地理解论文。

感谢丛书的作者们。他们优秀的学术成果,连同鲜活的思想、创新的精神、严谨的学风,都为致力于学术研究的后来者树立了榜样。他们本着精益求精的精神,对论文进行了细致的修改完善,使之在具备科学性、前沿性的同时,更具系统性和可读性。

这套丛书涵盖清华众多学科,从论文的选题能够感受到作者们积极参与国家重大战略、社会发展问题、新兴产业创新等的研究热情,能够感受到作者们的国际视野和人文情怀。相信这些年轻作者们勇于承担学术创新重任的社会责任感能够感染和带动越来越多的博士生,将论文书写在祖国的大地上。

祝愿丛书的作者们、读者们和所有从事学术研究的同行们在未来的道路上坚持梦想,百折不挠!在服务国家、奉献社会和造福人类的事业中不断创新,做新时代的引领者。

相信每一位读者在阅读这一本本学术著作的时候,在汲取学术创新成果、享受学术之美的同时,能够将其中所蕴含的科学理性精神和学术奉献精神传播和发扬出去。

清华大学研究生院院长

2018 年 1 月 5 日

导师序言

对学生日常学习过程中的表现及学习成效进行动态评价,是教师开展差异化教学、进行个性化学习指导的前提条件。互联网在教学中的普遍应用,使得学生在线学习行为得以实时记录并持续积累,基于行为数据对学生在线学习表现及学习成效进行动态评价成为可能,也为学习评价提供了新的方式。在新冠肺炎疫情持续蔓延的情况下,混合教学成为高校教学的新常态。与完全在线教学相比,混合教学情境下仅仅依据学生线上的行为数据实施学习成效预测具有很大挑战性。2001年,清华大学教育技术团队研发的"清华教育在线"网络教学平台开始在高校应用,之后几百所高校和职校基于该平台开展混合教学改革,积累了大量学生学习和教师教学的行为数据,为基于动态行为数据进行评价研究奠定了基础。罗杨洋的博士学位论文选择了基于学生在线行为开展混合课程学习成绩预测的研究课题,基于这项研究的成果出版了这本研究,其创新性成果体现在三个方面。

关于混合课程分类研究。混合课程融合了在线与面授两种场景,学生的学习过程和学习方法更加灵活、多元,试图用一套评价方法对学习效果进行评价难度很大,一种可行的方法是先对课程进行分类,然后再针对特定类别进行评价。现有混合课程分类研究主要从混合课程的目标、实施环境、活动组织形式等视角展开,但是都没有涉及学生的学习行为,很难据此构建基于学生在线学习行为特征的个性化评价方法。该书基于一所高校2456门混合课程在线数据的分析,提出了依据学生在线学习行为聚类对混合课程进行分类的方法,并将混合课程分为五种类型:不活跃型、低活跃型、任务型、阅览型和高活跃型。该方法不依赖人工事先标注,便于计算机自动化分类,有助于基于机器学习算法构建学生学习成绩预测模型,为分类开展学习评价与预测奠定了基础。

关于混合课程学习成绩预测模型构建的研究。以往使用学生在线行为的混合课程学习成绩预测研究,大多选择一门或者几门典型课程作为研究对象。基于个别课程构建的学习成绩预测模型难以迁移到其他课程的预测，降低了预测模型的应用价值。该书针对不同类型混合课程中学生在线学习行为特征，构建相应的混合课程学习成绩预测模型是一种新的尝试。在研究中对比分析了不同机器学习算法在五类混合课程中构建学习成绩预测模型的准确率，结果发现：在混合课程中基于学生在线行为数据预测学习成绩需要具备一定的前提条件，即在五种类型的混合课程中，只有"高活跃型混合课程"的预测准确率最高，且成绩较好的学生预测结果准确率较高。该研究结论带来的启示是在构建预测模型时需要判断拥有的数据有无可能表征预期的结果。

关于学生学习成绩预测模型迁移应用的研究。已有研究提出的混合课程中学习成绩预测模型大多都基于批量学习方法构建，这种方法有利于分析样本的整体特征、构建样本特征变量与结果变量之间的关系，但是得到的模型无法再接受新数据，不利于将已构建好的预测模型应用到其他课程。相对于批量学习算法，增量学习的机器学习算法有望解决上述问题。该书研究中使用增量学习随机森林算法，在不同学生样本数量规模中构建了学生成绩预测模型，并且比较了增量学习与批量学习两种方法构建学生成绩预测模型的结果准确率，结果发现：增量学习的随机森林算法在样本数量较多时，预测结果准确率高于批量学习的随机森林算法，且该方法可随时接受新数据，从而不断迭代和优化预测模型，因而比批量学习方法在预测模型应用和对教学过程的持续分析中有更大优势。但是要使用增量学习方式构建预测结果准确率相对稳定的模型需要使用更多的数据进行训练，且数据样本的局部特征需要与整体特征相似。

综上所述，该书在混合教学情境下，探索了基于学生在线学习行为进行课程分类、成绩预测模型构建等具有挑战性的前沿问题，取得了显著的创新成果，对该领域的知识构建和实践应用均具有重要贡献。然而，该研究仍然停留在对成绩预测模型构建的初始探索阶段，离真正构建具有自主学习功能的学生学习成绩预测软件系统还有很长的距离，需要持续开展研究。

该书作者罗杨洋本科与硕士专业均为软件工程，具有开展大数据应用研究的技术基础，但是欠缺教育学方面的基础知识和相关训练，在面向教育领域的学习分析选题时曾一度感到很吃力，这也是跨学科研究中需要克服的难关。他在攻读博士学位期间主动投入、自觉弥补自己的不足，深度参与团队的多项课题,在研究中不断提升能力。他的博士学位论文研究成果得到评审专家认可,获评清华大学优秀博士学位论文,作为指导教师,我深感欣慰,也表示祝贺!感谢清华大学出版社为优秀博士学位论文设立专项出版资助,希望罗杨洋以该专著出版为起点,谦虚谨慎、自强不息,迎接学术生涯更多、更大的挑战。

韩锡斌

2022 年 2 月 9 日

前　言

近年来越来越多的高校教师开始采用混合教学方式进行授课,新冠疫情加速了这个进程。在混合教学中,可以随时利用网络教学平台记录的数据,对学生学习效果进行动态评价,该方法涉及基于学生在线学习行为进行学习成绩预测的问题。与完全在线教学相比,混合教学中学生的学习行为包括线上和线下两个部分,仅仅依据线上的行为数据实施预测具有很大挑战性。将混合课程进行分类,然后基于某类课程进行预测是目前共识的研究思路,然而,如何对混合课程进行分类?如何构建预测模型?预测精度如何估计?模型的通用性如何?这些问题仍然没有得到很好的解决。

本研究基于三所高校混合课程中学生的在线学习行为数据,探讨混合课程的分类方法,构建基于机器学习算法的学习成绩预测模型,分析影响预测的因素,评估预测精度。采用基于设计的研究方法,主要开展了以下研究:(1)采集了一所高校网络教学平台中2018—2019年第一学期全部2456门混合课程的在线数据,提出了依据学生在线学习行为聚类对混合课程进行分类的方法,并将课程分为五种类型:不活跃型课程、低活跃型课程、任务型课程、阅览型课程和高活跃型课程。(2)对比了不同机器学习算法在五类课程中构建学习成绩预测模型的准确率。发现使用批量学习的随机森林算法构建的预测模型准确率最高;五种类型的混合课程中,只有"高活跃型课程"的预测准确率最高,预测结果准确率平均可达74.7%;且成绩较好的学生预测结果准确率高于其他学生。(3)采集了同一所高校2019—2020年第二学期全部1851门混合课程的在线数据,验证了前文提出的混合课程分类方法的有效性,并对已构建的预测模型进行了优化。(4)选取另外两所高校的两门混合课程作为案例,对上述预测模型的通用性进行了检验,发现当案例课程与前述"高活跃型混合课程"的学生在线学习行为聚类特征相似时,已构建模型的预测准确率较高;在新课程的数据输入时使用增量学习方式相对于批量学习方式所得的预测结果准确率更高。

本研究为教学智能技术的开发者提供了理论指导、技术路径和实践先例。如果你致力于开发使用学生不完全学习过程数据预测学习成绩的智能工具，本研究将说明预测模型的构建流程、数据处理方法和结果迁移应用的限制和条件。本研究同时为高等院校中致力于开展混合教学的教师采用智能技术分析教学过程、优化教学设计提供了实践指导。如果你对学生在混合教学中的学习行为模式感兴趣，本研究将详细说明学生在线学习行为模式的分类方式及其对混合课程类型的影响。如果你正在混合教学中尝试使用智能技术，分析学生学习行为、预测学习成绩，本研究将为你介绍在混合教学场景下智能技术的依赖和限制，并为你提供基于学生在线行为的混合课程学习成绩预测结果的可信度判断方法。如果你是专注研究混合教学的学者，本研究将为你提供研究混合课程中学生成绩预测的新视角。

  本研究的所有章节都致力于阐述以下三个要点：(1)仅使用学生的在线行为数据预测学生成绩需将混合课程分类，而基于学生在线学习行为的聚类特征进行分类时，分类结果具有良好的通用性，便于计算机自动化编码实现。(2)在混合课程中基于学生在线学习行为进行学习成绩预测是具有判别条件的，未达到判别条件的成绩预测模型无法获得准确的预测结果。(3)混合课程学习成绩预测模型是可跨课程迁移应用的，且具有相应的应用条件。

罗杨洋

2021 年 12 月

目 录

第1章 引言 ··· 1
  1.1 混合课程学生成绩预测的背景及问题 ································· 1
  1.2 本研究的意义 ·· 6
    1.2.1 理论意义 ·· 6
    1.2.2 实践意义 ·· 6
  1.3 本研究所涉及的核心概念 ·· 7
    1.3.1 混合课程 ·· 7
    1.3.2 学生在线学习行为 ·· 7
    1.3.3 学习成绩预测 ·· 7
    1.3.4 机器学习算法 ·· 8
  1.4 本研究结构 ··· 8

第2章 文献综述 ··· 11
  2.1 混合课程中学习成绩预测研究的进展 ································ 12
    2.1.1 混合课程中学习成绩预测研究回溯 ···························· 12
    2.1.2 完全在线课程中基于学生在线行为预测学习
          成绩研究的进展 ·· 17
    2.1.3 混合课程中基于学生在线行为预测
          学习成绩研究的进展 ·· 19
  2.2 混合课程中基于学生在线行为的学习成绩预测建模方法 ············· 25
    2.2.1 基于学生在线学习行为的学习成绩预测
          建模的数据收集与预处理 ······································ 25
    2.2.2 基于学生在线学习行为的学习成绩预测建模的
          机器学习算法选择 ·· 32
    2.2.3 混合课程分类对学习成绩预测结果的影响 ···················· 41
    2.2.4 学习成绩预测结果的验证和评价 ······························ 50

2.2.5 学习成绩预测结果的解释 …………………………… 53
 2.3 本章小结 ……………………………………………………… 56

第 3 章 研究设计 …………………………………………………… 58
 3.1 研究问题 ……………………………………………………… 58
 3.2 研究框架 ……………………………………………………… 59
 3.3 基于设计的研究方法 ………………………………………… 61
 3.4 研究路线 ……………………………………………………… 63
 3.5 本章小结 ……………………………………………………… 65

第 4 章 面向学习成绩预测的混合课程分类方法 ………………… 66
 4.1 研究案例及数据收集 ………………………………………… 67
  4.1.1 山东 L 高等院校混合课程描述 ……………………… 67
  4.1.2 数据收集及预处理方法 ……………………………… 68
 4.2 混合学习行为的聚类分析及意义 …………………………… 75
  4.2.1 聚类方法选择 ………………………………………… 75
  4.2.2 聚类过程描述 ………………………………………… 77
  4.2.3 聚类结果分析 ………………………………………… 81
  4.2.4 聚类结果的讨论 ……………………………………… 87
 4.3 面向学习成绩预测的混合课程分类 ………………………… 89
  4.3.1 面向学习成绩预测的混合课程分类方法 …………… 90
  4.3.2 面向学习成绩预测的混合课程分类结果 …………… 93
  4.3.3 面向学习成绩预测的混合课程分类结果的讨论 …… 101
 4.4 本章小结 ……………………………………………………… 105

第 5 章 混合课程学习成绩预测模型的构建 ……………………… 107
 5.1 数据准备及预处理 …………………………………………… 108
 5.2 基于学生在线学习行为的学习成绩变量选择及处理 ……… 111
  5.2.1 预测变量的选择 ……………………………………… 111
  5.2.2 结果变量的处理 ……………………………………… 113
 5.3 预测方法选择及预测过程 …………………………………… 116
  5.3.1 基于在线学习行为的混合课程
     成绩预测算法选择 …………………………………… 116

   5.3.2 混合课程中基于在线行为的
      学习成绩预测模型构建……………………… 121
 5.4 预测结果分析及讨论 ………………………………… 124
   5.4.1 混合课程中基于在线行为的学习
      成绩预测结果及评价 ……………………… 124
   5.4.2 不同混合课程类别的学习产出预测结果讨论… 129
   5.4.3 学生在线学习行为与成绩的相关性对训练预测
      模型影响的讨论 …………………………… 133
 5.5 本章小结 …………………………………………… 142

第6章 混合课程分类方法验证和学习成绩预测模型优化……… 143
 6.1 混合课程中学生行为数据量对学习成绩预测的影响 … 144
   6.1.1 数据合并及预处理 ………………………… 144
   6.1.2 数据合并后的混合课程分类 ……………… 148
   6.1.3 数据合并后的学习成绩预测 ……………… 157
 6.2 增量学习方法构建混合课程学习成绩预测模型的效果 … 164
   6.2.1 数据准备及预处理 ………………………… 165
   6.2.2 2019—2020年第二学期的混合课程分类 ……… 166
   6.2.3 使用增量学习方法基于学生在线行为
      预测混合课程的学习成绩 ………………… 176
 6.3 不同情境下的预测结果讨论 ………………………… 185
   6.3.1 通过增量学习迁移应用学习成绩预测模型的讨论… 185
   6.3.2 数据合并后预测变量特征的讨论 ………… 189
   6.3.3 数据合并后批量学习所得预测结果的讨论… 190
 6.4 本章小结 …………………………………………… 194

第7章 学习成绩预测模型的跨课程迁移应用……………………… 196
 7.1 公共基础课教学场景的预测模型迁移应用 ………… 197
   7.1.1 研究案例的数据收集与预处理 …………… 197
   7.1.2 预测模型的三种迁移应用方式 …………… 203
   7.1.3 预测结果 …………………………………… 206
 7.2 专业基础课教学场景的预测模型迁移应用 ………… 208
   7.2.1 研究案例的数据收集和预处理 …………… 209

        7.2.2 预测模型的 3 种迁移应用方式 …………………… 218
        7.2.3 预测结果 …………………………………………… 221
    7.3 预测模型迁移应用结果的讨论 ………………………… 224
        7.3.1 模型迁移应用条件的讨论 ………………………… 224
        7.3.2 在线学习行为数据分布与预测结果准确率的讨论 …… 231
        7.3.3 预测结果稳定性讨论 ……………………………… 233
    7.4 本章小结 ………………………………………………… 237

第 8 章 研究结论 …………………………………………………… 239
    8.1 研究结论 ………………………………………………… 239
    8.2 创新点和局限性 ………………………………………… 243

参考文献 ……………………………………………………………… 245

后记 …………………………………………………………………… 262

第1章 引 言

1.1 混合课程学生成绩预测的背景及问题

近年来,混合教学已经成为国内外高等教育机构中被研究和尝试应用最多的教学方式(Means et al.,2013)。混合教学将面授教学和在线教学相结合,越来越受到师生的认可(韩锡斌,王玉萍,张铁道,2016;冯晓英,孙雨薇,曾洁婷,2019)。新冠疫情加速了这个进程,几乎所有学校都通过疫情积累了大量的信息化教学经验,学校教学环境信息化程度加速提升,教师的信息化教学能力不断提升,学生使用信息化工具开展学习的熟练度迅速增长,大多数师生对通过信息技术开展教学的亲和度大幅增加,这些为学校广泛推进混合教学提供了较好基础(黄荣怀等,2020)。在2021年新发布的《地平线报告》(教学版)中提出了未来的技术发展趋势,并将在高校中广泛开展混合教学列为造就短期未来高等教育形态的重要内容(EDUCASE,2021)。然而 Bonk 和 Graham(2012)在其研究中总结道,混合教学对教学者提出了更高的要求。教学者需根据学习者的需求,灵活变更教学设计、教学内容、教学管理、教学策略、教学评价等,从而最大限度地发挥混合教学的优势,提升学生的学习体验,为学生提供更加个性化、更具适切性的学习过程。在传统教学实施过程中,教师只能通过面授过程中的教学观察、教学测试、课程作业、沟通交流等策略和方法了解学生的当前状态。这些方法策略不但具有时间上的滞后性和阶段性,而且在分析学生的学习结果时,不适用于人数较多的班级(李芒,乔侨,李营,2017)。由此可见,传统教学模式中的管理策略和方法已无法满足混合教学中学习者的个性化、定制化的学习需求;收集学习者动态学习过程数据、预测学习者学习成绩,已成为动态掌握混合课程中学生学习情况,进而提高教学效果的新途径(Mozelius,Hettiarachchi,2017)。

"AI+教育"(Artificial Intelligence,AI)已上升为国家战略,利用学习分析技术精准施教、优化教学过程,为学生提供更加人性化、个性化的教学设计,持续提升学生的学习体验,在高校课程中广泛应用 AI,形成具有特色的"AI＋教学"实践等方面都是"AI＋教育"的重要应用场景(国家开放大学,2020)。在 OECD 的未来教育图景中,AI 成为学习环境的一部分,作为一种伴随和支持学生学习的工具,师生可随手取用。同时,AI 应在提升学习动机、缩短认知差异、改善学习情感、增加有效学习投入、降低教师的教学管理事务负担、为教师提供便捷化的教学设计、减少教学资源和教学内容组织的复杂度等方面发挥重要作用。除在局部教学过程和教学环节中提供支持以外,AI 在教学实践中还需整合碎片化的教学活动,为个性化学习交互提供解决方案,帮助识别学习者的个性化差异,协助学习者创新学习方法,为学习者推荐学习资源,在学习者的整个学习过程中随时提供帮助(兰国帅等,2020)。使用 AI 收集混合教学动态数据,帮助师生双方及时调整教与学的策略,降低师生准备、实施和总结教学过程的负担,缩短线上线下学习体验差距,维持线上线下学习质量水平,提升混合教学整体质量是当前"AI＋教育"的研究前沿(艾兴,赵瑞雪,2020)。通过机器学习技术分析学习者的学习过程信息,预测学习者的学习结果是实现 AI 辅助混合教学的基础(甘荣辉,何高大,2015)。

混合课程由在线和面授两个部分构成,要求教学者在教学设计和实施时,同时考虑在线场景和面授场景两部分的教学目标、教学活动、教学内容和评价标准(韩锡斌,马婧,程建钢,2017)。在针对不同课程、面向不同学习对象时,混合课程的设计和实施将为教学者带来额外负担,教学者需根据课程特点、学生学习基础、学生数量设计教学方式,又需在混合课程实施过程中及时调整教学策略、教学方法、教学内容和教学进度(詹泽慧,李晓华,2009)。在 EDUCAUSE 组织发布的报告中指出,由于混合课程实施过程中的复杂性,教师在教学和管理中分配的精力难以均衡,难以保证所有的混合课程都受到学生的欢迎(Dahlstrom,Bichsel,2013)。特别是在高等院校中,参与混合教学的学生具有较大的学习基础差异,不同专业的教学特点和课程内容更是参差错落,为保证大学生参与混合课程的满意度和学习效果,对混合课程的教学过程提供自动化管理服务和支持帮助迫在眉睫。在课程设计和课程实施两个阶段增加的复杂性,让执行混合教学的教师难以在教学过程中直接采用面授场景或在线场景中已有的工具对学习者的学习过程进行有效管理,且已有的学习过程管理工具难以整合,教师需要投入额外精力分析这些工具产生的管理结果,并自力应用到教学实践中(Garrison,2004[96-100])。在人工智能教学应用实践的推动下,一些研究已经探索了在混合课程中使用机器学习技术预测学生的学习成绩,并以此为依据帮助教学者动态了解学习者的学习状态、预估学习结果、发现学习风险,并提前设计教学干预和教学不支持策略,持续优化教学设计和改变教学内容(武法提,牟智佳,2018;晋欣泉,姜强,赵蔚,2021;OHT Lu et al.,2018)。从这些研究关注的关键问题来看,采用机器学习算法的混合课程学习成绩的预测问题主要包括数据收集和预处理、预测模型构建,以及预测模型的迁移应用。

(1) 数据收集和预处理的挑战是实现混合课程学习成绩预测的首要困难。Garrison 和 Vaughan(2013)指出在混合学习场景下,学习过程既包含了传统的面对面(Face to Face,F2F)教学过程,又包含了同步或者异步的在线(Online to Online,O2O)部分,在这种复杂的环境中收集数据并对学生的学习成绩进行预测是十分具有挑战性的。混合学习虽为学生参加学习提供了高度的灵活性,但学生在混合学习场景中参加线上和线下学习的数据却难以被全面收集(Paechter,Maier,2010)。当前,混合教学的线上部分多采用网络教学平台实施,虽然现有工具中已包含了对学生面授教学中学习状态的调研量表,同时网络教学平台中实施的学生学习过程也可被系统记录,但两种场景中调研得到的主观感受数据与系统记录的客观数据融合尚存在技术鸿沟,因此已有研究大多只通过收集其中一方面数据开展学习成绩预测。已有研究证实,只收集学生在线学习数据对学习成绩能进行一定程度的预测,并且根据预测结果制定的干预策略能够提升学生的学习成绩(尚俊杰等,2020;Nakayama,Mutsuura,Yamamoto,2017[6])。然而,收集哪些在线学习数据,如何处理和转换学生在线学习数据,在当前并无统一的指导原则。在线学习数据的选择和处理方式对学习成绩预测结果的准确率也有显著影响(Rasheed,Kamsin,Abdullah,2020)。

(2) 混合课程学习成绩预测模型构建及其准确性是第二个问题。在混合教学场景下,仅凭学生在线上或线下单一环境中的学习过程数据进行学习成绩的预测,所获结果准确率在不同课程中差异较大。是否能够构建适合所有混合课程的预测模型?目前有一些研究对这些问题进行了初步探索(Gaševič et al.,2016[80-81];Conijn et al.,2016[28-29];Hung et al.,2020[213]),然而当前研究尚未展示出采用这种方法进行学习成绩预测的准确率极限,也没有比较不同课程中构建的预测模型有何特征。选择何种机器学习算法建立的预测模型适用性较高?不同机器学习算法在混合课程中构建预测模型的结果准确性如何?此类问题均需进一步研究。

(3)预测模型的迁移应用是第三个问题。有研究指出,在特定混合课程中构建的学习成绩预测模型只能代表当前研究中的案例课程其预测变量和结果变量之间的预测关系(Papamitsiou,Economides,2014[49-55])。在高等教育中,大量不同类型的混合课程包含了多种多样的课程设计,在教学实践中根据教学目标、教学形式、学生规模、学生的线上和线下分布特征、教学资源格式和教学策略有多种不同维度下的课程分类,这些课程分类大大增加了混合学习场景的复杂性,也增加了将一种学习场景中混合课程学生成绩预测模型的结果迁移应用到其他课程场景中的难度,使得特定混合课程的学习成绩预测模型几乎不可迁移应用(Garrison,2004[96-97])。虽然已有研究者指出,在一门混合课程中建立的预测模型可以迁移应用到相似的混合课程中,得到可接受的预测结果准确率(Moreno-Marcos et al.,2019[13])。然而,混合课程学习成绩预测模型跨课程迁移应用的量化限制条件是什么?在预测模型跨课程迁移应用时,是否存在提前判定课程适用与否的方法仍然是当前研究的巨大挑战(Leitner,Khalil,Ebner,2017)。

机器学习技术作为推动人工智能在教育中应用的关键技术,在完全在线教育领域中受到研究者们的关注,并在该领域中的多个方向中发挥出强大的潜力。例如,在学习支持服务和教学辅助系统的研究中,机器学习提供的支持主要包括:作为主要方法分析参与教学的主体特征,从而对参与教学主体的产出进行预测,为适应性学习系统提供基础算法支持、模型构建支持和结果检验支持;为个性化学习提供学习者特征分析、知识图谱网络构建、内容资源推荐、学习路径优化、学习方法动态调整、自我效能激励等支持;为教学主体提供学习状态评价、学习结果预测、学习质量分析、多元评价结果整合、教学策略动态调整和辅助教学设计优化等支持;为教学过程提供数据整合分析、活动和策略推荐、教学对象持续追踪和认知能力增强等辅助支持(扎瓦克奇-里克特等,2020)。另外,机器学习算法也被智能导学与教学辅助、自动化反馈、智能伴学等系统的前沿研究所广泛采用。大量的研究证明,将人工智能技术应用到教育领域,促进教学形态的改变,提升学习体验,降低教学工作事务繁杂度,帮助教师更加专注于教学核心工作的基础是基于机器学习方法的特征分析和结果预测(何克抗,2017)。其中,学生的在线学习行为一直以来都被研究者们视为预测学习成绩的重要数据来源。许多研究证明了学生在线学习行为与学习成绩的预测关系,并分析出学生的在线学习行为依据学习场景、学生特点、学习规模、课程特点、教学方法的不同会产生各种行为模式,这些行为模式或在短时间内稳定,或可维持相当长一段时间。根据这些行为模式对学习成绩的预测结果,研究者们发现了多种可被应用到教学实践的学习规律,为个性化学习、精准干预、教学设计优化和学习帮助提供依据。在完全在线学习场景中,基于学生在线学习行为的学习成绩预测已卓有成效(贺超凯,吴蒙,2016;范逸洲,汪琼,2018[5-13];刘清堂等,2017)。然而在混合学习场景中,目前的研究仍然借用完全在线学习场景的分析方法,试图揭示混合学习场景中学生在线学习行为与学习成绩的关系或规律(丁梦美等,2017)。通过学习过程数据分析混合课程特征、预测学习成绩以及跨课程迁移应用的研究刚刚开始,研究者们尚未完全解决混合课程带来的挑战,已有研究也未能就机器学习方法在混合课程中的应用条件、应用范围提供足够的证据。上述原因导致机器学习技术在混合课程中还没有广泛应用(Du et al.,2019[5-6];牟智佳,武法提,2017a)。

有学者分析了机器学习技术难以在混合课程学习成绩预测研究中大范围迁移应用的原因。一是在混合课程情境下会产生大量的无用数据,这些数据包括因技术原因导致的无意义控件点击、内容相同的多次反馈、无意义的交流沟通内容。二是同一学生通常会同时参与到多门混合课程中,但该学生在多门混合课程中并不会保持相同的行为模式,或表现出具有规律的数据特征,然而在数据收集时此类数据存在内生关联性,却无法通过已有方法判定各数据项之间的相关程度或因果关系。上述数据在使用机器学习分析技术处理时会互相干扰,难以分离学生个人因素和课程特征因素对学习结果的预测影响。教育大数据领域的研究者们较为关注此类问题,提出过一些前沿算法,但这些算法的特异性过强,难以在其他场景中进行调试。而且,在其他场景中应用时又会触及预测结果失准原因分析难以开展的问题(Picciano,2014)。三是混合学习中,即使通过不同在线学习管理软件工具或系统记录了学习者的线上学习活动,掌握了学习者的线上学习特征,学习者仍有线下学习活动处于研究者的观察范围之外。当前并未有研究指出学习者线上线下学习活动的相互影响效应,或具体活动之间的因果关系,再加上混合课程的线上线下学习内容包含的多寡不同,学习者的学习偏好、基础知识、技术依赖程度也不同,导致在某个研究中证实的对学习成绩有显著影响的学生线上行为,在其他混合课程场景下,或在其他学习者群体中并不适用。四是研究尚未涉及构建学习成绩预测模型的机器学习算法选用原则,虽然在计算机研究领域中已存在算法对数据的敏感性研究,但在混合课程中使用机器学习算法构建预测模型时,研究者们的数据来源并不统一,导致当前在混合课程中构建的预测模型无法互相比较。

有研究者提出了将混合课程进行分类,作为实现混合课程中基于学生学习过程对学生成绩进行预测的基础。寻找一种适用于所有课程的统一分类标准,并让机器学习算法识别出这种分类产生的混合课程差异,然后基于某类课程进行预测成为目前共识的研究思路。然而如何对混合课程进行分类?在各类混合课程中如何构建学习成绩预测模型?已构建的预测模型的通用性如何?这些问题仍然没有得到很好的解决。本研究基于三所高校混合课程中学生的在线学习行为数据,探讨基于机器学习算法的混合课程分类方法,构建基于机器学习算法的学生学习成绩预测模型,分析影响预测的因素,评估预测精度。

1.2 本研究的意义

1.2.1 理论意义

本研究所述的内容丰富了混合课程分类方法的研究,提出了可被计算机识别的混合课程差异分辨方法,探索了预测混合课程学生学习成绩的机器学习算法,从而可在特定分类的混合课程中进一步提升预测模型的准确率,从定量角度界定了混合课程中学生成绩预测模型的迁移应用条件,提出了提前判别在混合课程中只收集学生在线学习行为数据可构建具有较高预测结果准确率预测模型的方法,深化了对混合教学情境下基于机器学习算法预测学习成绩的认识。

1.2.2 实践意义

本研究所述的混合课程分类方法可为开发自动化识别混合课程差异的计算机系统提供借鉴,同时为教师在混合教学中动态跟踪学生学习成绩提供预测信息,为教师动态调整教学策略、个性化开展教学、及时为风险学生提供教学支持和干预提供决策基础,还可为开发者基于网络教学平台,在其中设计开发智能化教学跟踪、预测、决策与反馈的辅助模块提供原型基础。

1.3 本研究所涉及的核心概念

1.3.1 混合课程

混合课程是混合学习在高校教学活动中,通过课程的形式呈现的教与学双方的互动过程(张治勇,殷世东,2010)。其中,混合学习是指将各种信息技术有意义地整合到学习过程中,结构化地描述面授学习与在线学习形成的多种学习形式的统称(Cano, Ion, 2014[79-95])。在本研究中,所有学习者均是普通本科高等院校的学生,并在正式学习场景中参与混合学习,所有案例所涉在线学习环境均使用相同的网络教学平台;学习者的学习目标、学习内容、学习活动和学习结果评价均由相应课程的教学者规定。混合教学是指当师生之间的教学互动形式限定在线上线下教学场景的混合时所开展的教学活动,在该教学活动中,师生的面授教学与线上教学需有机整合从而提升学习有效性,进而形成一种不同以往的教学模式(黄月,韩锡斌,程建钢,2017)。混合课程要求学生自主学习课程内容,强调教学双方积极反思,并不断反馈,形成一种开放性的课程实施形式(Precel, Eshet-Alkalai, Alberton, 2009),且根据斯隆报告中定义的面授和在线学习内容占比,混合课程需要包含30%～79%的在线学习内容,在线学习内容占比小于30%时,该课程被认定为面授课程;在线学习内容占比大于79%时,该课程被认定为完全在线课程(Allen et al., 2003)。据此,本研究所指的混合课程是结合在线与面授两种教学场景授课的课程,且其中有较大比例通过在线授课实现(韩锡斌,王玉萍,张铁道,2016[320-323])。

1.3.2 学生在线学习行为

本研究所指学生在线学习行为是指普通本科高等学校中的所有学生(包括本科生和研究生)在混合课程中根据混合教学引导而发生的线上学习行为,根据Fredricks, Filsecker和Lawson(2016)的定义,包括学生参与、努力、注意、坚持和积极的学习行为。当学生参与混合学习的线上部分时,学生在线学习行为被网络学习管理系统记录,形成学生在线学习行为日志,本研究据此开展研究。

1.3.3 学习成绩预测

学习成绩是对学习上取得的收获或结果的评价(王国富,王秀玲,

2002)。具体来说,学习成绩是一种解释学生学习结果和表现的指标(UNSW Teaching Staff Gateway,2018)。因此,对于每门混合课程,学生的成绩代表学生在教学目标的引领下的达标程度,同时反映学生当前的学习状态和需要提升的内容。在本研究中学习成绩指教师在一门混合课程中进行一个学期的混合教学后对学生进行的最终评价,在课程结束时以百分制的定量数据被记录在案例院校的教务系统中,同时根据案例院校的学习成绩等级制评价方式,所有院校中学生的所有百分制学习成绩可进一步转换成相同等级评定策略下的定类数据。

学习成绩预测是面向具体学习情境下利用可计算的方法对学习者外部表征的当前或历史学习数据进行识别和自动化分析,形成一定的模型,并基于已有数据对学习者未来学习成绩的预估(牟智佳,武法提,2017a[27-30])。在本研究中,学习成绩预测是使用机器学习算法构建的预测模型,通过一个学期内被记录的所有学生在线学习行为历史,获得对学生期末获得成绩的估计(Shmueli,2010)。

1.3.4 机器学习算法

机器学习是将计算机作为知识发现的工具,从数字信息中识别已有知识,发现新知识,是能够修正自身缺陷,实现不断完善的方法(陈凯等,2007)。余明华等(2017[2])指出,机器学习的原理是使用计算机从信息数据中发现规律,形成知识,生成模式进而实现预测。本研究沿用余明华,冯祥和祝智庭(2017[2])对机器学习的定义,即机器学习算法是在计算机中实现机器学习的一系列清晰指令。

1.4 本研究结构

全书共 8 章。第 1 章引言对研究背景、问题的提出、研究意义、核心概念以及全文结构进行陈述。说明了当前教师开展混合课程教学所面临的主要挑战,以及在混合课程中开展学习成绩预测能为师生提供的支持和帮助。简述了在混合课程场景中开展学习成绩预测研究的主要趋势和方向,介绍了本研究的理论基础和基本方法,引出了本研究聚焦的核心主题,围绕研究主题分析研究的必要性和重要性,分别阐述本研究的理论意义和实践意义,界定了全书所用的"混合课程""学生在线学习行为""学习成绩预测""机器学习算法"等核心概念。

第 2 章文献综述首先分析了学习成绩预测研究的缘起和发展，从已有文献可知学习成绩预测早在 19 世纪就被教育研究者重视，在学生评价、学生学习过程监测方面开展了一些探索。其次分析了开展学生成绩预测研究的多种视角，除教育学原理以外，心理学、神经科学和近年来兴起的数据科学等其他学科的研究视角，为学生成绩研究提供了更多的理论基础和更加宽广的数据收集范围。其中学生在富技术环境下开展的学习活动容易被各种信息系统记录，形成了丰富的学习过程数据。在完全在线教学场景下，利用这些数据开展的学习成绩预测为学生支持和帮助、教学策略优化和个性化教学提供了依据。机器学习分类预测算法是当前构建学习成绩预测模型的主要方法，在此章的第二大部分中，依据机器学习算法构建成绩预测模型流程的逻辑，阐述了在混合学习场景下开展成绩预测研究的现状。参考完全在线教学场景下成绩预测的建模步骤，阐述在混合教学场景中，为使用机器学习算法构建成绩预测模型需完成的数据收集与预处理过程、机器学习的算法选择方法、混合课程的分类方法、混合课程分类对学习成绩预测结果的影响、学习成绩预测结果的验证方法和评价指标、学习成绩预测结果的解释等方面的研究进展和相关挑战。

第 3 章阐述研究设计，详细陈述了从现状和背景归纳的研究出发点，解释了从文献分析到研究问题的提出过程，确定了本研究的实施路线，分析了在此路线下采用的研究方法，阐述了研究对象的选择过程，说明了研究对象的特征和研究的整体实施过程。在基于设计的研究方法中介绍了三轮迭代的起止时间和具体操作内容。

第 4、5 章在研究对象中挑选了一所高等院校一学期内的所有混合课程所产生的数据，陈述了根据这些数据构建学习成绩预测模型的方法和流程。首先对混合课程中的学生在线学习行为进行了聚类，然后依据学生在线学习行为的聚类特征对混合课程进行了分类，最后在各分类混合课程中构建了基于学生在线学习行为的学习成绩预测模型，分析了各类型混合课程的成绩预测模型与结果差异，研究了预测结果准确率最高的混合课程中学生在线学习的行为特征，解释了混合课程中构建的预测模型对教学实践的指导意义。

第 6 章使用同一所高等院校不同学期的所有混合课程数据验证了本研究提出的混合课程分类方法的稳定性，同时分析了利用不同学期混合课程数据进行单独预测或数据合并后预测学习成绩的差异，尝试了通过改进数据处理方式优化学习成绩预测模型，讨论了同一所高等院校两学期混合课程数据合并后的预测变量特征及其对预测结果的影响,总结了混合课程迁移应用的定量限制条件。

第 7 章使用了不同院校的两门案例课程,验证本研究所提出的学习成绩预测模型跨课程迁移应用的条件,包括学生在线学习行为数据分布相似性、学生成绩分布相似性、学生人数规模差异和迁移应用方法等四个方面的影响。进一步确认了混合课程的迁移应用定量条件,讨论了迁移应用方法差异对学习成绩预测结果准确率的影响,最后分析了成绩预测模型在迁移应用时的预测结果稳定性。

第 8 章总结全书的研究内容、研究结论、研究创新点和局限性。

第2章 文献综述

近年来,伴随数据科学和计算机技术在教育研究领域各方面的深度渗透,由 AI 技术引领的新型证据决策手段在改善教学服务、变革教育管理、提升教学成效、调控学习过程等方面正显示出巨大的潜力(肖睿,肖海明,尚俊杰,2020)。使用机器学习技术分析学生学习过程数据、预测学生学习成绩是实现以 AI 提升混合教学成效的基础,也是促进混合课程中个性化教与学的依据(何克抗,2017[14-16])。本章将围绕学生学习成绩预测问题,综述这类研究的历史缘起和发展现状,阐述从统计学方法发展至使用机器学习算法,构建学习成绩预测模型研究的过程,梳理通过机器学习算法实现学习成绩预测的研究逻辑,综述使用机器学习算法构建学习成绩预测模型流程各步骤的研究进展。

本研究关注在混合课程场景下,如何基于学生在线学习行为,使用机器学习算法预测学生学习成绩。围绕该研究主题,收集的文献包括政府文件、国内外期刊文献、会议集、专著、百科全书以及学位论文。通过系统综述分析该研究主题的国内、国外研究现状,为进一步凝练本研究的具体研究方向和研究问题提供基础。

机器学习算法在教育研究的应用是最近 20 年兴起的。因此,本研究在确定文献查询的时间范围时,重点查阅近 20 年的相关文献(经典文献和重要文献不限年份)。文献搜索数据库主要包括 web of science 核心文献库,CNKI 知网数据库(北大核心期刊、CSSCI 期刊、硕博论文),Engineering Village(EI)数据库,EBSCO[Academic Search Complete (ASC)、Education Resource Information Center (ERIC)、Education Source、Teacher Reference Center]数据库,Proquest 国外硕博学位论文库,百度学术检索,谷歌学术检索等数据库,以及政府政策发布网站。通过详细分析在上述文献数据库及文件发布网站中收集到的资料,梳理目前该研究领域已有的成果和局限性、研究中面临的挑战以及学术界和社会对该研究方向未来的期待。

2.1 混合课程中学习成绩预测研究的进展

2.1.1 混合课程中学习成绩预测研究回溯

学习成绩预测的研究在国外最早可以追溯到20世纪30年代，Odell(1927)发现大学新生第一年的成绩与高中时期的学习成绩有一定关联，开始关注是否可以使用学生进入高校前一年的历史学习过程，预测进入高校后第一年的学习成绩。为此，研究者与伊利诺伊州教育局合作，通过问卷、高校上报数据等方式，收集了伊利诺伊州内368个高中的12300名高中生的数据。数据收集类型主要包括了学生的人口学统计信息数据、学生的标准化智商测试结果数据、学生高中三年各学科的期末测试成绩和学生升入大学后第一年的综合成绩数据(Grade Point Average, GPA)。结果发现，该研究中的学生在大学第一年获得的GPA与其在高中三年历史学习过程中所有科目成绩的均值有显著的相关关系，使用学生在高中三年学习过程中所获得的各科目成绩均值，构建其作为新生在大学第一年所得GPA的简单线性回归模型可获得40%~60%的准确率。另外，学生的人口学统计信息则没有与GPA呈现出相关关系，使用智商测试结果数据构建预测GPA的简单线性回归模型则没有获得较高的预测结果准确率。该研究提出，学生的历史平均成绩是预测其未来一段时间获得成绩的重要预测变量，而学生的智商或人口学统计数据则没有在其研究中显现出预测成绩的有效性。后来有多位学者通过研究证实了这一发现，认可了学生的历史平均成绩作为预测未来学生成绩重要依据的结论(Travers, 1949; Fishman, Pasanella, 1960)，如Travers(1949)在研究中将学生的学术成就更加简明地分为成功和失败两种，并指出学生的历史平均成绩不但可用于预测高校中的GPA，而且其预测能力在基础教育阶段也具有有效性。Fishman和Pasanella(1960)综述了在高校学生入学考试的研究中，使用学生成绩预测建模，对高校学生入学考试的重点具有突出的贡献。该研究指出，在以往文献中设计的研究方法几乎都通过相关分析和回归分析寻找影响学生入学考试成绩的重要因素，被这些研究(占总数的70%)纳入考虑的因素则主要是学生的智力水平。具体到收集的数据，则包括了学生的历史学习成绩、美国高中毕业生学术能力水平考试成绩、美国大学新生教育心理测验委员会测试成绩、俄亥俄州立大学心理测试成绩等。用这些数据预测学生在高校的学术成就或新入学第一年成绩时反映出较高的准确率。为了从学生成绩预测结果中寻找更有实践意义、更能直接改进学生学习过程的启示，学术界将视角转向了影响学生获得成绩的内生变量和外生变量。B. S. Bloom 和 P. Bloom(1961)的研究展示了将成绩分解为不同的子分数，通过开发对应量表，收集子分数的实际指标，最后构建预测学习成绩的回归分析模型。在该研究中，各子分数有对应的度量方法，研究者通过调研学生，分析他们填写的量表，最终形成对学生成绩的预测。通过预测结果，研究者可发现不同子分数对成绩影响效应的大小，进而发现影响学习成绩的显著内外部变量，形成将研究结果反馈给学生，提升学生的学习成效。在学习成绩预测研究发展过程中，虽然早有研究者认识到多元回归预测模型对预测结果精度提升的价值，但由于其庞大的计算量和要求极高的限制条件而一直未被广泛采用。Tucker(1960)在尝试采用多元回归构建学生成绩预测模型，并通过线性估计形成成绩预测结果的研究中指出，要寻找相互独立的影响学生成绩的多个外部变量本身并不困难，然而研究者需要非常小心地测量这些变量。特别是变量中包括学生主观填写的数据和通过教学观察客观收集的数据时，一旦数据收集过程出现偏差，预测模型的可靠性将显著下降。另外，虽然该研究成功通过多元线性回归预测模型提取出了影响学生成绩的关键变量，模型本身也具有较高的预测精度，但由于研究者受当时使用的计算工具的性能限制，预测模型中的部分参数，如均方误差(Mean Square Error, MSE)，仍然未能得出。该研究完全采用影响学生成绩的外生变量构建预测模型，虽然其结果在当时未能被大规模验证，但通过该方法得到的学生学习方法优化策略、教师教学调整策略、学生帮助和支持内容等一系列调整都具体指向教学过程，能够为教学实践带来更多帮助。在研究者们的计算工具性能提升后，该方法被广泛使用，并在多个教育场景中得到了验证。如 Bashaw(1965)在有了计算机的帮助后，使用 fortran 计算语言实现了对多元线性回归学生成绩预测模型的编码。在该研究中，数据收集对象不再只限于个别班级，而是拓展到了三所大学的数千名学生，通过计算机的帮助，该研究大幅缩短了成绩预测研究从数据收集到结果反馈所需的时间，从而让成绩预测结果能够更加及时地反馈到教学实践中，极大地缩短了研究的滞后性，提升了该研究对教学实践的指导作用。从上述研究中不难发现，学生成绩预测研究早在 20 世纪 30 年代就已出现，在 70 年代逐步取得了可应用于实践的成果。然而，在这些研究中学习成绩的预测变量与成绩变量之间的相关性在 0.03~0.82 变动，且各研究之间，相同变量与成绩的相关性也不具有可比性,例如,同样都使用标准化入学考试结果作为预测变量,与大学入学第一年的成绩的相关性在 0.50~0.72 变动(Carlson,Milstein,1958;Chahbazi,1956;Clark,1956)。由此可见,此时研究者们对影响成绩的学习过程因素探索尚不完善,研究方法也较为单一。研究结论止步于相关分析,由于统计学相关方法尚未深入应用到该领域,计算工具性能低下,且预测变量较少,尚未有研究者进一步分析预测精度提升问题。但在这一时期,学者们已经普遍意识到,成绩预测不但是学术研究的重要组成部分,具有较高的研究价值,而且无论在何种教学场景中,成绩预测的结果都可以为相关师生带来帮助。这一时期的成绩预测研究还呈现出另一特点:在研究中与学生成绩预测相关度较高的预测变量几乎都是历史成绩(或分解的成绩子分数),当学生成绩作为结果变量时,这种要求指向学生在大学获得的 GPA 成绩,及构成 GPA 的每一门课程成绩;当学生历史成绩作为预测变量时,这种要求指向学生历史时期各门科目或参加各种考试的成绩。因此,在不同院校中,无论是作为结果变量的学生成绩还是作为预测变量的学生历史成绩,都没有统一和标准化的数据构成。Wilson(1983)在回顾这些以学生成绩为预测变量和结果变量的研究中指出,学生成绩的测量受到数据收集场景的影响,导致众多研究没有形成领域前进的基础,对大范围实践的推动作用也受到限制。学生的成绩评价在各院校中不仅受到学生的影响,也受到院校的成绩评价政策,甚至是教师的成绩评价标准影响,这些由学生以外的因素带来的影响难以分析,也难以将这些因素从研究中剥离。一旦研究涉及跨院校、跨专业甚至是跨课程的研究对象时,所获得预测结果的可靠性就会受到非常大的挑战。

在后来的研究中,学者们发现了这些问题,开始探索提高学生成绩预测结果准确率的其他方法,并尝试通过引入其他学科的研究视角,尽量缩小非学生因素对成绩预测研究的影响。这些研究视角包括心理学、认知科学、神经科学等。Wrisberg 和 Ragsdale(1979)的研究通过信息加工理论提出了学生成绩预测的方法。他指出,通过信息加工理论解释的学生习得知识过程,调研学生的动机、目标、注意、回忆、学习、保持、迁移和反馈等学习阶段,可形成对学生成绩的有效预测。另外,Lee,Magill 和 Weeks(1985)使用了图式理论解释学生的知识习得过程。在图式理论中,学生的学习阶段被划分为知识的习得、知识之间的联系、知识的概念化程度、图式的结构及图式表征等。研究者通过调研学生在上述各阶段的习得水平之后构建了学习成绩的预测模型。另外,还有梅耶(Mayer,1975)探究了使用数学模型描述信息加工理论框架下的学生成绩预测模型的方法。在该研究中,梅耶重新定义了学习成绩的测量方法,摒弃了以往研究中将教师对学生的评价作为学习成绩的变量选取方式,而是将学生能够成功解答教师提出的复杂问题的概率作为学习成绩的测量变量。这种测量方法有利于排除由于授课教师、专业目标和学院评价政策的影响导致的学习成绩评价差异。在该研究中,被用作预测学习成绩的预测变量也被梅耶重新规划,他探究了教师开展教学过程中,向学生传达知识的数量、知识点和知识点之间的内外部连接强度,及学生最终解出问题的概率。该预测模型中,学生能否成功解答问题作为结果变量(与教师的评价偏好无关),学生接收到的知识作为预测变量(与学生个体无关)。无论是预测变量还是结果变量,两者都只与客观知识相关,而与参与教学的主体无关。这种研究设计来源于梅耶的基本假设,该研究假定所有参与教学的学生具有相同的认知水平和学习能力,教师对学生进行教学时每个知识点的教学方法相同,教学设计类似,因此学习成绩只与问题本身涉及的知识点个数和知识之间的关联复杂程度有关。预测模型可以通过逻辑回归的方法构建,进而预测学生获得特定成绩的概率。当然,该研究的假设几乎无法在现实情境中实现,教师面对的学生通常具有不同的学习偏好、不同的学习基础和不同的学习能力,教师对每个知识点的传授方式、教学策略和内容呈现也无法完全一致。因此,为支持个性化教学,研究者开始探索以学习者为主体,围绕学习活动各因素,预测学习成绩的方法。如 G. D. Haertel,H. J. Walberg 和 F. H. Haertel(1981)的研究开始引入学生的族裔变量、学习资源呈现方式变量、学习团体凝聚力变量和学习氛围变量等不同维度的指标预测学生的学习成绩。在该研究的教学情境中,协作学习是主要的学习形式,同时研究者考虑了教师的教学设计因素,由此构成了互相独立的预测变量,满足了多重线性回归分析的基本假设。研究者采用多重线性回归的数学模型呈现出不同维度下各预测变量对学习成绩的贡献,也获得了较好的预测结果准确率。但是学生的学习过程除上述研究引入的维度以外还包含着其他要素。因此,在测量技术和计算能力逐渐发达后,研究者们试图从心理学和神经科学的研究中洞察更加复杂的学习成绩预测方法。有学者专门研究了学生的情感对学习成绩的预测效果(Wilson,Ryan,2013)。在该研究中师生关系被作为重要的情感表征形式,通过情感量表的调研收集研究场景中师生关系的情感水平数据。研究者使用这些数据构建了师生情感关系与学习成绩之间的预测关系模型。该模型表达了师生关系处于不同情感指标范围中时学生可能获得的学习成绩,预测结果表现出一定的准确率，也说明了不同的情感指标在预测学习成绩时的权重水平。然而研究者在最后也同时指出，师生关系所反映出的个人情感是教师和学生在学习过程中构建的，这种构建通常处于一种不稳定的状态，任何一方的情感水平都不可能在整个教学过程中一直维持下去。只通过时点的情感调研数据构建的学习成绩预测模型可靠性较差，也不利于后续研究继续提升预测结果准确率或在更大范围内推广检验。使用神经科学的数据收集方式让研究者们找到了更加客观、更加深入分析学习者认知能力和知识建构过程的视角。Kadosh 和 Staunton(2019)在综述研究中指出，神经科学可将传统研究中只能通过量表获得的数据客观化，且学生的学习过程也可通过数值化的方式表示。学者们借用神经科学的方法分析研判了多种可供预测学习成绩的变量，许多研究证实了，尽管收集方式相同、数值化操作方法相同，在学生学习过程中收集到的不同维度变量仍然表现出对学习成绩预测准确率贡献的差异性。其中，与学习行为直接相关的学习过程数据对学习成绩预测准确率贡献最大。并且，反映学生学习行为的变量当中，注意力相关的变量最为重要，反映学生情感的变量和个体差异的人口学统计变量对学习成绩预测准确率贡献则较小。

  当前，随着教学场景中各种信息技术逐渐丰富，技术和教学过程的融合程度越来越高，可被研究者观测和记录的学习活动种类逐渐丰富，学生在富技术场景中发生学习活动产生的数据粒度已经足够精细，同时数据的量级规模越来越大。学术界对于学习成绩预测研究的数据来源开始转向学生在学习过程中使用的各种信息系统产生的痕迹。这些痕迹包括学生在学习管理系统中操作的记录，学生在数字化学习资源中的学习行为记录，学生在师生交互和生生交互过程中产生的记录等。这些记录为研究者从数据科学的视角分析学习过程，进而预测学生成绩提供了新的数据来源，也产生了学习分析和教育数据挖掘两大全新研究领域。这两大领域在完全在线教学场景开展的研究已经取得了显著的成就。据一份综述性研究指出，近年来在学习分析或教育数据挖掘领域开展的完全在线场景下学生成绩预测研究已经超过百项，数据粒度从学生的点击(Click)到学生的学习活动序列，数据量级从单一课程中几十名学生产生的数据到大规模开放式网络课程(Massive Open Online Courses, MOOC)上万名学生产生的数据。研究中使用的工具已经几乎涵盖数据科学中可使用的所有方法(包括最前沿的方法)，预测结果的准确率也划定了 85% 的基线(Benchmark)(Hu et al, 2017)。

  由此可见，在教育研究中，收集学生在学习过程中产生的各种数据，并依据这些数据预测学生的成绩,早在百年前即是教育研究的重要组成部分。多年来,学者们不仅采用教育理论作为依据,也借用了心理学、神经科学、数据科学的研究视角,开展了大量学习成绩预测研究,探索了学习环境、认知水平、自身情感、神经信号、个人特征、教学设计、教学策略等多方面因素在学生学习过程中对学习成绩预测的影响。同时,学者们还构建了大量表征预测学习成绩的模型。在富技术教学场景下,学者们可以通过多种设备、多种视角收集学生的学习过程数据,形成复杂结构的、多样化的教育大数据。作为新兴的研究领域,学习分析和教育大数据挖掘创新了研究者们的研究工具,指导研究者们在完全在线学习过程中获取了预测成绩的全新洞见。在完全在线教学场景中,研究者们通过收集学习管理系统记录的学生学习行为日志数据,采用数据挖掘方法获取了预测结果准确率较高的预测模型。通过预测模型,研究者还可提取出有助于课程设计优化、指导学习方法改良、支持学生学习和帮助学生的实践依据。这些完全在线课程场景中的学习成绩预测研究为在混合课程场景中开展学习成绩预测提供了指引和基础,包括寻找记录学生学习过程的数据源,构建学生成绩预测模型的技术,解释学习成绩预测结果的方法等。

2.1.2 完全在线课程中基于学生在线行为预测学习成绩研究的进展

学习成绩预测研究在当前新兴的教育大数据研究领域和学习分析研究领域中都是重要的研究方向。学习分析学会(Society for Learning Analytics Research)的创始人之一乔治·西门子(George Siemens)指出,学习成绩预测是学习分析过程模型的关键步骤,只有实现了学习成绩预测,大部分的学习分析研究才得以推进(Siemens,2010)。近十年间,MOOC 在全球范围内兴起,史无前例的巨量学生参与到 MOOC 学习中。许多研究者注意到该现象,也发现了 MOOC 中学生学习过程数据带来的机遇,开始分析这些数据对学生在 MOOC 中的学习成就和课程退课率的影响,由此生成个性化学习资源推荐,为精准学习支持提供帮助(王丽莉,孙宝芝,2015)。在完全在线课程场景中(如 MOOC)开展的学习成绩预测研究是以机器学习算法为核心,以课程中囊括的学习内容为背景,以学生的在线学习行为为着眼点,以教学优化和学习过程调整为指向的体系化框架结构。驱动该研究框架从数据到结论的是机器学习算法构建的学习成绩预测模型(武法提,牟智佳,2016[46])。在此研究框架指引下,学者们在学习成绩预测研究中开辟出了众多分支,如数据收集过程中变量指标的选择、数据预处理和优化方法、预测结果反馈实时化策略、精准化教学响应等(朱郑州,李政辉,刘煜等,2020)。在变量指标的选择研究中,有研究对比了多个维度的数据,结果发现相较于其他维度的变量指标,学生的在线学习行为数据是最为客观的,能够被系统自动化记录的变量是研究者最容易收集到的数据。同时,学生的在线学习行为数据也表现出较好的预测结果准确率。再加上,无论研究者使用何种机器学习算法,构建出的学生在线学习行为与学习成绩预测模型都能够用可被人类理解的表达方式解释其中的预测关系,从而形成有利于教学实践的直接反馈(Agudo-Peregrina et al.,2014)。Jansen 等(2020)指出,在完全在线学习场景下开展的研究已经形成了关于预测指标的变量收集、数据预处理、预测结果反馈和教学理论阐释等方面的标志性研究成果,对后续研究具有里程碑意义的指引。

  混合课程场景中的学生成绩预测研究正是在这些研究基础上形成的。从完全在线教学场景中跨越到混合课程场景中的基础假设使信息技术在混合教学场景中发挥的作用与在完全在线教学场景中发挥的作用完全一致。在将教学看作一个系统时,信息技术不仅是教学系统正常运行的支撑条件,而且是增强学生在教学场景中开展学习活动的重要工具。无论是在混合课程的线上还是线下,信息技术都有利于促进学生的主动响应、学习方式多样化、学习反馈、协作交流,同时增强教师对学生的帮助和支持(Bubaš,Kermek,2004)。由此,Chen,Lambert 和 Guidry(2010[1222-1226])指出,学生在混合课程场景中发生的线上学习活动应与在完全在线课程场景中发生的线上学习活动一样,对学习成绩具有一定的预测能力,可作为预测学习成绩的变量指标。研究者们也在探索预测混合课程中学生成绩的研究中找到了一些证据,如 Amoroso(2005)以及 J. Gamulin,O. Gamulin 和 D. Kermek(2013)都试图通过寻找一些典型的案例课程,通过学生线上学习活动产生的数据预测学生的学习成绩。这两项研究成功地证实了,借鉴完全在线教学场景中预测学生学习成绩的方法可以做到对混合课程中学生学习成绩的预测。然而,后续关于混合课程中学生学习成绩预测的研究却一直停留在少数学生参与的个别混合课程当中。有研究者指出,这是由于学生参与混合课程学习时,其学习灵活度远高于完全在线课程,每门混合课程都在差异化的教学情境中开展,构建混合课程中完全基于学生在线学习过程数据的成绩预测模型面临挑战和研究难度远甚于前(Nguyen,2017)。直至今日,在混合课程中预测学生的学习成绩似乎仍在重复 20 年前的做法,即选取部分典型案例,分析学生学习过程特征,构建预测模型,阐释具有极强教学情境依赖的教学理论或规律。已构建出的学生成绩预测模型几乎无法跨课程迁移应用,大部分的预测模型也没有跨时间阶段的持续检验,以差异化的混合课程教学模式和课程类型为研究对象的学生学习成绩预测研究则更少(Liz-Domínguez et al.,2019[88-95])。

2.1.3 混合课程中基于学生在线行为预测学习成绩研究的进展

信息技术与教学过程的深度融合让参与混合课程的学生产生了大量不同类型的数据,研究者们几乎对所有类型的数据分析都进行过尝试,包括学生的学习行为、线上线下学习的情感表征、学生的人口统计学差异、学习动机的表征、学习态度的表征、线上学习的语音、线上线下学习的面部活动特征等(徐欢云等,2019)。但从研究数量、数据采集的难易程度、构建学习成绩预测模型使用的机器学习算法复杂程度、预测结果的准确率、解释预测结果进而促进教学改进和学习优化等维度来看,基于学生在线学习行为数据预测学习成绩的研究相较于基于其他类型数据的研究具有更强的可操作性和可应用性(Aldowah,Al-Samarraie,Fauzy,2019;牟智佳,武法提,2017b)。

基于学生在线学习行为数据预测学生学习成绩的主要优势是,学生在各类学习管理信息系统中发生的学习行为可被自动记录,无须研究者重新制定量表、发放问卷、走访调研或开展访谈。研究人员可直接从学习管理信息系统中导出学生的学习行为日志记录,并开展进一步的数据处理和分析。大量研究表明了这种方法的可行性和有效性,如 Sukhbaatar, Usagawa 和 Choimaa(2019[80-90])对一所高校的"数字信号处理"混合课程中的学生在线学习行为进行分析,以预测学生的最终学习成绩。该课程是一门在传统面授课程的基础上进行了混合教学改革、增加了在线授课内容而形成的混合课程,教师在课程中新加入了测试、作业等各种在线学习资源,并在课程设计中加入了引导学生开展自主在线学习的内容。在课程结束后,学生的成绩评定包括在线学习和面授学习两部分,两部分成绩所占比例相同,学生在线上获得的学习成绩与线下获得的学习成绩经计算后,最终成绩由百分制的成绩表示。同时,按照该课程所在院校的成绩转换政策,在加入成绩预测模型时,百分制成绩又被转换为五级分类的成绩表示方式。研究者的分析过程是,首先在学生参与在线学习的学习管理系统中抽取学生在线学习行为日志,并将学习行为日志按照学习行为分类转换为行为频次数据,作为预测变量;然后收集学生的学习成绩评价结果作为结果变量。在结果变量中，为减小教师主观评价的影响，研究者还加入了每周测试、期中测试和作业得分等额外的客观评价结果作为最终结果变量的评价方式。在连续跟踪该课程五年后，研究者采用了五年间的学生历史数据，使用神经网络算法分析了学生在线学习行为频次和成绩评价之间的预测关系，并进一步研究了不同类型学生在线学习行为的敏感性，发现可能出现不及格成绩的学生的在线学习行为模式存在多个拐点，与成绩超过合格线的学生的在线学习行为模式有较大的差异性。该研究的预测结果显示，在只将学生划分为合格和不合格两大类型时，对不合格的学生预测正确率达到 65%。综合考虑该研究所囊括的对象，不合格学生只占所有学生的 17% 以下，该研究对合格学生和不合格学生的预测结果正确率应高于 65%。

在只采用一门课程的学生作为研究对象时，学生的在线学习行为日志一旦转换成学习行为频次数据，数据量会减小。再加上一门课程中学生的数量有限，收集到的数据不足以满足训练预测模型的数据量。因此，在混合课程中收集学生的在线学习行为数据时，延长跟踪学生的时间，是获取更多数据量的可行方法之一。除此之外，也有研究者试图增加除学生学习行为以外的数据种类，更完整地描述学生的学习特征，同时增强预测模型的预测结果稳定性，如 Buschetto 等（2019[1-3]）分析了采用多模态学生数据预测可能不及格学生的效果。在该研究中，研究者以一所高等院校中的一门程序设计混合课程为案例，同样为了增加训练预测模型的数据量，连续跟踪了该门课程连续 4 个学期的学生在线学习活动。与之前的研究不同，研究者在每个学期中手动划分了学习阶段，并依阶段将学生的在线学习行为日志进行了阶段性的累积频次转换。同时，为了分析不同类型数据给预测结果带来的影响，研究者还收集了学生的人口统计学特征数据、情感水平的主观调研数据等。在数据处理过程中，为使机器学习算法能够分析不同采集方式的数据，此研究采用了包括学习行为数据去量纲化、调研数据标准化、文本数据定量化等多种预处理方式。在预测模型构建过程中，研究者也对比了采用不同种类的机器学习算法构建预测模型的结果。在不同阶段累积的在线学习行为频次数据对最终学习成绩的预测结果准确率对比中，研究者指出，无论如何划分学习阶段，学期末积累的全量学生在线学习行为数据总是可以获得最高的预测结果准确率，其预测结果准确率最高可达 83.9%。而将通过其他方式调研所获的学生数据加入到预测变量后，对预测结果准确率的提升极为有限，将研究者采集的全部学生数据（包括在线学习行为数据、人口学统计特征数据、学生学习情感水平数据）加入到预测变量后，预测结果准确率也只到达了 85.9%。该研究的结论说明，在混合课程中学生的在线学习行为仍然是预测学习成绩最为有效的预测变量，可只通过在线学习行为变量构建出具有较高预测结果准确率的学习成绩预测模型。另外，在研究调研的其他变量中，学生的人口学统计特征无法被教师轻易改变，而且在不同的混合课程中，学生的人口学统计特征有较大差异。人口学统计特征对学习成绩预测结果的影响无法体现在其他混合课程场景中。另外在研究者连续跟踪的 4 个学期中还同时发现学生的情感水平并不稳定，在不同时点测得的学生情感对预测结果的准确率影响也不尽相同。因此，预测结果为教学所带来的启示在改变学生的学习行为方面，具有更强的可操作性，也可获得更好的成效。

通过将学习成绩划分为合格和不合格两类，采用成绩预测的方法发现可能不合格的学生是该类研究的重要应用。有学者在综述了前人的研究后发现，在混合课程中可能不合格学生的在线学习行为模式与合格学生的在线学习行为模式是具有较大差异的(Liz-Domínguez et al.,2019[84-86])。因此，通过提前发现不合格学生的行为模式，进而制定对应的教学支持策略成为混合课程成绩预测的重要实践指向。在通过在线学习行为模式发现可能不合格学生的研究中，学生的在线学习行为频次累积数据和在线学习行为时间序列模式是学者们使用最多的输入变量(范逸洲，汪琼，2018[6-8])。在学生在线学习行为模式的特征识别中，研究者关注的结果也具有较大差异。在采集在线学习行为频次累积数据分析学习行为模式的研究中，研究者关注的是在线学习行为的种类及在线学习行为频次的多寡。而在采集在线学习行为时间序列数据，分析在线学习行为模式的研究中，研究者关注的是在线学习行为开展的先后顺序及时间规律。这项研究在十年前已取得较为成熟的研究成果，并在实践中开展了广泛的应用，国外甚至将该功能融入了学习管理信息系统中。在真实的教学场景中，学生使用该系统参与在线学习活动，其在线学习行为会被自动记录，系统使用这些记录自动实现学生成绩预测。这一类系统在国外被统称为早期预警系统(Early Warning Systems, EWS)，其特点是受学生的人口统计学特征影响较小，在不同的文化、族裔、教学环境下都可获得相似的预测结果准确率。有研究比较了分别位于费城(Philadelphia)与巴尔的摩(Baltimore)的两所高中应用 EWS 支持学生学习过程的效果。该研究中两所高中学校使用相同的 EWS，但课程体系、教师能力水平、班级大小、学生的族裔比例、男女比例、家庭背景等完全不同，但 EWS 对学生的学习过程帮助效果却反映出惊人的一致性。

虽然通过学习成绩预测研究发现混合课程中可能合格和不合格的学生能够在一定程度上揭示学生参与混合课程在线学习过程中出现的差异,发现不同学生表征的个性化学习特点,但对混合课程的进一步优化和精准支持学生学习提供的信息和依据有限。而且,即使通过将学生划分为合格与不合格两类能够提升预测结果准确率,具体每个预测变量对预测结果的影响研究却会因此受阻。有研究比较了采用百分制的学生学习成绩作为结果变量和将学生学习成绩转换为合格/不合格的二分类结果变量时,相同机器学习算法建立预测模型的结果准确率(Zacharis,2015[49-51])。在该研究中,研究者收集了一门混合课程中134名学生的在线学习行为数据和学生的最终成绩评定数据,同时比较了使用百分制的最终成绩评定数据作为结果变量的预测结果准确率和使用合格与不合格二分类的最终成绩评定数据作为结果变量的预测结果准确率。结果发现当使用百分制的最终成绩评定数据作为结果变量时,预测结果准确率(R^2)为52%,而使用二分类的最终成绩评定数据作为结果变量时,预测结果准确率为81.3%。该研究同时指出,通过调研访谈发现,参与案例混合课程的学生在整个学习过程中并非持续保持相同的学习方式,在一个学期的学习中,案例混合课程中的学生开展的在线学习方式就包括自主学习、协作学习及探究学习。然而,使用合格与不合格二分类的最终成绩评定数据作为结果变量构建的成绩预测模型,会忽略上述学习方式的特征,只依据该方法得到的预测结果对学生进行学习帮助和支持可能面临风险。大量实践证明,只分析网络学习管理系统中的学生在线学习行为数据的特征就可发现学生的个性化学习方式,但若要将学生的学习特征转换为辅助教师改进教学过程、支持学生学习的有用信息,并非一个简单的学习成绩预测模型可以提供的,还需要学生学习行为的数据处理、特征提取、模型解释等。要促进学生在混合课程中取得较好成绩,涉及要素包括结构良好的教学内容、明确清晰的教学目标、具有难易适度的挑战性学习任务以及规律时长的学习反馈等。使用机器学习算法构建学生成绩预测模型,不仅是构建学生在线学习行为对学习成绩的预测关系,而且也是识别学生个性化在线学习行为特征的过程。因此,通过机器学习构建的学生学习成绩预测模型,不但要解释学生在线学习行为特征的差异,也需要解释所有要素的规律。

由此,研究者们开始着眼于学生参与混合课程中产生的多种学习行为,及影响这些学习行为发生要素的研究。其中最具代表性的是将学生的学习成绩转换为多个等级分类,分析不同等级分类与学生的学习行为数据之间的预测关系。如武法提和田浩(2019[79-81])的研究选择了贵阳市某中学一门混合课程一学期的教学过程数据,重点关注学生在学习过程中发生的学习行为是不是有意义的学习。该研究将学生这门课程的最终考试成绩作为结果变量,并进行了五级划分,将预定义的学生在线学习行为指标作为预测变量,通过随机森林算法构建的学习成绩预测模型平均准确率达到了73.15%,达到了近年来采用多级划分成绩方式处理结果变量时预测结果准确率的较高水平。该研究同时指出,在采集学生在线学习行为变量时,预定义这些变量的交互类型可清晰化学生的在线学习行为偏好。且进一步分析案例课程的教学过程可发现,课程的教学设计对预测关系产生了一定的影响,在此影响下学生某些在线学习行为预测学习成绩的能力有所减弱。该研究的结论为在混合课程中选择学生学习成绩预测的预测变量提供了新的视角,也提出了学生的在线学习行为数据只是构建学习成绩预测模型的基础单元,进一步将学生的在线学习行为抽象到学习交互类型上,能够揭示更多的学生在线学习活动特征及其与学生学习成绩之间的预测规律。

在混合课程中将学生成绩处理为多级变量并进一步开展分析的研究中,还有 Vasileva-Stojanovska 等(2015a)对小学生在混合课程中的学习成绩构建的学习成绩预测模型。研究者同样收集了一学期的混合课程教学过程,并在结果变量收集过程中新增了技能(Transferrable Skills)的测评结果,比较了各维度的学生数据分别对知识测评成绩和技能测评成绩的预测能力,获得了平均值为69.6%的预测结果准确率。该研究收集的学生数据不仅包括其在线学习行为数据,还包括了人格特征问卷测量的数据、学习风格问卷测量的数据;该研究也将学生成绩处理为五级变量。最后该研究使用了多重线性回归的方法和自适应模糊神经推理的方法分别构建了学习成绩预测模型。该研究结果证明,当学生的最终学习成绩不仅包括知识测评结果,还包括技能测评结果时,学生的在线学习行为、学生个人人格特征和学习风格特征对两类成绩的预测关系并不一致。即使是在尚未形成完整人格和恒定不变学习风格的幼年阶段,学习者的成绩等级仍显示出巨大的差异。研究进一步指出,当构建学习成绩预测模型时,学习成绩的本质属性十分重要;在只考虑学生在线学习行为对学习成绩的预测效果时,学生在线学习行为对知识测评的成绩预测效果和各指标权重分布与对技能测评的成绩预测效果和各指标权重分布完全不同。由此,学习成绩预测模型所反馈给教师的教学策略和教学支持方法依据应至少分为两类,从而促进教师在课程设计和教学实施过程中帮助学生全方位地均衡发展。在预测模型构建的机器学习算法比较中,研究者也同时指出,当预测变量的复杂性逐步提升时,单纯使用线性回归算法构建的预测模型的预测结果准确率不高,且几乎不能进一步提升其预测结果准确率,研究者应在可完整解释预测结果的前提下,选择结果准确率更高的机器学习算法构建学习成绩预测模型。

类似研究还有聚焦于学习者的在线对话交互(Dialogue Interaction)行为对学习成绩的预测(Ekwunife-Orakwue,Teng,2014)。该研究选择的研究对象是高等院校中的研究生,在将 342 位研究生的学习成绩进行五级划分之后,构建了平均预测结果准确率为 59.8% 的学习成绩预测模型。研究者在数据收集过程中同样采取了交互类型的预定义处理,将不同的学生在线沟通交流行为进行了划分。其研究结果指出,通过预先划分学生的在线沟通交流行为抽取出多种在线对话交互行为类型,并且在这些类型中只有教师与学生的对话交互类型和学生互相开展的对话交互类型,对学习成绩预测结果的准确率具有较大的影响。由此,对教学实践的启示是,从课程设计到教学实施过程中,教师都应寻找合适的策略促进这两种类型对话的发生。另外,由于研究对象参与的是混合课程,教师应充分利用不同类型的技术手段,调动学生参与线上对话交互的积极性,丰富学生参与线上对话交互的形式,从而既帮助学生提升两种对话交互行为的数量,又促进学生开展两种对话交互行为更加有效地提升学习成绩。教师在面对学习成绩水平差异化较大的学生群体时,应根据学生的个性化需求和对话内容及时调整对话策略和内容。

总结上述研究可发现,当前在混合课程场景中开展学生学习成绩预测的研究分布在教育的各个阶段,从基础教育领域到高等教育领域都有学者进行过探索。学生在参与混合课程中的在线学习行为虽然只是部分学生学习过程,但学生的在线学习行为对学习成绩预测模型结果准确率的影响远高于学生的情感水平、人口统计学特征等。通过将学生的成绩划分为合格与不合格两类并开展早期预测的研究已形成一定的研究成果,并在实践中已有较为成熟的系统,实现了研究者的预期目标。但合格与不合格的成绩划分方式不利于进一步发现学生的个性化学习方式,反馈给教师和学生的信息模糊性较大。相比之下,将学生成绩划分为多个分类更有利于揭示学生参与混合学习的深层规律,但当前将成绩划分为多个分类的预测研究进展较为缓慢,已有研究表明学术界认可的预测结果平均准确率仍在 70% 左右。

2.2 混合课程中基于学生在线行为的学习成绩预测建模方法

在混合课程场景中,收集学生参与在线学习的行为数据进而预测学生学习成绩的实质是通过分析学生的部分学习过程发现学生未来获得全部学习结果的研究。在已有研究中,学者们选择的工具大多偏向于机器学习算法,正是看重由机器学习算法构建的预测模型可在一定程度上通过部分学习过程数据预测学生成绩的潜力。在数据预处理方式得当、算法选择匹配的条件下,机器学习算法构建的学习成绩预测模型甚至可获得较高的预测结果准确率。本节将聚焦近年来采用机器学习算法构建学习成绩预测模型的研究,分析他们的研究流程、数据处理方法、算法选择和模型构建,以期为本研究提供基础。

2.2.1 基于学生在线学习行为的学习成绩预测建模的数据收集与预处理

数据收集和预处理是在混合课程中构建学生成绩预测模型的第一步,包括了预测变量和结果变量的收集、筛选和预处理过程。在已有研究中,学生大多通过网络学习管理系统参与到混合课程的在线学习过程中。同时,网络学习管理系统可以自动记录学生的在线学习活动日志,为研究者提供了数据收集的便利。Siemens(2013)[1385-1388]认为,系统自动记录的学生在线学习活动日志之所以一直受到研究者的青睐,是因为学生在线学习活动日志体现了学生发生在线学习活动的时间、操作对象、操作方式、操作内容,同时可以直接反应学生的在线学习操作与学习成绩的关系。另外,学生在线学习行为日志还可转换为学生的学习导航模式、阅读习惯、写作偏好、沟通交流特征以及协作网络。日志可精确到数据点的记录是研究者的重要数据来源。因此,从便利性、可操作性、研究成熟度的角度来看,网络学习管理系统成为研究者们广泛认可的重要数据来源。从数据源中收集到足够信息后,研究者还需从中做出筛选,分析对学习成绩预测最具影响力的指标变量。因此选择合适的预测变量对提升学习成绩预测结果的准确率十分重要,而且预测变量是反映学习者学习过程的行为指标,能够代表学习行为对学习成绩的影响关系。在筛选变量过程中,研究者需考虑变量指标反映的学生在线学习行为意义、预测变量的数据量规模、预处理变量指标的方法、以及机器学习算法可以接受和擅长处理的变量格式类型。然而在具体的每一项研究中，由于研究目标、研究取向、数据结构的限制，预测模型和预测结果所反馈的结果可解释性等条件不同，让研究者在选用预处理方法时会进行相应的取舍。通过统计前人研究的预处理方式也可发现一定的规律，如Shahiri 和 Husain（2015[416-418]）指出，将学生的在线学习行为日志根据学生面向不同的操作对象统计成一定历史时间段内的频次/时长变量是较为普遍的做法。将学生在线学习行为日志转换成频次/时长变量后几乎可被所有机器学习算法接受，同时不同的历史时间段划分可满足早期学习成绩预测、干预策略制定、教学设计迭代优化、学习内容推荐等不同的研究取向，也满足预测模型比较、学生个体差异比较、课程差异比较等多种研究目标。

2.2.1.1 预测变量的预处理

当学生的在线学习行为日志被转换为一定历史事件阶段的在线学习行为频次/时长后，作为预测变量，研究者还需对其进行进一步的指标筛选和其他预处理操作。学生的在线学习行为变量筛选是选择对学习成绩预测最有意义的预测变量的过程。学术界认可的变量筛选方法主要分为以下三种：

（1）按照教学理论寻找教学过程与教学结果关系最强的在线学习变量，在当前研究中可见的教学理论包括教学交互模型和教学交互分析层次塔（武法提，牟智佳，2016[42-44]）。这两种教学理论就学生在教学交互过程中表征的行为与学生的学习结果进行了有效关联，并且将学生的在线学习行为类型进行了分类。在使用这两种理论进行筛选后，研究者解释预测模型所得结果时会更偏向于指向教学过程中师生交互的行为改变，以期将预测结果用于调整教学交互的类型、频次、偏好等，进而提升学生的学习成效。虽然有如此多的优点，但上述两种教学理论都没有就师生交互行为类型之间的相关影响进行解释，也不利于研究者揭示师生交互行为的相互关系。在调整对预测结果影响最大的教学交互行为时，改变的学习结果成效提升量也需要更多的研究验证。

（2）已有研究已确定关键学生在线学习行为变量指标（Romero，Ventura，2013a[13-15]；Conijn et al.，2016[17-20]）。该方法的基本假设是所有的混合课程实施过程中，教师都会开展相似的教学设计、教学环节和教学流程，即使教学模式、课程类型、学生特征有所不同，但只会影响教学内容、教学目标的变化。学生参与在线学习的行为类型是相似的，如都需要自主观看学习资源、参与在线测试、提交在线作业、进行沟通交流、向教师反馈学习结果等。将在线学习行为日志处理成行为频次/时长数据后,资源内容、测试习题差异、作业难易度、沟通交流内容、反馈内容等差异都会被抹消。而且,选择在前人研究中反映出的,对学习成绩预测有显著影响的学生在线学习行为变量有利于将研究结果与前人研究进行比较,促进该领域研究的前进和知识的积累。然而这种选择方法容易忽略前人研究中未出现过的学生在线学习行为变量。

(3) 最后一种是不进行任何筛选,将所有研究中可获得的学生在线学习行为变量作为预测变量放入预测模型当中。这种方式可以获取最全面的学生在线学习行为记录数据,有利于从预测模型中发现所有对预测结果有影响的学生在线学习行为。然而,当前研究中极少进行这样的操作,因为缺少筛选过程会导致数据处理技术的兼容性不佳。同时,不进行任何筛选时,准确解释预测结果并将其转化为促进教学的依据与策略也会更为困难(范逸洲,汪琼,2018[10-11])。

在筛选出构建预测模型所需的学生在线学习行为变量后,研究者还需对预测变量进行预处理。Romero 和 Ventura(2013a[16-17])指出,数据预处理过程是构建预测模型必要的操作步骤,几乎所有的教育数据挖掘研究都需开展预处理,预处理有助于提升数据质量,减小异常值对预测模型的干扰,提高预测模型的可解释性。在教育数据挖掘的研究中常规的预处理过程包括数据变量的整合、数据集的无损变换、数据结构的重构、连续变量的离散化、行为数据实践序列化等。而根据研究取向和具体的研究场景,某些研究者也会进一步采用预标记变量、分类变量等其他操作。随着近年来研究者们希望揭示的问题越来越深层,收集的数据异构性逐步加强,在预处理阶段使用的方法逐步由单一的方法转向复合的多种方法,由手动操作转向由代码控制的自动化操作(Papamitsiou, Economides, 2014[53-55])。很多数据预处理方法开始被逐步整合到模型构建的机器学习算法中,在促进数据预处理过程精准化的同时,让研究者可以集中精力聚焦在核心研究问题之上。针对学生的在线学习行为/频次数据,也有学者总结过通用的预处理过程,主要包括数据清洗、离群值处理、异常值意义判定、数据量纲处理、非平衡数据处理等(Alasadi, Bhaya, 2017)。复合的预处理方法应用在前人研究中经常出现,如 Conijn, Van den Beemt 和 Cuijpers(2018[619-620])在其研究中分析了一所高等院校的一门研究生课程,参与课程的对象既包括硕士研究生又包括博士研究生,分析时间阶段是一个学期。在该研究中,学者收集到的学生在线学习行为数据包括视频、测试、作业和讨论。这些行为在记录时无法使用统一的量纲,因此研究者首先进行了量纲去除处理,并在数据分析过程中根据各类学生在线学习行为数据的频次数据量进行了定类划分,将频次较少的学生在线学习行为数据转换为判定学生是否参与该在线学习活动的二元变量,而其他频次较多的学生在线学习行为则不进行变换。最后该研究通过分析参与混合课程的 199 名研究生发生的在线学习行为数据构建了一个预测结果准确率最高达到 75% 的学习成绩预测模型。该研究特别讨论了学生的在线学习行为数据预处理过程,指出在其研究场景下,常规的数据预处理方法不足以满足混合课程中构建学习成绩预测模型的需求,研究者需根据研究目标,对学生的在线学习行为类型和频次多寡赋予对应的教育意义,从而分离特定的学生在线学习行为特征,发现具有研究意义的学生在线学习行为模式,增强学生在线学习行为模式和学习成绩预测模型的预测关系。同时研究者也建议,预定义的学生在线学习行为只在该研究场景中生效。在跨课程的场景下,学生在线学习行为模式依赖固定规则的定义会使学习成绩预测模型产生较大偏误。

在另外一项研究中使用了数据的离散化和向量化复合预处理方法(Akram et al.,2019[102487-102491])。该研究场景是一所高等院校的一门编程设计课程,参与该课程的所有学生均为来自计算机学院的本科生,学生人数为115 人。研究重点关注了学生的在线作业提交活动对学习成绩的预测效果。在预处理中,研究者对作业提交的次数、作业提交的时间、作业提交的方式和作业提交的成绩进行了操作。其中,作业已提交的次数、方式和成绩均采用离散化操作,作业提交的次数与作业提交的时间进一步被合成一组向量,继而构建了新的预测变量。通过这些变量构建的学习成绩预测模型获得了 70% 的平均预测结果准确率。该研究的结论指出,采用合成向量的方式表征学生的作业提交过程有助于体现学生在整个学期中提交作业的阶段性特征。采用这种表征方法后,系统记录的学生提交作业的频次和时间可被重新解释为学生按照教师的教学设计开展在线学习的规律性特征,用于判断作业提交的数量是否符合教师预制的规定、作业提交的时间是否符合教师预先安排的时间节点。同时,研究者也指出了这种操作的局限性。将学生的在线学习行为转化为特征向量时需要预先了解不同在线学习行为的关联,这种关联不仅是教学意义上的,而且需要数据量级和规模相似,如果将多种学生在线学习行为数据转换为向量,而其中某种在线学习行为数据的量级特别大时,其他类型的在线学习行为将被忽略。且如果出现多个复合的学生在线学习行为向量,向量的长度不一致时,构建学生成绩预测模型将会产生重大的偏误。这种方法提出了一种新的预处理思路,但同时也难以应用到研究对象包含多门混合课程的场景下,因此未来还需进一步研究学生在线学习行为种类之间复合向量的方法,以及分析如何标准化不同课程场景下的相同学生在线学习行为变量的向量长度。

预定义学生在线学习行为的研究还有 Sheshadri 等(2019)对一所高等院校中同一门混合课程两个学期 627 名学生的成绩预测探索。在该研究中研究者重点关注了学生的在线学习行为保持时长对学习成绩的预测关系。在预测变量中研究者收集了学生的在线时长、观看视频的时长、阅读教学材料的时长、阅读作业题目的时长、阅读测试题目的时长、停留在讨论区的时长及通过系统内的方式与其他学生、老师沟通交流的时长。在预处理过程中,研究者对每种学生在线学习行为保持时长划分了阶段,并定义了每个阶段的学习意义。最终构建的预测模型结果准确率达到了 73.3%。

近年来,在通过某种方式筛选出学生在线学习行为变量,并进行初步预处理之后,进一步开展二次变量筛选也被研究者所重视。如武法提,田浩(2019)[78-80]在挑选出有意义的学生在线学习行为变量,进行预处理之后进一步采用了皮尔逊相关分析和信息熵增益的复合方式二次选择了预测变量,以期排除无关变量对预测模型结果准确率的影响。Polyzou 和 Karypis(2019)指出,在预测模型构建操作过程中加入二次变量选择有助于分离预测结果中难以解释的关系,在预测结果反馈到教学实践中时帮助师生发现影响学习的关键行为,调整教学过程,改进学习方法。

2.2.1.2 结果变量的预处理

在学习成绩预测研究中,结果变量通常来自于教师对学生的最终成绩评价。无论是标准化考试成绩、日常成绩、技能测试成绩,抑或是上述三者综合形成的成绩,研究者最终收集到的成绩都是百分制的成绩。在已有研究中,百分制的学生成绩通常有三种处理方式:(1)不对百分制的连续成绩变量进一步开展处理,将其作为数值变量;(2)将百分制的连续成绩变量按合格和不合格划分为二分类变量并进行预先标记;(3)按照国际通用的 GPA 划分方式将学生的百分制成绩离散化处理,划分为五级(A/B/C/D/F)(Hu et al.,2017[528])。这三种结果变量的处理方式对应研究者的不同研究取向,在不处理百分制的连续变量,只作为数值变量时,研究者的目标一般聚焦的是采用数学模型表达学生的在线学习行为与学习成绩的预测函数关系,并分析学生的在线学习行为属于线性还是非线性,线性的在线学习行为表示学生的所有学习活动主导权在教师,受到教师的引导和控制,而非线性的在线学习行为表示学生的学习活动主导权在学生自己,学生按照自己的意愿控制(Park,2014[86-88])。当百分制的连续学生成绩变量被处理为二分类变量,并按照合格与不合格进行预定义时,研究目标通常是对学生的学习风险进行早期预测,试图发现学生的在线学习行为积累到什么程度即可尽可能早地对学习结果进行预测(Du et al.,2019[2-4])。将百分制的连续学生成绩变量按照国际通用的 GPA 划分方式,预先标记为五级离散化成绩时,研究大多聚焦在发现不同成绩等级中学生的在线学习行为特征,以及这些在线学习行为特征对最终成绩预测的影响(Hellas et al.,2018[175-178])。

　　在大多数混合课程中,离散化百分制的连续学习成绩变量会导致每个等级下的学生人数产生差异。这种情况在使用机器学习算法构建学习成绩预测模型时被称为非平衡数据问题。而某些机器学习算法对非平衡数据十分敏感,当各成绩等级分类的学生数量(在线学习行为数据量)差异较大时,预测模型对各成绩分类的预测结果准确率会产生较大差异(Loeppky,Sacks,Welch,2009),在混合课程中基于学生在线学习行为预测成绩建模也是如此。因此,有研究者尝试使用人工少数类过采样法(Synthetic Minority Oversampling Technique,SMOTE)平衡各类的数量差异。如 Dimic 等(2019)在研究中选择一所高等院校的一门混合课程的 276 名学生,在将学生学习成绩处理成五级划分的成绩等级后,每个成绩等级的学生数量分布有较大差异,在研究者使用 SMOTE 平衡了学生数量较小的其他 4 个成绩等级后,对比未采用 SMOTE 平衡前,预测结果准确率平均提升了 3% 左右。在专门分析机器学习算法的研究中指出,SMOTE 方法对多个分类器复合预测算法(AdaBoost)构建的预测模型有较好的预测结果准确率提升效果,但对随机森林算法(Random Forest Algorithm,RF)生成的预测模型结果准确率提升不大(Buschetto et al.,2019[17-18])。该研究进一步指出,SMOTE 的原理是通过分析每种已有分类样本的特征,人工创建具有相似特征的样本。在教育场景下,使用该方法在样本量较小的成绩分类下创建的学生样本会具有原始样本相似的学生在线学习行为模式。然而使用 SMOTE 方法人工创建学生样本的适用条件还未被明确辨析,也没有证据表明研究者通过人工标定学生成绩分类后,每类成绩中的学生样本能够代表该类学生在线学习行为的所有特征。依据该方法创建虚拟学生样本可能会忽略该类学习成绩下,学生的其他在线学习行为特征。因此该方法在当前研究中并没有被广泛应用。

2.2.1.3 数据伦理

在收集学生的在线学习行为和学习成绩数据过程中,数据伦理受到学者们的广泛关注。数据伦理是指与系统化整理、维护和推荐数据相关的正确和错误的行为集合(Kitchin,2014[27])。在当前研究中,为了提升学生学习成绩预测结果的准确率,大量包含学生个人隐私的数据被研究者们收集,并用于训练预测模型。比如学生的人口统计学特征数据、情感水平数据等。这些信息的泄露可能导致许多风险,因此在成绩预测研究中需要重视采用各种手段和方法保护研究对象的数据。Slade 和 Prinsloo(2013)指出,保护教育大数据使用伦理的主要方式除了告知数据提供者数据的采集方式、处理方式和解释结果以外,数据的隐私保护也十分重要。数据隐私的保护除研究者个人的学术道德、行政机构和研究机构的相关法律法规约束以外,技术手段的使用尤为重要。当前保护数据隐私的技术手段主要是采用数据脱敏算法将带有敏感信息的数据隐去,主要的脱敏算法包括基于自适应算法的脱敏方法、基于分布式挖掘算法的脱敏方法以及 K-匿名算法。虽然存在划分策略不完善、算法时间复杂度随样本数量增长较快的局限性,但 K-匿名算法实现简单,能保证数据可用性,被各学科研究者广泛使用(周倩伊,王亚民,王闯,2018)。

总结上述研究可知,当前在混合课程中开展学习成绩预测研究仍主要以学生的在线学习行为为依据,从数据收集便利性、数据可用性和数据操作难易度的角度考虑,网络学习管理系统中记录的学生参与在线学习行为日志是重要的数据源,研究者可直接从数据源中导出学生在线学习行为原始数据,并将数据转换为按学生在线学习行为类型划分的频次和停留时长变量,并以一定的时间阶段累积这些变量的数量,作为预测变量。混合课程结束时,教师对学生的最终成绩评价一般被作为结果变量。在选定预测变量和结果变量后,研究者需对所有数据开展预处理,对预测变量的预处理方法包括数据清洗、离群值处理、数据量纲处理、非平衡数据处理等,对结果变量的预处理方法包括保持原始的连续数值化变量、将成绩处理为合格与不合格的二分类变量,以及将成绩处理为按 GPA 划分的五级变量等。本研究将按照教育场景特征和院校成绩评定政策进行处理,以期同时满足研究目标和形成与前人研究对话的结论。最后当前在数据收集和处理过程中,K-匿名算法是被研究者们广泛接受的,保护数据伦理的技术手段。

2.2.2 基于学生在线学习行为的学习成绩预测建模的机器学习算法选择

2.2.2.1 聚类算法的选择

在完成数据的收集和预处理之后,影响学习成绩预测的关键研究步骤是选择合适的机器学习算法。在当前研究中,应用到学习成绩预测建模的机器学习算法主要分为聚类算法和分类与预测算法,聚类算法用于无监督预测,即没有人工预标记样本的分类结果时,只依赖数据本身的分布特征对样本进行分类(埃塞姆,2016)。分类预测算法用于有监督预测,即在具有人工标记样本的分类结果时,通过分析数据特征与标记分类的对应关系训练样本,获得具有一定特征或模式数据的分类结果。在完全在线课程的学习成绩预测研究中,聚类操作一般被放置在构建混合课程学习成绩预测模型之前,更细致地研究混合课程中学习者的个性化状态,描绘学习者的学习特征(Dutt et al.,2015)。如田娜、陈明选(2014)在使用一所高等院校的一门计算机程序设计课程数据开展学习成绩预测时,使用了 K 均值聚类(K-means)算法分析这门课程中学生的在线学习行为特征。在经过聚类分析后,研究者发现学生可分为两类,每类学生的在线学习行为模式差异较大,行为偏好的各类学习行为的频次/时长也具有较大差异。同时,研究者也报告了在聚类过程中,为获得最佳聚类结果,调整 K-means 聚类结果的类别数量是一个不小的挑战。在研究中他们采用了试错的方法,通过聚类凝聚度(聚类内部的成对点阵距离的平方)判断是否达到最佳聚类。还有研究在完全在线课程的学习成绩预测前采用了聚类算法分析学生的在线学习行为特征,该研究涉及了国家开放大学学习平台上的 5 万多名学生,并通过 K-means 算法将这些学生的在线学习行为数据分为 4 个类别。研究者指出 4 个类别的在线学习群体代表了学生在参与国家开放大学学习平台上所有在线课程的一般行为特征,研究者进一步分析了教学团队、教学过程、课程运行技术环境、教学规模、专业类型和课程设计 6 个方面对学习群体在线学习行为特征的影响,说明在完全在线教学中,教学者不应只考虑自身教学方法和教学策略,要综合教学环境、规模和团队配合才能促进学生的在线学习行为投入。然而该研究中没有报告如何调节 K-means 算法的参数,也没有对各类学习行为次数的不同数据级进行处理。从 K-means 算法的原理出发,不同数据量纲的变量在聚类时,通过计算距离而获得的聚类结果会因某项较大数量级的变量发生偏移,导致聚类结果只依赖收集到的部分变量,而其他较小数量级的变量被忽略。在实际教学过程中,各变量代表的教育学含义不同,根据教学设计的不同,必定出现某些变量在累积频次或时长上具有数量级的差异,如在线时长是一个无上限的变量,但提交作业次数一般都与教学设计有关。两项变量的数据量纲必须经过变换才可避免偏误。通过聚类分析学习者行为特征的研究试图从在线学习活动的大量数据中找到学习者的行为偏好,指导相应的教学活动设计(王媛,周作宇,2018;乔璐,江丰光,2020)。当前,在国内分析学生行为模式聚类的算法中,K-means算法居于主流。王梦倩等(2018)指出,国外也同样有大量研究采用K-means算法分析学生学习的行为特征,K-means算法作为基于划分的聚类方法被学者广泛接受。但根据数据特征和研究取向不同,聚类算法还分为基于模型聚类、基于层次聚类或基于密度聚类的方法(韩家炜,范明,孟小峰,2012[196-217])。虽然这些方法在当前研究中并不常见,但对学生在线学习行为数据聚类时,选用单一聚类方法并不能保证获得最佳聚类结果。最佳聚类结果有助于更精确地识别不同在线学习行为特征的学生,分离行为特征近似但实际学习过程有显著差异的学生。

由于混合课程中研究对象样本的小规模取向,开展混合课程学习成绩预测研究领域中进一步增加聚类分析环节的文献较少。但有学者已经证明,在构建学习成绩预测模型前,开展聚类分析可对混合课程的学习者特征识别和预测模型解释发挥重要作用。如:Akram 等(2019[102490-102493])使用了K-means 聚类算法对案例课程中的学生进行了提前聚类,并分别探索使用每一类学生的数据建立预测模型的结果准确率,发现在通过聚类后,在各类学生群体内部,学习成绩预测模型的预测结果准确率都有所提升。研究者总结了聚类分析对混合课程学生学习成绩预测的重要性,指出在建构预测模型之前,对学生的在线学习行为特征的聚类分析有助于降低学生整体的行为模式复杂程度,在每一类学生中构建学习成绩预测模型可以更加有效地揭示学生在线学习行为的规律,提升在线学习行为特征的内聚性;有利于分类算法在每一类学生中更加精准地识别学生在线学习行为特征与学习成绩之间的预测关系,提高预测结果的准确率;同时有利于研究者更加详细地解释学生的学习规律,从而为教师提供更加个性化和多样化的教学优化依据。

2.2.2.2 分类算法的选择

分类算法在研究中承担了两种角色,分别是分类与预测。分类是指通过对已有分类标记的数据集进行训练,预测没有分类标记的数据。在使用机器学习算法建立学习成绩预测模型的研究中,通常有五种分类算法被学者们经常使用,分别是:基于回归的分类与预测算法、基于决策树的分类与预测算法、基于贝叶斯概率的分类与预测算法、基于支持向量机的分类与预测算法以及基于神经网络的分类与预测算法(Shahiri,Husain,2015[417];A. D. Kumar,R. P. Selvam,K. S. Kumar,2018[532-535])。

基于回归的分类与预测算法在使用中对数据类型没有限制(无论是分类数据还是连续数据均可被算法接受),既能分析自变量之间的关系,又能在合适的实验场景下评估自变量对因变量的解释程度,由此使得各种基于回归的分类与预测算法(包括线性回归、逻辑回归等)成为教育研究中最常见的分析方法(Ding,2006)。在学习成绩预测方面也是如此,Avella 等(2016[17-20])指出,以各种基于回归的分类与预测算法为核心的学习成绩预测算法是常见的五大预测方法之一。再加上由于回归分析适用于以连续变量课程成绩评分为结果变量,也易于研究者解释预测变量与结果变量之间的关系,分析预测变量内部的联系,使得基于回归的分类与预测算法在学习成绩预测中被广泛使用。在其他研究者进行预测方法对比时,通常也会选择基于回归预测的结果作为基线(Benchmark)(Lykourentzou et al.,2009)。虽然基于回归算法构建的预测模型简单,但便于研究者解释学习成绩是被哪些预测变量所影响、预测变量的影响效应以及预测变量之间的关系。然而,当前教学场景日趋复杂,研究者观察和记录学生各项数据的技术工具增多,数据结构的复杂性和数据类型的多样性不断增强。使用基于回归的分类预测算法构建的成绩预测模型并非总是能得到较好的预测结果,再加上其建模假设条件较为苛刻,不仅要求预测变量之间相互独立、变量之间是线性可加的、获得每种变量的数据成正态分布,而且要求预测变量具有方差齐性。这导致当学生的最终学习评价是复数评价方式复合而成,或预测变量来自于不同维度的观测方法时,就很难满足基于回归的分类预测算法的基本假设(Miller et al.,2015)。另外,随着机器学习算法的发展,为了获得更高的准确率,研究者通常会选用其他分类与预测算法。如 Vasileva-Stojanovska 等(2015b)在研究中将混合课程中学生的学习过程数据作为预测变量,并在结果变量的选取中,除了学生的学术表现(Academic Performance)还加入了技能迁移能力(Transferable Skills),根据教师的综合评价方法对学术表现和技能迁移能力进行了复合,同时研究还比较了两种结果变量分离时,各分类预测算法建模的结果表现。虽然在该研究中,尽力选取了互相独立的预测变量,并在预测变量的处理中进行了促使数据接近正态分布的无损变换,在预测变量的方差检验中确定了方差齐性。然而最终采用自适应神经模糊分类预测算法(Adaptive Neuro Fuzzy Inference Strategy,ANFIS)与线性回归分类预测算法的预测结果比较中发现,无论是预测学术表现还是技能的迁移能力,使用自适应神经模糊算法建立的预测模型结果都优于线性回归算法。

因此,在完全在线教学环境下,学术界认同了即使在相同的教学环境、教学内容、教学方式中产生的相同数据,使用不同的分类预测算法构建成绩预测模型时,根据算法的能力也会出现准确性差异较大的结果。如Romero 等(2013b)在研究中使用了哥伦比亚大学的完全在线课程中学生的在线学习行为数据,研究者收集了多门课程的上千名学生的数据,以保证数据量足够大。在构建成绩预测模型时又专门挑选了教育数据挖掘中被其他研究者使用过的 21 种分类预测算法构建学生在线学习行为对学习成绩的预测模型。在以课程为单位的学习成绩预测模型比较中,研究者发现没有任何一种预测分类算法构建的成绩预测模型能对所有课程中的数据都获得较高的预测结果准确率,且在相同课程的算法比较中,算法的差异导致的预测结果准确率差异较大。从该研究中可以发现,在使用机器学习的分类预测算法构建学习成绩预测模型时,尚未发现通用性较强同时预测结果准确率也较高的最佳算法。机器学习的分类预测算法选择与课程中学生的在线学习行为数据特征有紧密关系。该研究进一步对其中一门计算机科学专业的基础课程中学生的在线学习行为数据进行了分析,在对比了多项前人研究后发现,即使是来自相同专业的学生,学习相同专业下的课程,使用同一种机器学习分类预测算法构建的学生在线学习行为对学习成绩的预测模型,其预测结果准确率仍有差异,说明课程的学科属性并非影响使用机器学习分类预测算法预测学习成绩结果准确率的关键因素。

但是根据已有文献中提及的学习成绩预测模型及它们的预测结果准确率,神经网络分类预测算法和随机森林分类预测算法表现出一定的普适性,能够接受各种教学场景下学生产生的学习过程数据、个人特征数据。而且通过这些分类预测模型获得的预测结果准确率通常较高(Shahiri,Husain,2015[418-419])。在混合课程中,学生的在线学习行为数据只代表了部分学生学习的行为投入。在混合课程中的学生成绩预测模型结果应用中,研究者们一直苦于寻找理论解释如何通过部分学习行为投入却能获得较高的成绩预测结果准确率。Chen,Lambert 和 Guidry(2010[1226-1230])通过分析混合学习中学生学习投入的关联性时给出了一个理论基础。该研究的结论发现,学生在使用信息技术进行学习的过程中,线上的学习活动与线下的学习活动是关联的,且线上的学习投入能一定程度上代表学生的所有学习投入,与学习成绩具有紧密的相关关系。在此之后,研究者简化了混合课程中学生学习成绩预测模型的建模流程,开始尝试直接根据已有的完全在线教学环境中建立的学习成绩预测模型构建流程,开展混合课程中的学习成绩预测。如 Park(2014[86-87])分析了两门线上教学在网络学习管理信息平台中开展的混合课程。在数据收集时,研究者指出,只收集网络学习管理信息平台中学生的在线学习行为对学生的最终成绩即可获得较高的预测结果准确率。同时,为了进一步为教学实践提供更具指导意义的启示,研究者采用了线性回归分类预测算法和随机森林分类预测算法分析学生在线学习行为的模式。研究结论指出,使用两种不同的分类预测算法构建成绩预测模型时,预测结果准确率受到学生在不同混合课程的在线学习过程中学习行为数据是否成线性相关的影响。在以讲授学习为主的混合课程中,学生的在线学习过程受到教师的严格管理,各项在线学习行为均依据教师的教学设计开展,学生学习的自主性不强,从学生的各项在线学习行为数据分布来看,数据具有较强的线性特征,且使用基于线性回归的分类预测算法可获得较高的预测结果准确率;在以探究学习为主的混合课程中,学生的在线学习过程自主性较强,教师没有设定各项活动的开展方式,只提供了各学习活动的基础资源或探究内容,学生依据各自探究的问题和沟通网络开展学习,从学生的各项在线学习行为数据分布来看,数据具有较强的非线性特征,且使用随机森林分类预测算法可获得较高的预测结果准确率。从该研究的结果可知,使用机器学习分类预测算法构建模型时,应分析学生在线学习行为数据的分布特征,了解其分布规律,而非考虑混合课程的教育属性。

  还有研究者使用了一门混合课程两年间所有参与其中的学生的在线学习行为,学生在这门混合课程中使用 Moodle 网络学习管理系统,学生的最终成绩由教师综合评定(Nespereira et al.,2016)。在该研究的数据处理中,学生的在线学习行为数据被按时间顺序划分为三个阶段,并采用了支持向量机(Support Vector Machine,SVM)和随机森林分类预测算法分别验证学生在线学习行为数据对学习成绩的预测效果。该研究的结果显示,随机森林分类预测算法使用 1/3 时间段、2/3 时间段及全部时间段中积累的学生在线学习行为数据构建学习成绩预测模型,结果准确率都高于支持向量机构建的预测模型,且在随机森林分类预测算法构建的三个学习成绩预测模型内部,使用全部时间段积累的学生在线学习行为数据构建的模型所得结果准确率最高。

2.2.2.3 基于增量学习算法的选择

需要注意的是,在2.2.2.2中所述研究提出的混合课程学习成绩预测模型都基于批量学习方式构建,这种方法有利于分析全部样本的整体特征,构建样本的特征变量与结果变量之间的关系,但是这样构建的模型无法再接受新数据,不利于将已构建好的预测模型应用到其他课程中(Kotsiantis,Patriarcheas,Xenos,2010[529-530])。相对于批量学习,增量学习的机器学习分类预测算法有望解决上述问题,且在完全在线课程的学习成绩预测研究中已有应用(Sanchez-Santillan et al.,2016[2017])。增量学习是每当有新的训练数据输入时,机器学习分类预测算法便根据新数据调整已构建模型的机器学习方法。增量学习方法在训练大量非平衡数据时会出现构建的预测模型结果准确率不稳定的问题,虽然已有研究探索了提升增量学习方法训练非平衡样本和大规模样本(样本数量大于1000)所获预测模型结果稳定性和准确率的问题(Zhong et al.,2020;Genuer et al.,2017;Wu et al.,2019),但数据样本的特征及样本的数量对增量方法构建预测模型产生的影响仍不清楚。

如前所述,当前混合课程中预测学生学习成绩的方法一般借鉴完全在线课程中的预测方法,即收集学生的历史学习过程数据作为预测变量,收集学生的学习成绩数据作为结果变量,通过机器学习的分类算法建立学习成绩预测模型,进而采用预测模型预测学生未来的学习成绩(Romero,Ventura,2020)。然而这些研究中使用的机器学习算法以批量学习方式处理数据。批量学习是指在构建模型时将所有样本一次性全部输入(Zheng et al.,2017),这种方法有利于分析整个样本中的整体特征,预测结果准确率较为稳定,而且有大量已实现的机器学习算法使用批量学习的数据处理方式,便于教育研究者直接应用。但是使用批量学习方式得到的预测模型无法再接收新数据(Born A,2017),从而影响模型的迭代优化。另外,一次性输入学生的所有历史学习过程数据构建学生成绩预测模型的研究方式也无法分析新增学生样本对预测结果带来的影响,不利于将已构建的模型推广至其他课程,也不利于持续追踪学生在不同学期的学习过程特征(Kotsiantis,Patriarcheas,Xenos,2010[531-535])。学习者在不同混合课程中并不会保持相同的学习行为特征,因此要发现一门混合课程中学生群体的个性化学习过程特征与学习成绩的预测关系,就需要使用该混合课程的数据不断训练学习成绩预测模型。增量学习方法与传统批量学习方法最大的区别是,不假设构建模型前就具有完备的训练数据,训练数据会在算法运行过程中随时间推移不断出现。批量学习与增量学习数据处理方式的机器学习分类预测算法构建模型过程差异如图 2-1 所示。

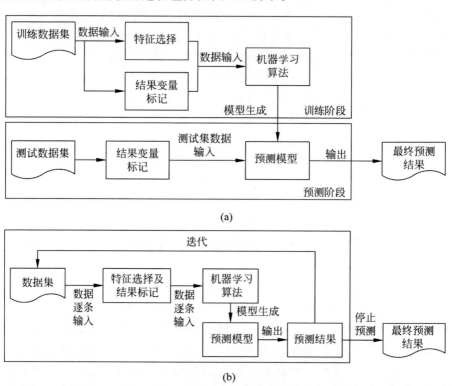

图 2-1　批量学习与增量学习机器学习分类预测算法构建模型过程示意图
(a) 批量学习版本机器学习算法的模型构建过程示意图;
(b) 增量学习版本机器学习算法的模型构建过程示意图

增量学习方式的机器分类预测学习算法主要包含以下四种特征:(1)可从新数据中提取知识;(2)将数据加入到模型中学习时不需构建原始模型的原始数据;(3)新数据中的知识不会覆盖原始模型的知识;(4)当新数据中包含的知识与原始模型冲突或超出原始模型时仍可被学习到新模型中(Polikar et al.,2001)。通过增量学习方式生成的模型可根据新加入的训练数据不断扩展,代表了动态学习的技术。有研究者指出,随着学生在各种网络教学平台中产生的学习过程数据不断增长,学习者的学习过程不会中断,无法断言在某一时刻收集的数据能覆盖该学习者的所有特征。批量学习方式的成绩预测模型构建的是学习者在一段时间内,学习过程与学习结果之间的预测关系。研究者通常难以判断这种预测关系在未来多长时间内有效,当前最成熟的学习成绩预测模型应用仍限于学生是否可以在课程结束时合格或学生是否会终止课程学习的分辨方面。要充分发挥学生成绩预测模型为师生教学决策带来的辅助作用,构建动态分析学习者学习过程并预测学习结果的模型是十分必要的。以增量学习方式开展学生成绩预测的方法已被应用在少量完全在线教学案例中,如 Kulkarni 和 Ade(2014[10])的研究对比了朴素贝叶斯、K 星、IBK 和 K 最邻近的增量学习方式分类预测算法,发现 K 最邻近算法的预测结果准确率最高。然而该研究中只对比了增量学习算法之间构建成绩预测模型的预测结果准确率,没有对比增量算法与批量算法构建预测模型的预测结果准确率差异。在 Ade 和 Deshmukh(2014)等人的研究中发现,增量学习算法构建的成绩预测模型在对学生成绩进行预测时,结果准确率随样本增加而波动,且不会收敛到固定值,因此学生样本特征对增量学习算法建模预测结果的影响也是需要研究的重要问题。还有 Sanchez-Santillan 等(2016[220])使用增量学习算法构建了两学期的学生成绩的预测模型,在分别使用两学期数据及两学期数据合并三种数据集训练的预测模型后发现,其中一学期的预测结果准确率下降会导致数据合并后的预测结果准确率下降。

2.2.2.4 分类算法的参数调试

通过统计已有研究中出现过的分类预测算法,随机森林分类预测算法和基于各种数学模型构建的人工神经网络分类预测算法构建的成绩预测模型结果准确率普遍较高。然而,这两种类型的机器学习算法也是经典的复合算法,需要调试的参数较多。有研究专门指出,无论是基于何种数学模型构建人工神经网络分类预测模型,当使用的训练数据越复杂时,通过训练获取的人工神经网络分类预测模型就越复杂(姚二林,2003)。

人工神经网络分类预测算法构建的预测模型是需要调试大量参数的复杂预测模型代表。近年来,其他复合型的机器学习算法在构建预测模型时需要调试的参数也有逐渐增长的趋势。在教育研究中,非计算机专业的学者通常需要花费大量时间调试并找出最适合自己研究场景中所收集数据对应的模型参数。为提升研究者构建模型的效率,并将主要精力聚焦在教育问题的解决和教育规律的揭示上,近年来有学者提出超参数调试的方法用于解决该问题(Toal,Bressloff,Keane,2008)。超参数调试最初是研究者在建立人工神经网络模型时为采用自动化方法进行参数优化而提出的(Bergstra et al.,2011[2546-2554])。超参数调试是学者们为简化建立人工神经网络模型的参数调整工作,在人工神经网络模型开始训练样本前定义一组参数,并使用一定的策略自动化参数的调试过程,以获取最优学习效果(Ng,2019)。当前,超参数调试方法已逐渐被推广到所有机器学习算法的参数调试中。

自动化的超参数调试主要包括枚举网格搜索策略和随机搜索策略。为了让超参数调试能在最短的时间内获取适应数据特征的预测模型参数,研究者通常会对收集到的数据进行采样,即从收集到的数据中选取一些符合母体数据特征的子样本,作为超参数调试的测试数据。枚举网格搜索是将需要调试的超参数定义为一个向量空间,并约定该向量空间的取值范围和最小变动的参数范围,调试网格向量空间的所有取值并每次记录验证结果。枚举网格搜索的问题在于非常消耗计算资源,当数据量较大、超参数个数较多或取值范围较大时,每调试一次都需要许多时间(Goodfellow et al.,2016)。

随机搜索则是对每个超参数都定义一个取值范围,取值范围根据超参数的边缘分布确定。在自动调试前设定随机取值的数量,在调试时找到取样数量内验证结果最优的算法参数(Mantovani et al.,2015)。

总体而言,机器学习算法是构建学生成绩预测模型的核心技术,以往研究主要使用了聚类算法和分类预测算法。聚类算法有助于提前探索学生学习过程/学习成绩的群体特征,当前混合课程的学习成绩预测研究中受限于数据量,只有少数提前使用聚类算法的研究。这些研究提前使用聚类算法对参与混合课程的学生进行分析之后发现了提前应用聚类算法的潜力,指出聚类算法可获取学生群体的行为模式,分离复杂的学生群体,提升每类学生数据特征的内聚性,增强分类预测算法对每类学生构建成绩预测模型的结果准确率。这些成果为本研究提升成绩预测结果准确率提供了有效支持,也可帮助本研究发现不同预测结果准确率学生群体所在课程的特点,从而为进一步优化学习成绩预测模型提供帮助。常见的分类预测算法中,随机森林和基于人工神经网络的算法构建预测模型具有较高准确率,本研究聚焦这两种算法构建的预测模型开展分析。最后,在模型构建时,超参数调试方法能大量节省研究者在模型构建阶段的时间,本研究也基于该方法调试分类算法的参数。

2.2.3 混合课程分类对学习成绩预测结果的影响

在混合课程研究中,研究者们大多选取一门或几门典型课程开展研究,且绝大多数研究目标都包括发现影响成绩的关键指标,提前为学习者提供预警服务,为教学干预制定、实施提供建议。然而这些研究的结论几乎都无法跨课程迁移应用,从而导致对混合课程中学习者的个性化干预和帮助的研究进展缓慢(Li,Wong,2020)。如 Lightner 和 Lightner-Laws(2016[225-230])在研究中采集了工商管理硕士研究生(Master of Business Administration,MBA)的一门决策科学课程作为案例,分析影响学生成绩的关键因素。在数据处理过程中,该研究采用了描述统计的方法分析该课程所属的专业、课程教学中采用的技术手段及课程实施的具体学期等数据对应的特征分类,同时还采用了多元回归拟合用以判定每个数据项对学生成绩影响效应量的大小。然后研究者根据前期所获成果实施了教学实验,其主要目标是根据上述分类,结合学生在学习管理系统中记录的各种数据判断对学生进行的教学支持重点项目。教学实验过程中,对参与混合课程的学生在线同步学习、异步学习数据也进行了分离。结果说明,混合课程的学科属性,教师的教学设计、实施策略、教学支持和帮助都与学生在学习管理系统中发生的学习行为具有相关性,且上述因素对学生的学习行为具有调节作用。为了促进学生参与混合课程获得更高的成就,提升他们的学习成绩,应基于这些课程属性,制定及时调整学生行为的解决方案。由此可见,在学习成绩预测研究中,混合课程的属性是本研究应该关注的重要变量。

另外,从使用机器学习算法构建的学习成绩预测模型角度,也有研究者从模型中得到了一些影响学习成绩的关键因素,但是现有研究仍在关键因素判断上缺乏统一性。如 Nakayama,Mutsuura 和 Yamamoto(2015[327-330])选取了一门混合课程作为案例,重点聚焦学生参与混合课程时在线上记录的课程笔记相关变量,包括笔记提交时间、笔记长度、笔记阅读时间、笔记阅读次数等。并且通过这些变量构建出了高达85%的预测模型结果准确率。还有研究者采用相似的方法,选择了一门混合课程作为案例,重点聚焦学生参与混合课程中完成作业的相关变量,包括作业提交次数、作业提交时间、作业所获分数、作业数据量大小等(Akram et al.,2019[102491])。该研究甚至获得了比关注课程笔记变量研究更高的预测结果准确率,其预测结果准确率达到了95.52%。由此可知,研究者可能是在探索了大量课程的数据后,从中筛选了特定的混合课程,为满足其聚焦的研究重点,只选取了一门适于呈现结果的课程数据。另外,在常规教学设计中,作业评定分数一定是学生最终成绩评价的一部分,因此,作业评定分数作为最终成绩评定分数的子分数,早在几十年前就被研究者证明具有极强的最终成绩预测能力(Fishman,Pasanella,1960)。即使不通过复杂的机器学习算法,也可大致估计学生的最终成绩。此外,研究者们只呈现个别混合课程案例的取向也说明,在不同情景下的混合课程中,影响预测学习成绩预测准确率的学生在线学习行为变量具有明显差异。除了关键行为变量以外,学习者的行为模式也会随着混合课程情景的变化而发生改变。如 Park(2014[88-89])在研究中发现,讲授型的课程中学生的在线学习行为模式具有线性特征,而探究型课程的学生在线学习行为模式则具有非线性特征。这种行为模式的差异也会导致最终构建学习成绩预测模型结果准确率的差异。Sherimon 和 Cherian(2017[905-908])在研究中分析了一门计算机网络的混合课程中,学生的在线学习行为预测学习成绩的效应量大小。在该研究中收集的学生在线学习行为包括登录学习管理信息系统的时长、阅读在线学习资源的时长、在线提交作业的次数和学生的最终成绩等数据,采用的方法是多元线性回归拟合。但该研究只是构建一个对学生最终成绩有显著影响的线性回归拟合模型,并没有获得较高的拟合准确率(R^2)。研究者在反思中指出,影响这一结果的最主要原因是学生在上述在线学习活动中产生的行为数据具有非线性模式。从这些结论中可看出,影响学生学习成绩预测的关键变量以及学生在线学习行为数据的特征都会随研究者挑选的案例混合课程而变化。因此,直接采用前人的结论判断混合课程中参与学生的在线学习行为模式,并直接使用这些研究中对应的机器学习算法构建学习成绩预测模型几乎不具有可靠性。除非研究者详细报告他们挑选案例课程的量化条件数据。从已有文献中不难看出,这些数据从未被提及。

通常在开展学习成绩预测研究前,学者们都会提前分析收集到的学生学习行为数据的实际状态,根据研究目标和研究内容解释预测模型。Tempelaar,Rienties 和 Giesbers(2015[156-166])在完全在线课程中收集了数学和统计学课程的学生在线学习行为数据,分析了在两门课程中构建成绩预测模型的稳定性和敏感性,在研究结论中指出,在同样一批学生产生的数据中,收集到的行为数据越全面、学生样本越多,则预测模型的稳定性越好,但是预测模型对学生群体变化的敏感性很高,即使是相同的课程,不同学生人群的在线学习行为指标变量对成绩预测结果准确率的权重也会有所改变。因此,使用某一门课程的预测模型对同样课程的不同人群实施预测,并在此基础上制定干预策略是不可取的。

采用机器学习算法构建预测模型的可迁移性(Generalizability)指预测模型处理未在训练阶段使用过的数据,并保持较高预测结果准确率的能力(Azad et al.,2021)。有个别研究分析了学生成绩预测模型迁移应用到不同混合课程中预测结果准确率的变化,发现任何已构建的模型迁移应用到其他课程中时,预测结果准确率都会有不同程度降低,建立预测准确率较高的模型是迁移应用的基础条件,但保证预测模型在迁移应用到其他课程中仍具有较高预测结果准确率的其他条件尚未取得突破性进展。机器学习领域的研究指出,预测模型迁移应用时的结果准确率与训练数据特征、预测方法及新样本的特征有关(Nay,Strandburg,2021;Chung et al.,2018;Yoshida,Miyato,2017)。据此,混合课程情景下影响成绩预测模型迁移应用时结果准确率的因素可分为随课程变化的训练样本、对应的预测方法以及新样本。训练样本是影响预测模型迁移应用的首要问题。有研究指出,提升训练样本的规模(包括样本个体特征差异)、特征(对预测结果有重要影响的变量)值的完整性以及数据的可变性(Variability)有助于提升机器学习算法模型的可迁移性(Sheng,Provost,Ipeirotis,2008[614-616];Therrien,Doyle,2018)。在混合课程中构建学生成绩预测模型,并分析迁移应用研究较少的重要原因是混合课程训练样本的特征在上述三个维度上有较大差异。在训练样本规模上,混合课程的学科属性、教学设计和实施过程差异影响单门混合课程的样本数量及其中的个体差异(Lightner,Lightner-Laws,2016[231-236])。根据以往研究发现不同混合课程训练样本中影响预测结果的重要预测变量也有差异,说明特征值的完整性也会随混合课程样本选择而变化(Nakayama,Mutsuura,Yamamoto,2015[331-333];Sherimon,Cherian,2017[906-911])。还有研究发现不同混合课程的样本数据可变性也不相同(Park,Yu,Jo,2016[1-5];Luo,Chen,Han,2020)。因此,通过某种方法选择包含规模较大、特征值较为完整且数据可变性较强的一类混合课程可提升成绩预测模型的可迁移性。目前这方面的研究还在探索中。

机器学习领域的研究指出,机器学习算法构建的分类器(成绩预测模型)在迁移应用时的预测结果准确率与算法的鲁棒性有关(Xu,Mannor,2012)。在混合课程的成绩预测研究中,学者们使用了多种机器学习算法构建预测模型,包括K-means聚类算法、基于回归的分类算法、基于决策树的分类算法、基于贝叶斯概率的分类算法、基于支持向量机的分类算法以及基于神经网络的分类算法(A. D. Kumar,R. P. Selvam,K. S. Kumar,

2018[532-534]）。当前混合课程中成绩预测模型构建时大多采用成熟算法，在少数迁移应用研究中也尽量采用与产生训练数据相同的系统，暂未涉及算法鲁棒性的讨论。

在预测模型构建时，机器学习算法处理数据的方式也需要考虑。批量数据处理方式和增量数据处理方式在模型构建的过程和迁移应用时有较大差异（Born,2017）。当前尚未发现混合课程中构建成绩预测模型研究采用增量学习数据处理方式的算法，几乎全部采用批量学习数据处理方式的算法。可能的原因是在完全在线课程场景的研究中发现，增量学习数据处理方式算法构建的模型预测结果准确率较批量学习更低，且结果准确率不收敛（Sanchez-Santillan et al., 2016[219]）。但已有研究证实，增量学习处理方式较批量学习处理方式算法构建的预测模型更容易迁移应用到其他场景中，并保持较高预测结果准确率（Kulkarni,Ade,2014[12-14]）。

近年来，有一些研究出现了解决混合课程中构建成绩预测模型的迁移应用问题的线索。如 Hung 等（2020[213]）通过收集一门编程课程的学生在线学习行为数据，通过聚类分析对学生群体进行了归类，在每一类学生群体内部构件了学习成绩预测模型。根据该研究的结论，学生的在线学习行为模式可以通过聚类分析得到，并且不同学生群体的学习行为模式为学习成绩预测的结果准确率带来了差异。该研究还发现在完全相同的课程内容中，预测模型可以跨学期应用，且预测模型的结果准确率不会发生明显下降，在相同在线学习行为模式的群体中，预测模型甚至可以在不同学生的相同混合课程中迁移应用，并为学习者提供支持服务。该研究的结果表明提前识别学习者的在线学习行为模式并选取对应的预测模型可在相同混合课程中跨越学习者群体的差异（学习者的在线学习行为模式必须相同），迁移应用学习成绩预测模型。

Gitinabard 等（2019[188-194]）的研究则更为具体，该研究连续分析了 2013 年和 2015 年一所高等院校两个学年的学生在线学习行为数据。这些数据分别来自数据挖掘和 Java 程序基础两门课程的学生。学者重点分析了相同的混合课程中学习成绩预测模型跨学期迁移应用的问题。研究结果显示，在完全相同的课程中学生的学习成绩预测模型可以跨学期迁移应用，且在预测数量较少的可能不合格学生的学习成绩时也能达到较高的准确率。该研究的结果表明，当混合课程的教学设计、教学实施、教学策略、教学内容和支持帮助方法相同时，学生的在线学习行为数据模式相似，这些数据对学习成绩的预测能力也相似，从而只要通过一个学期的学生在线学习行为数据构建出学习成绩预测模型后,在相同混合课程的其他学期也能迁移应用。该研究还发现尽管课程不同,但成绩较高的学习者群体拥有相似的在线学习行为模式。然而该研究没有进一步验证模型跨学期迁移应用的有效时间,也没有分析学习者群体差异对学习成绩预测的影响。Moreno-Marcos等(2019[14-19])研究了中学的物理和化学两门混合课程,分析了参与这两门混合课程的中学生在线学习行为对学习成绩的预测效果。该研究探索了学习群体的差异性对学习成绩预测模型跨课程迁移应用问题。该研究的结果证明,通过两门混合课程的中学生在线学习行为数据,分别构建的学习成绩预测模型可以跨课程、跨学生群体迁移应用,并保证一定的预测结果准确率。但该研究同时指出,混合课程的学习成绩预测模型跨课程、跨学生群体迁移应用的必要条件是混合课程和学生群体相似。然而该研究缺乏对于学生群体和课程相似性的定量条件说明。到目前为止,尚未有研究指出预测模型跨课程迁移应用的判别条件。

从以上研究可以发现,混合课程的特征对学生学习成绩预测模型的影响包括预测准确率和用于预测的关键变量两方面。研究者们通过选择典型混合课程,对学习者开展聚类分析后发现在同一门课中不同学生在线学习行为模式的预测准确率也不同。而小规模、案例式的典型混合课程研究取向已经成为学习成绩预测模型跨课程、跨学生群体或跨时间阶段迁移应用和进一步为学生提供支持研究的障碍(Du et al.,2019[5-6])。混合课程中构建预测模型的可迁移性主要受到训练样本规模、样本特征值的完整程度、样本数据可变性、机器学习算法数据处理方式及迁移应用到目标课程的条件影响。然而当前没有研究系统探讨训练样本具有什么特征、不同数据处理方式的机器学习算法在迁移应用时有何差异、预测模型迁移应用时有何限制条件。因此,确定混合课程的分类条件和不同分类对学习成绩预测的影响对在混合课程中构建的学生成绩预测模型的结果准确率、样本规模、样本数据可变性及迁移应用等问题有重要影响。

混合课程的特征可以从多方面定义,从而获得不同的分类框架。如Bonk和Graham(2012[10-20])从教师在教学设计中融合技术开展混合教学的模式改革角度进行了研究。在该研究中主要分析了三种混合课程的类别,分别是:(1)使能型混合,即课程在混合时重点强调技术为学生接入课程和阅览课程内容的便利性上,使学生在任何空间、任何时间和任何条件下都可顺利访问课程,更加灵活地开展各种学习活动,帮助教师更加便利地管理学生和跟踪学生的学习过程,增强教师与学生沟通的流畅性。(2)增强型混合,充分应用在线课程中的课程资源接入便利性,丰富课程资源的类型,应用信息技术的仿真能力为学生提供更多学习方式和学习内容,但不改变混合课程的设计、实施和策略使用等环节。(3)转换型混合,教师在教学设计上将学生从信息的接受者转变为动态交互的自主知识建构模型。根据知识建构模型安排更加灵活的教学环节,即动态安排教学进度,重新组织教材中的内容,根据学情分析及每次课程的教学反馈灵活调整教学重点,为学生提供更加丰富的沟通方式,以更加灵活的方式帮助学生构建学习小组或学习共同体。还有从混合课程实施的环境差异中提出了一种分类框架(Masie,2002[59])。为验证该框架,研究者收集了大量混合课程案例,并将这些混合课程分为五类,每一类对应一种学生的学习方式。(1)学生仍然采用传统学习方式参与混合课程,即教师在课程实施过程中无论是线上教学还是线下教学,都贯彻讲授式的教学方法,在教学中作为信息的传播者,将线下的教学环节转移到线上,按教学设计限定学生的学习流程和学习活动;(2)学生采用自主学习方式参与混合课程,即教师在课程实施过程中提供大量的教学资源,并设定灵活的教学活动,主要通过讨论式教学的方法促进学生开展学习,学生在学习时间、学习地点和学习过程掌握上都具有极强的灵活性和较大的自由度。学生通过自发式的讨论和自主参与教学环节开展学习;(3)学生采用实验学习方式参与混合课程,即教师在课程实施过程中将线下的实验仪器教学转换为线上的虚拟现实模拟教学,并在面授过程中将教学内容重新调整,构建成结构性的内容组织形式,学生从线下的实验仪器操作转变为采用信息技术方式模拟实验仪器操作,从而开展实验学习;(4)学生采用实习方式参与混合课程,即教学在校外实习基地、企业或其他校外场景中开展,教师在线上建设引导性课程,对学生的实习过程进行理论指导以及安全教育培训等,在现场主要实施对学生在真实情景下的操作指导和临场应变;(5)学生采用实训方式参与混合课程,即教学在校内实训教室、模拟的实训教室或其他校内实训场所中开展,教师在线上建设的内容更加偏向于技能培训,在现场教学时偏向于解决学生实训过程中遇到的难题或提供辅助引导。还有研究者按课程目标提出按混合课程的教学活动组织形式进行分类。在该分类形式下包括:过程驱动型混合课程,即教师设置前后衔接的学习任务,这些学习任务可以是离散的,也可以是连续的,通过学生不断开展学习活动并逐步完成任务进度实现教学目标;面向产品型混合课程,即教师在设计教学活动时重点关注产品的研发流程,从产品需求、设计、实现、修正、评估和迭代角度设置连贯的学习任务和学习活动,学生通过完成系列学习任务和学习活动逐步习得产品研发的流程,并解决各种困难;面向项目型混合课程,即比产品研发更为复杂的工程化教学活动设计,教师按照每种特定项目的特征,设计序列化的学习任务和学习活动,并将整个学习过程划分为几个阶段,在每个阶段后都设置完成基线(Benchmark),用以评价学生的局部学习活动完成情况和总体项目实施进展,学生在不断完成学习任务和学习活动过程同时接受教师的阶段性评价,最终完成整个项目(McGee 和 Reis,2012)。还有 Horton(2000)构建的教学主体和教学过程时序的课程分类方法,在 Bele 和 Rugelj(2007[2-4])将其引入到混合课程,并进一步阐释发展后,形成了对混合课程的以教师为中心—以学生为中心,同步—异步的二维分类形式,如图 2-2 所示。

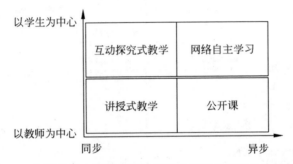

图 2-2　按照教学主体和教学时序划分的混合课程分类框架图

在图 2-2 中,横坐标表示课程实施时师生交互发生的时间序列,纵坐标表示课程参与主体在课程实施中的地位。坐标系中的模块定义了在相应坐标中的典型的课程实施形式。由此可以看出基于这种分类,一般的混合课程可以被分为四类:(1)互动探究式教学,这种课程教学的主要特点是师生同步参与混合课程的实施过程,教学实施过程以学生为中心推进,教师设置教学探究主题,并积极引导学生开展互动沟通,学生围绕主题开展自由小组协作和共同探究学习,学习内容不限于教师提供的探究线索,学生还可根据自己的学习需求参阅其他来源的相关学习资源;(2)网络自主学习,这种课程的特点是师生异步参与混合课程的实施过程,教师在网络上只构建学习资源和学习活动,不限定学生参与线上学习的时间和地点,教师对学生的引导、管理和帮助措施较少,学生依靠自己的自主性加入到线上学习中;(3)讲授式教学,这种课程的特点是师生同步参与混合课程的实施过程,教师在线上和线下都进行相同的讲授式教学,限定学生参与线上和线下学习的时间和地址,教师对学生的引导、管理和帮助能力极强,除学生参与课程教学的方式不同以外,该课程与传统面授的讲授式教学并无明显差异;(4)公开课,这种课程的特点是师生异步参与混合课程的实施,教师在线上和线下同样开展讲授式教学,但不限定学生是否在相同时间和地址参与教学,教师几乎不能引导、管理和帮助学生,学生进入和退出课程的时间也不会告知教师。

Margulieux 等(2014[6-8])从学习经历的角度出发也定义了一种二维的混合课程分类方法。该方法的两种维度分别是传递信息的中介以及课程内容的属性。如图 2-3 所示。

图 2-3 混合课程的二维分类框架图

在图 2-3 中,横坐标代表混合课程内容的基本属性,纵坐标代表课程的呈现形式。从图 2-3 中的分类框架可以看出,混合课程的分类主要由通过课程内容属性和呈现形式形成的坐标点落在不同象限而实现。由此可知,在不同的象限下混合课程的核心学习活动会有极大差异。(1)在第一象限的混合课程中课程内容包含更多的实践技能,而理论知识所占比率较小,一般由教师进行演示、示范操作、书写或其他手动形式呈现教学内容,第一象限下的核心学习活动趋向于观摩教师操作,进行技能实践、记忆和模仿等;(2)第二象限的混合课程中课程内容同样包含更多实践技能,而理论知识所占比率较小,一般由仿真技术、虚拟现实技术、模拟软件等各种自动化信息技术呈现教学内容,在第二象限下的核心学习活动趋向于体验真实情景、开展实验模拟、完成虚拟任务或进行游戏化学习活动;(3)第三象限的混合课程中课程内容则包含更多理论知识,而实践技能所占比率较小,一般由音视频播放软件、思维导图呈现软件、自然现象模拟软件等信息技术呈现教学内容,第三象限下的核心学习活动趋向于观察、聆听、回答问题或协作讨论等;(4)第四象限的混合课程中课程内容同样包含更多理论知识,而实践技能所占比率较小,一般通过教师进行讲授、提问、书写或推导等手动形式呈现教学内容,第四象限下的核心学习活动更加偏向于伴随思考、观察、聆听、回答问题或协作讨论等。由此可见,为适应教师的教学目标、满足学生的学习偏好,即使是相同的混合课程也有可能在课程设计的呈现方式和知识偏好上有所不同,从而引导学习者出现相应的学习活动。

  课程的基本属性并不是分类的唯一依据,参与混合课程的学生学习活动特征也受到研究者的关注。如 Park,Yu 和 Jo(2016[1])提出了一种数据驱动的方法研究混合课程的分类。在该研究中收集了一所韩国高等院校所有混合课程的学生在线学习活动数据,通过定量变换将学生的在线学习活动日志变换成了学生在线学习行为频次数据,并按频次数据的活动占比进行了聚类分析,根据聚类结果的数据特征定义了四种类别的混合课程。分别是不成熟的混合课程、交流与协作型混合课程、呈现和讨论型混合课程、分享和任务型混合课程。Mirriahi 等(2018)重点关注了学生在参与混合课程中观看视频的学习投入模式。该研究收集了一所高等院校在 2015 年两个教师专业发展项目中,所有混合课程两学期的学生数据,总共覆盖了 163 个学生样本。在使用的研究工具方面,该研究使用了潜变量分析(Latent Class Analysis,LCA)和隐马尔科夫链(Hidden Markov Models,HMM)方法,对参与项目的学生观看视频的序列进行了识别,从而获得通过视频学习的具体模式。根据研究结论,通过学生观看视频进行学习的序列模式识别可获得活动型课程、模块型课程、全面型课程、极简型课程和不活跃课程。同时,该研究进一步分析了教师专业发展项目中学生在各混合课程中开展学习活动随着时间的变化,指出学生在整个学习过程中不是一直保持同一种学习投入模式,且学习投入模式的变化主要集中在较为活跃的学生群体中。

  从上述混合课程分类的研究中可以看出,课程的基本特征、构成要素、活动类型、组织形式、参与模式等都可作为分类的依据。这些研究以课程属性构建的分类框架指向课程设计,致力于支持教师分析已有的混合课程框架,构建多样化的混合教学方式,从而满足学生的基本需求。近年来,学生在混合课程中的活动受到研究者的关注,学习分析技术和教育数据挖掘方法让研究者可从基于数据的角度思考混合课程的分类方法。这些研究从一个项目的多门混合课程或一所学校的全部混合课程出发,收集网络学习管理系统中记录的学生在线学习过程数据，形成了数据驱动的混合课程分类框架。然而，基于学生在线学习过程数据的混合课程分类方法在实践中对教育教学的促进作用尚未得到实践，也没有研究进一步通过混合课程分类分析不同类别混合课程对学习成绩预测建模或成绩预测结果的影响。

2.2.4 学习成绩预测结果的验证和评价

使用机器学习算法构建学习成绩预测模型是将学生学习过程数据作为预测变量，将学习成绩数据作为结果变量，寻找预测变量的数据模式与结果变量之间的预测关系。在构建预测关系的过程中，根据机器学习算法的原理不同，需要采用数理统计方法对预测结果进行验证和评价，从而验证研究结果是否具有偏误。在具体研究中，对机器学习算法分析学生在线学习行为结果的检验和评价又分为聚类算法的结果验证与评价，分类预测算法的结果验证方法与评价。

2.2.4.1 结果验证方法

当数据没有设定分类结果时，使用机器学习算法开展聚类分析有可能出现聚类标签漂移问题（Label Shifting Problem）。可能导致研究者重复操作聚类算法的时候，某些样本在每次被聚类算法标记时放入不同的标签下。因此在结果验证时，聚类算法需要验证聚类结果的稳定性。聚类结果的稳定性指利用现有数据，使用相同算法在数据集的任意子集中（在满足算法最小数据训练样本量需求的前提下）获得的聚类结果相同。聚类结果验证方法通过分层抽样、拆分数据集、对比聚类结果以及重复执行聚类算法实现（周开乐等，2014），没有通过稳定性检验的聚类结果无法开展进一步评价。

分类预测算法构建预测模型时，需要检验模型的拟合程度。既要防止预测模型过拟合导致预测结果陷入局部最优，又要防止预测模型欠拟合导致预测结果准确率较低。为验证机器学习算法是否训练出最佳预测模型，研究者需要拆分原始数据，并进行重复训练和结果的互相检验实现。这种拆分一般需要将原始数据拆分成三种集合：训练集、测试集和验证集。其中，训练集是机器学习算法训练聚类模型或分类模型时使用的数据集；测试集是测试模型在近似数据上测试模型的拟合误差；验证集是检验模型所得结果在相同情境下能否迁移应用（Géron，2019）。在验证时有留出法（Hold-out）、交叉检验法（Cross-validation）和自助法（Bootstrapping）（周志华，2016）。其中，留出法是指原始样本集拆分的两个部分互相没有交叉重复的数据,随机选出其中一部分用于训练,而另一部分用于预测结果的验证。该方法不适用于小数据集,且在划分时要按照原始数据的分布,划分两个相同分布的数据集,才能保证训练的模型在验证时没有偏误。交叉检验法是指将原始样本集拆分成若干个子集,每次选取其中一个子集作为测试集,其他子集作为训练集,训练完成后记录结果;之后继续选择上次未选择的子集为测试集,其他子集作为训练集,重复训练直到所有子集都完成测试为止,最后计算所有记录结果的平均值作为检验结果。该方法是研究中使用最多的方法,验证过程较为均衡,受到许多领域学者的肯定,而且可以完整地测试数据集。自助法则是直接在原始数据集中选取子集作为测试集,每次训练完后将测试集放回,数次之后计算平均结果作为预测结果的检验结果,该算法适用于较小数据集,但会引入估计误差(韩家炜,范明,孟小峰,2012[162-164])。

2.2.4.2 结果评价指标

当前对聚类结果的评价包含对聚类检验标签的评价方法和无聚类检验标签的评价方法。聚类检验标签(Ground Truth)是指输入数据集中带有明确的聚类标记,用于分析聚类机器算法的聚类性能(郑捷,2015)。真实的聚类问题一般不带聚类检验标签。

对具有聚类检验标签的聚类结果,检验学者们采用的方法包括聚类纯度(Purity),即聚类正确的样本数量占全部样本的比例;聚类熵值(Entropy),该指标借用信息熵的概念,量化了在划分每个样本到某个类别中时样本对类别信息熵的贡献量总和。聚类结果标准化互信息(Normalized Mutual Information,NMI),该信息能够量化聚类结果之间的近似程度,能够检验出聚类结果中不同聚类归属中样本与聚类检验标签之间的距离(Von,2010)。

对于不具有检验标签的聚类结果,评价主要指聚类的结果之间的相似程度,从而评价聚类结果之间的相似程度。主要包括聚类结果轮廓系数(Silhouette Score,SI)、聚类紧密度(Calinski-Harabaz Index,CH)以及戴维森堡丁指数(Davies Bouldin Index,DBI),又称聚类适确性指标。其中轮廓系数是度量聚类中样本与相同聚类样本的距离以及聚类中样本与其他聚类样本的距离比值,轮廓系数越接近1说明聚类内部样本越紧密,聚类之间样本稀疏,聚类程度较好;聚类紧密度系数反应聚类中心点和全部样本的中心点平方和(分离度)与聚类中的样本和聚类中心的平方和(紧密度)的比值,分离度越大,紧密度越小,说明聚类结果越好;聚类适确性指标则通过量化每个聚类之间的最大相似度均值确定,因此聚类适确性指标越接近0,说明聚类结果越好。最后,对于不具有检验标签的聚类结果除了判断聚类结果的好坏,还需判断聚类个数是否最优。最优聚类个数可由聚类的倾向指标——霍普金斯统计量(Hopkins Statistic Index)度量。该指标使用由数据样本所构成的向量空间判断其中的数据分布是何种类型,当该指标接近0时,说明当前聚类结果的数据分布趋势是向均匀分布变化;当该指标接近0.5时,说明当前样本的数据分布趋势是向随机分布变化;而当该指标接近1时,说明样本聚类程度较高(韩家炜,范明,孟小峰,2012[196-220])。

在教育场景研究中,师生群体的特征一般会使用聚类算法。然而这些研究在使用聚类算法后大多倾向于只报告聚类结果,较少研究采用多种聚类结果评价指标分析是否会产生差异。比较不同聚类算法在师生群体特征分析中产生的差异,有助于帮助研究者发现并解释当前教育场景中最具有意义的特征。同时,比较聚类结果的聚类结果评价指标能够帮助研究准确定义目标场景中师生的主要教育特征,发现具有主要差异的群体,从而建立支持和帮助学习活动的最佳解决方案。

分类方法的结果评价指标较多,包括分类的准确率(Accuracy)、查准率(Precision)、查全率(Recall)、特异度(Specificity)、F1值(F1-score)、ROC(Receiver Operation Characteristic Curve)曲线以及PR(Precision-Recall)曲线(吕晓玲,宋捷,2016)。上述指标主要通过预测结果的混淆矩阵(Confusion Matrix)计算,混淆矩阵是预测结果与真实结果的对比。简单的二分预测混淆矩阵如表2-1所示。

表 2-1 二分类预测结果混淆矩阵示例表

	预测值为1	预测值为0
实际值为1	真正样本数(True Positive,TP)	假负样本数(False Negative,FN)
实际值为0	假正样本数(False Positive,FP)	真负样本数(True Negative,TN)

表2-1假设了当结果只分为正负两种情况时,预测值和实际值比较产生的四种情况,其中T表示实际值为正,F表示实际值为负,P表示预测值为正,N表示预测值为负。由此,根据混淆矩阵可计算分类结果的各指标数值。

$$Accuracy = \frac{TP+TN}{TP+TN+FP+FN} \quad (2-1)$$

$$Recall = \frac{TP}{TP+FN} \tag{2-2}$$

$$Precision = \frac{TP}{TP+FP} \tag{2-3}$$

$$Specificity = \frac{TN}{TN+FP} \tag{2-4}$$

$$F1\text{-}score = \frac{2 \times precision \times recall}{precision + recall} \tag{2-5}$$

从各指标的计算公式可知准确率表示预测结果正确的样本占所有样本的比例，查准率表示预测结果为真正样本占所有预测为真正样本的比例，查全率表示预测结果为真正样本的比例占真实结果为真正样本的比例，特异性表示预测结果为真负样本占真实结果为真负样本的比例，F1值表示查全率和查准率的调和平均值。

从表2-1可看出上述指标都是针对二分类预测问题，因此在学习成绩预测研究中多被用于是否合格的学生预测结果的评价。当实际结果是多个类型的变量而非二分类变量时，即将学习成绩指标转换为多个等级时，需要进行多次评价，方法是每次评价将其中一个等级的预测结果分离，并设为真，其他等级的预测结果全部设为假，然后计算每个指标的结果。不断迭代执行上述方法，直至覆盖每个等级的预测结果后，即可完成对多个等级学习成绩的预测结果进行评价。

ROC曲线和PR曲线则代表机器算法训练出的预测模型区分正负结果的能力，用于检验模型本身的优劣(Witten,2012)。在关注预测模型的优劣进而优化机器学习算法的研究中，ROC曲线和PR曲线是必要的评价指标。而在关注预测结果准确率和预测结果是否出现偏误时，上述指标的意义较小。

上述研究为本研究提供了聚类和分类结果检验和评价的理论体系和实践方法，可帮助本研究分析采用机器学习算法对学生的在线学习行为数据时，发现最佳聚类，构建结果准确率最高的预测模型，并保证研究结果没有偏误。

2.2.5 学习成绩预测结果的解释

机器学习算法构建模型的可解释性是教学实践者信任人工智能服务的前提(孙众等,2021)，然而通过机器学习算法构建的模型包含着不确定性，构建模型的过程不透明，大多数结果与教育教学规律关联薄弱，导致教学实践者难以信任这些模型(Niels,2020)。在众多机器学习构建的模型之中，学习成绩预测模型最受关注，它可以支持师生动态调整教学策略，提供变更学习路径的有效方法，切实优化教育教学。要将本研究所述研究应用到教育实践中，有必要探究学习成绩预测模型的可解释性。而在解释学习成绩预测模型的同时，还有助于揭示不同场景下的学习规律，帮助教师理解不同学生的学习经历，信任预测结果并依此为学生提供个性化帮助(郑勤华，熊潞颖，胡丹妮，2019)。

当前学术界对机器学习的可解释性还没有统一的界定，Miller(2019)指出，可解释性是指人类理解机器学习做出决策原因的程度。Lipton(2018)将可解释性定义为人类使用机器学习模型从数据中揭示的知识关联性。陈珂锐，孟小峰(2020)认为机器学习的可解释性即使用可理解的术语表达机器学习过程，结果中包含的概念。在教育学领域，多个研究将可解释性概括为参与教学的人在以下三个方面对预测模型的理解程度：知晓模型收集数据的目标、理解模型处理数据的过程、应用模型预测的结果(Xing et al.,2015[169-171]；Zhang,Zhou,Yi,2019[148-150]；Jeon et al.,2019)。正如Villagrá-Arnedo等(2017[621-623])所指出的，提升预测模型的可解释性是一个将"黑箱"透明化的过程，需要在数据解释、过程解释和预测结果解释多方面做出努力。探索学习成绩预测模型可解释性的研究主要涉及两个领域：学习分析领域和计算机科学领域。

(1) 学习分析领域内的预测模型可解释性研究

学习分析领域内的学者尝试过多种解释机器学习模型及其结果的方法。如 Xing 等(2015[170-179])解释了基于决策树预测完全在线学习中学生成绩的过程及结果，该研究将学生在网络教学平台中的学习过程视为一种活动，使用活动理论(Activity Theory)构建了学习过程数据与学习成绩的联系，选择遗传法调参后的各种决策树算法，构建学习成绩预测模型，根据遗传算法确定的参数和决策树的结构，解释了学习过程数据和学习成绩结果之间的预测规则。Sorour 和 Mine(2016)为了构建可解释的学习成绩预测模型同样使用了树状结构的算法。该研究将学生的行为标签化，使用学习行为—标签属性—情景的规则，解释了随机森林算法将学生的学习过程数据转化为产生预测结果的过程及路径。Zhang,Zhou 和 Yi(2019[151-154])同样采用了遗传算法构建学习成绩预测模型，并使用树状结构的预测变量与结果变量规则解释整个预测过程，说明了在研究情境下学习成绩预测需要的重要变量以及这些变量之间的关联。树状结构的预测模型还可转化为

"if…then…"的条件判断语句,该表达方式也有利于教师将预测模型中提供的信息转化为教学策略或教学干预。

基于决策树算法构建的预测模型只是成绩预测模型中的一小部分。随着学习情景的复杂化,许多研究都使用了多层神经网络的深度学习模型以提升预测结果精度,但为成绩预测模型的可解释性带来了更大挑战(胡航等,2019)。Villagrá-Arnedo等(2017[624-629])指出,在解释"黑箱"算法构建的预测模型时,解构模型的结构,描述预测模型内在推理机制揭示的预测关系,解释预测结果对教学实践的启示是有效手段。Donda等(2020)通过特征工程,算法比较和预测过程的时序分析,应用了Villagrá-Arnedo提出的成绩预测模型的解释框架。

(2)计算机科学领域内的预测模型可解释性研究

预测模型早期的可解释性主要通过事前的数据分布假设和建模时人工限制模型的复杂性来保证(Lei et al.,2018)。然而随着机器学习模型逐渐非线性化和非参数化,模型的可解释性逐渐降低。有学者指出,相较于整合树(Tree Ensemble)模型或深度神经网络模型,回归模型和关联规则模型的可解释性更强(王亮,2021;Zeiles,Hothorn,Hornik,2008)。随着应用场景的复杂化,对预测精确性要求不断提高,解释非参数、非线性的复杂机器学习模型成为学术界和社会关注的焦点。

当前计算机科学领域中的模型可解释性研究大多围绕两个方面展开,解释框架研究和解释技术研究。解释框架是解释特定模型时必须解释的内容。预测模型的解释框架由以下三部分构成:预测模型结构的解释、预测模型内在推理机制的解释以及预测结果的解释(Murdoch et al.,2019[22072-22077])。其中预测模型结构的解释是说明预测模型的构成要素及要素之间的关系;预测模型内在推理机制的解释是说明数据输入预测模型后会经由何种处理方法转变为何种形态,对预测结果产生的影响是什么;预测结果的解释包括预测结果与预测变量之间的关系解释,预测结果在特定场景中表达的意义等(Christoph,2019)。

解释技术是指在分析、诊断和可视化机器学习过程的技术和方法(Vidovic,2017[18])。这些技术和方法对应解释框架的每个方面,如在解释模型组成方面,有研究采用特征工程(Feature Engineering)技术提取输入变量的意义,结合模型的数学基础,描绘模型可能形成的结构(Montavon,Samek,Müller,2018[1-10]);在解释预测模型内在推理机制方面,有学者建议根据预测模型处理数据的方法,采用抽象的理论模型替代具体的预测模型;

在预测结果的解释方面，有针对特定场景的结果可视化技术，将数字和概率转换为更形象的图形（Hall，Gill，2018[14-27]）。

综上所述，当前学习分析领域内解释预测模型的框架和技术均借鉴计算机科学领域对预测模型的可解释性研究。在成绩预测模型的解释研究中，学术界倾向于回归教学场景，以计算机科学领域的方法为基础，结合学习分析领域的实践，形成了分析预测模型的结构，解释内在推理机制和提出预测结果的应用建议的解释框架，也为本研究解释预测模型提供了基础。然而这些研究还局限在完全在线课程场景中，大多基于决策树算法，只解释了准确率较高的结果，忽略了对预测错误产生的解释，缺乏对学生整体和个体预测结果差异的解释。混合课程是结合在线与面授两种教学场景授课的课程，且其中有较大比例通过在线授课实现（韩锡斌，王玉萍，张铁道，2016[320-323]）。大多数混合课程中学生成绩预测研究都采用学生线上学习过程数据构建预测模型。在缺失学生线下学习过程数据时，依赖不完整的学习过程数据构建的学生成绩预测模型与完全在线课程的学生成绩预测模型解释有较大差异。当前尚缺乏解释此类成绩预测模型的研究。

2.3 本章小结

本章从学习成绩预测研究的历史和发展出发，阐述了混合课程中基于学生在线学习行为预测学习成绩的研究缘起、近年来使用的研究方法和重要研究结论。随着研究者对学生个性化教育的关注不断提升，数据科学成为研究学习成绩预测的新视角，构成了学习分析和教育数据挖掘领域的重要研究方向。信息技术与各种教学场景的深度融合促使学习过程数据的规模、类型和复杂度呈爆炸趋势增长。研究者近年来重点关注了采用机器学习算法作为研究工具，通过分析学生的学习过程数据预测学习成绩。现有研究表明，学生参与的混合课程多采用网络学习管理系统开展在线学习活动，网络学习管理系统可自动记录学生在线学习行为数据，且这些数据客观地反映了学生的学习过程，所以常被用于完全在线学习中的成绩预测研究，并且取得了显著的研究成果。当前，混合课程中的学生成绩预测在数据源选择、预处理方法、机器学习算法以及结果验证和评价等方面均可借鉴完全在线学习成绩预测研究中的方法，且已有研究发现这些方法对混合课程中学生学习成绩的预测仍有一定效力。基于数据可得性和研究可行性，网络学习管理系统的行为日志和学生成绩记录在已有研究中使用最为广泛。学生操作频次和停留时长的数据项在已有研究中被大量提及,适用于本研究所述研究。在预处理方法上,操作频次和停留时长数据的去量纲化和成绩数据的定类化及五等分级适用于本研究,有助于对比本研究成果与以往研究的结论。然而,现有预测混合课程中学习成绩的研究仍然限定在个别课程中,对如何提高混合课程中学习成绩预测结果准确率的研究仍然限定在特定数据源的选择中。发现并识别混合课程实施过程中不同学生群体的在线学习行为特征,并据此分析学生在线学习行为与学习成绩的预测关系、混合课程分类特点以及预测模型迁移应用条件的研究较少。另外,当前在混合课程中预测学习成绩的研究全部采用批量学习方式的机器学习分类预测算法,增量学习方式能够满足教学场景中对学生动态、持续建模的需求,但使用增量学习的分类预测算法预测混合课程中的学生成绩仍面临巨大挑战,具体难点包括:(1)增量学习方式的分类预测算法面对非平衡数据时难以取得较好预测结果;(2)增量学习方式的分类预测算法存在预测结果准确率不稳定的问题,主要由新加入的数据特征没有被算法识别引起。上述问题在近年来数据科学领域的研究中取得了较大改善,为本研究奠定了基础。在学习成绩预测结果的解释方面,则主要参考学习分析领域内的预测模型可解释性研究和计算机科学领域内的预测模型可解释性研究,主要从成绩预测模型结构代表的教育意义、成绩预测结果产生的内在推理机制和提出预测结果的应用建议等方面进行解释。

第3章 研究设计

本章将在总结混合课程中基于学生在线学习行为预测学习成绩的相关研究基础上,提出研究问题,围绕研究问题设计研究框架,提出实现框架内各研究内容的研究方法,最后依据教育数据挖掘的通用流程,设计适用于本研究的技术路线。研究采用基于设计的研究方法实现学习成绩预测模型的构建、评价、优化和迁移应用。

3.1 研究问题

文献综述中已提到,学生在线学习行为便于采集,具有高度客观性,与学习成绩存在相关关系,在混合课程中使用在线行为预测学习成绩已在研究者选定的典型课程中实现。由于混合课程线上线下结合教学的灵活性,学生的在线学习行为只能反映学习者的部分学习过程。大量研究者在研究中都采用机器学习算法构建学生在线学习行为对学习成绩的预测模型。然而当前采用机器学习算法构建混合课程中基于学生在线学习行为的成绩预测模型研究还有很多局限。主要包括只采集学生在线学习行为开展成绩预测的混合课程适用条件不明,影响预测结果的关键预测变量不通用,尚未发现学习成绩预测模型跨混合课程迁移应用的定量条件等。据此,本研究提出以下研究问题:

研究问题1:如何基于学生在线学习行为对混合课程进行分类?
  子问题1:混合课程应如何分类?
  子问题2:分类后的混合课程具有哪些特征?
研究问题2:如何基于学生在线行为构建混合课程中学生的学习成绩预测模型?
  子问题1:为构建混合课程中基于学生在线行为的学习成绩预测模型,应选用哪种机器学习算法?
  子问题2:基于混合课程分类的成绩预测结果准确率能提高多少?
研究问题3:混合课程中基于学生在线行为的学习成绩预测模型的迁移应用条件是什么?

3.2 研究框架

本研究以高等院校中参与混合课程的学生为研究对象——这些学生涵盖了从本科到研究生的所有接受高等教育的学习群体——通过收集他们在网络学习管理系统中的在线学习行为以及教师对参与混合课程学生群体的最终评分数据,尝试通过学生的在线学习行为数据预测其所参与课程的最终成绩,以支持教师在混合课程中的个性化指导、帮助、干预和后续课程设计的优化工作,帮助学生优化自己的学习方法,提醒最终成绩可能不合格的学生增加学习投入,提高学生在某些学习活动中习得知识和技能的效率。聚焦混合学习场景下,学习者的在线学习行为与混合课程类型的关系,分析不同类型混合课程中学习成绩预测结果准确率的差异。在此基础上提出在不同类型混合课程中构建基于学生在线学习行为预测学习成绩的分类方法,探索在不同类型的混合课程中,造成预测结果准确率差异的原因。最后将该方法迁移应用到其他场景中进一步验证结论。本研究拟按照如图 3-1 所示的框架展开。

根据图 3-1 所示的研究框架,本研究首先通过对已有国内外文献查询和相关文献溯源,分析了研究的缘起、发展及其对教育研究的意义,结合教学实践中已存在相关系统的使用案例及公开的媒体报道,确定了当前混合课程中成绩预测面临的主要挑战,提出了指导研究往前推进的研究主题。其次,以研究主题为指导深入挖掘文献,确定当前的研究状态,确定研究主题涉及的关键词主要包括了四个领域:学习成绩预测、混合课程成绩预测、学习分析和教育数据挖掘。第三,通过文献分析发现当前以学生在线学习行为数据为预测变量的研究较多,从数据可得性和研究可行性的方面来分析,网络学习管理系统可自动记录学生参与混合课程中的在线学习活动,并以日志形式保存在后台。基于上述分析,本研究的目标是采用学生在线学习行为数据,预测混合课程中的最终学习成绩。第四,为达成该研究目标,分析了需要研究的范围,主要包括混合课程分类、基于学生在线学习行为的混合课程最终成绩预测以及预测模型的迁移应用。第五,为构建混合课程的学习成绩预测模型,开展了学习成绩预测方法分析,混合课程的特征分析,学生在线学习行为数据的特征分析,数据预处理过程的分析和预测结果的验证、评价和迁移应用分析。第六,本研究采集了三所高等院校的混合课程数据,其中以山东 L 高等院校的数据为基础开展混合课程的分类研究,

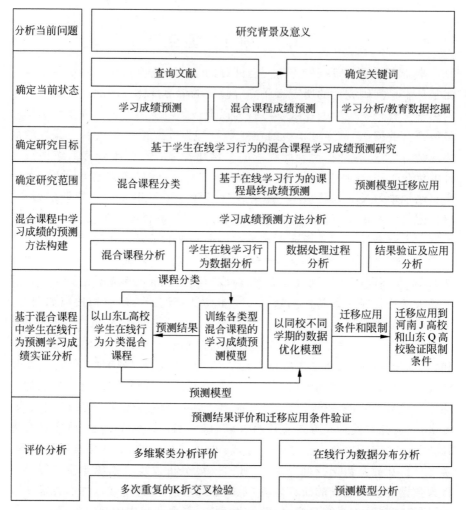

图 3-1 混合课程中基于学生在线学习行为的学习成绩预测研究框架图

在分类的基础上,尝试对各类型混合课程分别构建学习成绩预测模型和结果验证,以河南 J 高等院校的一门混合课程及山东 Q 高等院校的一门混合课程数据进行学习成绩预测模型的迁移和验证,分析预测模型在差异化的课程属性和差异化的参与学生群体中迁移应用需提前考虑的条件和限制。具体来说,该框架收集的数据来自优慕课®公司开发的"综合教学平台 V9"网络教学平台记录的学生混合学习线上行为。研究拟在该环境收集到的山东 L 高校的所有混合课程 2018—2019 年第一学期的历史数据为基础构建学习成绩预测模型,并以该校 2019—2020 年第二学期的数据进行验证,并提出迁移应用条件。基于该假设以河南 J 高校的基础课程数据以及山东 Q 高校的专业基础课程数据建立预测模型,考察预测结果的迁移应用条件。最后,采用了多种方法对混合课程分类方法进行了检验,对学习成绩预测结果进行了评价,对预测模型迁移应用的定量条件进行了分析。

3.3 基于设计的研究方法

为了在混合课程场景中构建基于学生在线学习行为的成绩预测模型,并对预测结果进行持续验证、对预测模型进行持续优化,本研究将采用基于设计的研究方法。基于设计的研究方法旨在以设计为手段,在真实的学习场景中,分析场景中具有代表意义的学习问题,以具有学习理论特征的活动、阶段和行为序列等为干预手段,在应用过程中根据研究对象的反馈不断评估和修正,从而得到能够应用到其他场景中相似学习问题的解决方案和理论解释(倪小鹏,2007)。在本研究中,使用基于设计的研究方法收集真实混合教学场景中,学生在网络学习管理系统上的在线学习活动数据,分析这些数据预测学习成绩的能力,以学习活动分类和教学交互模型理论等指导预测数据项的构建,通过机器学习算法分类混合课程,并在各类型混合课程内部分别构建学习成绩预测模型,分析预测结果,比较课程分类对学习成绩预测模型的影响。将学习成绩预测模型应用到跨院校、跨时间段、跨学生群体的混合课程中,分析预测模型在这些混合课程数据中的应用效果,根据应用效果比较预测模型的建模方法,迁移应用方法,从而完成预测模型的迭代优化。

本研究通过文献分析确定研究的目标、范围后,采用基于设计的研究方法制定研究的实施路线和具体的实施步骤,用于研究框架图 3-1 中混合课程学习成绩预测模型的构建,以及基于混合课程中学生在线学习行为预测学习成绩的实证分析及结果评价步骤的研究开展。本研究在基于设计的研究方法下主要进行三轮迭代。

第一轮为 2019 年 1 月—2019 年 7 月,研究设计阶段。在该阶段,通过文献分析得到研究主题和需要解决的主要问题,寻找适用于开展混合课程中学习成绩预测的学习过程数据类型和数据源,以前人研究为指导,以数据易得性、研究可行性、结果可解释性、对教学的指导意义等原则为依据,获得本研究需使用的学生学习过程数据收集来源和收集方式,确定了以学生在混合课程中参与在线学习时,被网络学习管理系统记录的在线学习行为日志作为预测变量的数据收集来源。数据收集方式选择从网络学习管理系统的后台数据库中直接导出日志数据,并按学生的在线操作对象、操作方式、操作时间和操作内容进行分项转换和记录,形成学生在线学习行为数据库。另外,确定了将学生在参与混合课程结束时被教师评定的最终成绩作为结果变量。这些结果变量被存储在高等院校的教务管理系统中,通过与高等院校的教务管理系统管理员合作,将成绩数据导出,形成学生在每门混合课程中的学习成绩数据库。连接两个数据库,经过预处理后,对所有参与混合课程的学生在线学习行为数据进行聚类分析,通过聚类结果描述学生群体的在线学习行为特征。根据这些特征对应的教学交互模型理论,对学生群体进行分类标记。由于高等院校中的学生在一个学期的学习中不仅参与一门混合课程,且通常在参与的多门混合课程中获得的成绩具有差异性,因此需以课程为单位,将学生的学习特征放回其中,基于 Park,Yu 和 Jo(2016[1])提出的数据驱动方法对混合课程进行分类。在此方法下构建各类型混合课程的学生成绩预测模型。在研究案例选择中,选择了山东 L 高等院校中参与混合课程的所有学生学习过程数据作为分类混合课程和构建学习成绩预测模型的数据来源场景。分析该校 2018—2019 年第一学期的学生在线学习行为数据在各类混合课程学习成绩预测模型中获得的预测结果,在本轮研究中采用机器学习算法中拆分数据集,并通过交叉验证的方式验证模型的可靠性和预测结果的无偏性。

  第二轮为 2019 年 9 月—2020 年 1 月,模型迁移应用阶段。在该阶段,为了分析混合课程学习成绩预测模型的迁移应用条件,分别选择了河南的 J 高等院校和山东的 Q 高等院校,并分析了学习成绩预测模型在不同课程属性、不同学习时间段和不同学习群体中进行迁移应用的结果。在本轮研究中,高等院校的选择方式是从教育部发布的 1265 所本科院校中,随机抽取与山东 L 高校的层级和院校定位相似的两所院校,并在两所院校中开展案例混合课程征集。根据作者所在研究单位提供的一线任课教师合作联系渠道,收集到河南 J 高等院校中的一门属于公共基础课的混合课程和山东 Q 高等院校中属于理工科专业课的混合课程。其中河南 J 高校的公共基础课由教学课题组实施,即多名教师共同备课,在实施中多名教师按照备课的课程设计,统一开展混合课程的授课,保证统一的授课质量和课程实施进程。在该公共基础课程中,选课人数较多,学生群体的构成包含本科生和研究生,学生的专业学科来源复杂,基本涵盖全校所有专业。山东 Q 高等院校的理工科专业课则只有一名任课教师,在该专业课中,只有该专业所属学院的学生选课,且学生必须是本科生。该门混合课程统一在大学三年级秋季实施。本轮研究的主要目标是验证预测模型在不同院校、不同学期、不同学习群体参与的混合课程中的通用性,以及可能影响学习成绩预测模型迁移应用的条件,提出影响学习成绩预测模型迁移应用判别条件的假设。

第三轮为2020年3月—2020年9月,模型优化和应用验证阶段。在该阶段重新选择了山东L高等院校作为研究案例,但使用了该校2019—2020年第二学期所有混合课程的数据,分析数据训练方式、数据量对混合课程分类方法和混合课程学习成绩预测模型构建的影响。提出混合课程学习成绩预测模型的迁移应用条件和数据训练方法。最后重新使用第二轮中收集的河南J高校和山东Q高校的案例课程数据进行迁移应用条件假设的定量验证。

3.4 研 究 路 线

本研究围绕混合课程的学习成绩预测展开,因此研究将以教育数据挖掘研究实施流程作为本研究的主要路线。为将研究成果应用于混合教学实践、进一步验证研究结论、获得指引混合教学实践动态调整和优化改进的策略,本研究在Nisbet等(2009)建议的技术路线上进一步细化和发展了教育数据挖掘技术实施的流程,如图3-2所示。

在图3-2中包括15项关键步骤:

步骤1. 界定当前混合学习成绩预测中的相关概念,确定每个概念指向的数据指标。

步骤2. 分析近年来混合学习成绩预测相关研究,确立本研究的目标和意义。

步骤3. 收集混合学习预测研究的实施方法,特别是机器学习算法,分析常见算法的优势和局限性,同时对比当前研究所使用的数据指标与可获得的数据指标。

步骤4. 收集山东L高校已获得的数据,并尝试用多种方法进行数据预处理。

步骤5. 采用无监督的机器学习算法对学生在线学习行为数据进行聚类分析。

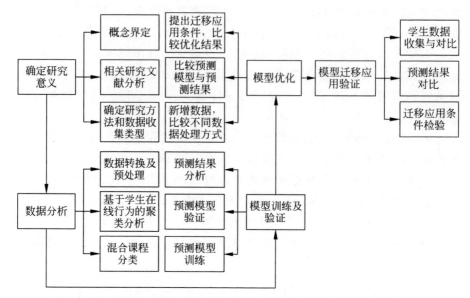

图 3-2 混合课程中基于学生在线学习行为的学习成绩预测技术路线图

步骤 6. 以学生在线学习行为聚类为依据,对混合课程进行分类标记。

步骤 7. 对每一类混合课程中的学生在线学习行为数据进行训练,建立预测模型。

步骤 8. 记录预测模型建立的中间过程数据,并进行模型验证。

步骤 9. 收集山东 L 高校新的学习数据,提出模型优化方案及比较预测结果。

步骤 10. 提出迁移应用条件及在河南 J 高校中选取可应用的课程。

步骤 11. 收集学生在线学习行为数据并进行对比。

步骤 12. 在河南 J 高校的案例课程中迁移应用预测模型并分析预测结果。

步骤 13. 在山东 Q 高校选取案例课程,并收集该课程的历史数据,开展成绩预测建模。

步骤 14. 对比不同时期的历史数据分析预测结果准确率变化。

步骤 15. 对比应用场景中学生在线学习行为的分布与预测结果准确率的关系,验证预测结果的迁移应用条件。

3.5　本 章 小 结

本章根据文献综述结论,提出了"混合课程中基于学生在线学习行为预测学习成绩"这一研究主题下的具体研究问题,包括:混合课程如何分类、成绩预测模型如何构建、迁移应用成绩预测模型有哪些条件等。建立的研究框架包括了从分析问题到评价结果的研究内容,在研究框架中规划了分析当前问题、确定当前状态、确定研究目标、确定研究范围、混合课程中学习成绩的预测方法构建、基于混合课程中学生在线学习行为预测学习成绩的实证分析和评价分析七个关键研究步骤的具体研究操作内容;采用基于设计的研究方法描述了每个研究问题的具体解决方式,详细解释本研究的三个迭代步骤、样本选取策略、每次迭代过程中的重点研究内容和实施方式;最后以教育数据挖掘的通用流程设计了各研究步骤的技术路线。

第 4 章 面向学习成绩预测的混合课程分类方法

课程分类是课程本质属性的一部分,对于课程设计、课程实施和课程评价具有重要意义。混合课程融合了在线与面授两种授课场景,课程设计和实施过程更加灵活复杂,其复杂性在于,即使是相同的课程,在不同的时间阶段实施时,任课教师都会根据参与混合课程的学生基础知识、学生学习风格和教学目标制定不同的课程实施策略,这为混合课程分类研究的开展带来了较大挑战。在已有研究中,寻找采用学生在线学习行为预测最终成绩的混合课程案例或学生样本都面临巨大挑战,Gašević 等(2016[80-84])指出,对混合课程分类方法的探究是实现使用学生在线学习行为数据预测混合课程学习成绩的首要步骤。找到学习成绩预测结果准确率较高的混合课程分类,无论是对学习成绩预测研究还是对混合课程的本质特征研究都具有重大意义。另外,数据驱动的混合课程分类对于混合课程教学策略动态调整、个性化评价和教学预警等均有重要意义。以往的研究主要根据教学内容、技术融合形式、实施环节、教学主体—时序和教学活动的组织形式对混合课程进行了分类(Bonk et al.,2012[10-20];Bele et al.,2007[2-4];Margulieux et al.,2014[6-8];Masie,2002[59])。然而,这些分类的目标在于指导教师在面临不同学生群体和实现不同教学目标时选择最为恰当的混合课程实施方式,且这些分类框架没有涉及学生参与混合课程实施过程的记录数据,因此无法识别学生的学习行为特征。从学习成绩预测模型构建的角度,数据特征分析的缺失会导致无法解释在其中某一类或某几类混合课程中模型预测结果准确率的差异,也无助于混合课程学习成绩预测结果准确率的提升。近年来,学者们开始尝试从数据科学的视角为混合课程分类,其中 Park,Yu 和 Jo(2016[1])提出基于学生在线学习过程数据,通过比较各类型在线学习行为数量占比,人工划分混合课程的类型。该研究有助于本研究提升混合课程学习成绩预测结果准确率,并为结合学生在线学习行为数据特征,解释预测结果的混合课程分类提供了借鉴与启示。

本章的基本研究思路是:(1)收集和预处理学生在线学习行为日志,获得学生学习过程的动态数据,并转换学生在线学习行为数据;(2)采用聚类分析研究学生在线学习行为,得到不同聚类标签的学生群体;(3)分析每门混合课程中的学生在线学习行为,尝试分析混合课程中包含的各类学生群体聚类标签的差异化特征,取分类准确率最高的标签作为课程分类结果;(4)讨论各类别混合课程的特征。

4.1 研究案例及数据收集

4.1.1 山东L高等院校混合课程描述

从作者所在研究单位数据收集可行性方面考虑,本研究在合作院校中随机选取一所普通高等院校——山东L高等院校作为研究对象。该院校共设置了28个学院,是一所覆盖25个硕士一级学科的理工类院校。截至研究结束时点,该院校共有在校本科生34000余人,在籍研究生4800余人。总体而言,该校能够代表教育部公布的1265所本科院校中大部分理工科高等院校。该校自2012年开始试点主题为"信息技术与课程教学深度融合"的教育信息化改革,校内信息化水平逐步提升,师生的信息化素养不断增强。2016年,该校开始试点实施混合教学改革。时至2018—2019年第一学期,该校从遴选试点几门课程开展混合教学发展到全校同时开设2456门混合课程,在不同学科中,均已出现具备鲜明特征的个性化混合课程设计。教师的专业背景、教学年限和知识体系影响着教师对混合课程的理解。出现了一批较有代表性的课程实施模式。但是该校的混合课程教学实践也反映出许多问题,例如,除了获得教学成果奖、教学竞赛奖及获得学校立项资助的课程以外,其他课程对混合课程的落实仍不彻底,许多混合课程仍然流于形式。从该校开展的教学督导中反馈的信息中可以发现,混合课程改革初期需要教师投入大量精力在课程模式改革、课程资源建设和学生学习帮助上,在将课程教学质量纳入到教师绩效考核中前,混合课程的实施质量仍会呈现出不均衡的现象。在本研究收集的2018—2019年第一学期2456门课程中,包括1392位教师和33948名学生。混合课程覆盖全校28个院系,囊括公共基础课、专业必修课和专业选修课等所有课程类型。每名学生会同时在5~12门课程中开展混合学习。所有课程的教师都在自秋季学期开始到结束的共16周内实施教学,而在最后两周对学生考核,考核的内容包括试卷、课程项目、课程论文等。教师结合学生的日常课程教学评价和最终考核评价,得到学生的最终成绩,最终成绩以百分制记录,并上报教务管理系统。由此可知,本研究可收集到的数据囊括了该校的大部分学生,能够代表该校混合课程开设与实施的基本水平。从教务管理系统中,本研究可获取的成绩数据中包含学生的学号、学生姓名、课程编号、课程名称、教师姓名、教师编号和学生成绩。

该校所有参与混合课程的学生均采用优慕课®"综合教学平台 V9"网络学习管理系统开展混合课程的线上学习部分。学生在选课系统中选择混合课程后会被告知注意事项,包括学生使用该平台可能遇到的问题,平台支持的混合学习活动形式,平台会记录学生在登录系统后发生的所有操作等。网络学习管理系统的学生在线活动(包括学生在线学习的行为和停留的时长)以学生活动日志的形式存储,记录粒度达到操作级。本研究收集到的这些学习行为日志信息容量共 5.03G,记录了学生的身份识别信息、操作时间点、操作类型以及操作对象。

4.1.2 数据收集及预处理方法

本章主要针对学生的在线学习行为对混合课程进行分类,数据收集包含从网络学习管理系统中记录的学生在线学习行为日志以及从教务平台中抽取的每个学生参与所有混合课程的成绩。为保障学生、教师的隐私,带有个人识别信息的数据字段在经过脱敏算法处理后分别导出。脱敏算法采用 K-匿名算法,保证数据的可用性。经脱敏后,学生和教师的姓名等字符串字段只保留姓氏字符,其余字符通过脱敏算法转换为 6 位编码,在显示时以"＊"号代替,学生和教师编码只保留前 4 位,其余字符同样通过脱敏算法转换为 6 位编码,显示时用"＊"号代替,为保证每个学生的可识别性,为学生增加唯一识别编码,并将学生在线学习行为日志与学生成绩按唯一识别编码链接。通过此项操作获得学生的在线学习日志数据 41482606 条。

学生在网络学习管理系统中存储的在线学习日志,是最底层的学习行为操作,需要将其转换为每个学生的学习历史过程数据,体现学生以不同类型开展交互的学习活动。本研究选用的网络学习管理系统支持学习者参与混合课程在线学习的各种学习活动。为将学生的在线学习日志转换为行为变量,首先,根据 Moore(1989)提出的教学交互对象,划分学生在网络学习管理系统中的交互对象,主要分为学生与资源、学生与教师、学生与学生。在各交互对象下,根据陈丽(2004)提出的交互活动类型划分理论,进一步区分学习者对每种对象的操作方式,主要包括阅览、停留和学习保持、对话和讨论及完成任务。根据以上操作对象和操作方式的划分,可从日志中分别提取学生在网络学习管理系统中产生的学习活动。在数据提取时,根据前人研究的数据转换方式,将通过交互对象和交互方式划分后的在线学习行为日志按频次和时长累积(Miyazoe,Anderson,2010;Siemens,2013[1384-1385])。据此得到的一条数据包含一名学生在一门课程中一个学期的历史在线学习行为。形成的学生在线学习行为数据集包含数据项如下所示:

(1) 阅读课程通知行为,该行为表示学生在课程中阅览混合课程在线通知的总次数,其能够代表学生收到系统或教师提醒的次数,是重要的学习帮助和支持信息来源(Zacharis,2015[50];Park,Yu,Jo,2016[5];Quinn,Gray,2020[6];Van Goidsenhoven et al.,2020[20])。

(2) 阅读教学材料行为,该行为表示学生在课程中阅读所有文本类型教学材料的总次数,其能够代表学生主动参与在线学习,通过阅读的方式习得知识,是通过在线学习行为引起最终成绩变化的重要影响变量(Conijn et al.,2016[6];Park et al.,2016[5];Quinn,Gray,2020[6];Van Goidsenhoven et al.,2020[20];武法提,田浩,2019[77])。

(3) 阅读试题库试题行为,该行为表示学生访问课程的试题库阅览试题页面的总次数,是学生了解教师提供学习内容及具体考核目标的重要数据来源(Conijn et al.,2016[6];Zacharis,2015[50];Quinn,Gray,2020[6];Van Goidsenhoven et al.,2020[20];Park,Yu,Jo,2016[5];Gitinabard et al.,2019[191])。

(4) 阅读试题库试卷行为,该行为表示学生访问课程的试题库阅览试卷页面的总次数,是学生从全局了解该门课程涉及考核目标的信息来源(Conijn et al.,2016[6];Zacharis,2015[50];Quinn,Gray,2020[6];Van Goidsenhoven et al.,2020[20])。

(5) 进入研究型教学主题行为,该行为表示学生访问课程的研究型教学主题页面阅览的总次数,代表了学生进行探究型学习和协作型学习的知识导航信息,也是学生发生探究型学习和协作型学习的重要依据(Park,Yu,Jo,2016[5])。

(6) 点击进入播课行为,该行为表示学生访问课程的播课页面的总次数,代表了学生进入具有视频教学内容页面的在线学习行为,是学生了解混合课程在线部分可开展所有视频学习全局状态的重要信息来源(Park,Yu,Jo,2016[5];Conijn et al.,2016[6];Moreno-Marcos et al.,2019[7];武法提,田浩,2019[77])。

(7) 参与播课学习行为,该行为表示学生访问课程的播课页面后点击播放视频的总个数,可以代表学生采用视频观看学习方式了解课程全局视频学习任务的总体情况,是学生了解课程全部视频学习任务的重要信息来源(Park,Yu,Jo,2016[5];Quinn,Gray,2020[6];Moreno-Marcos et al.,2019[7])。

(8)播放播课视频行为,该行为表示学生访问课程的播课页面后点击播放视频的总次数,可以代表学生通过视频观看方式开展学习的行为投入,是学生了解混合课程教学内容的重要信息来源(Park,Yu,Jo,2016[5];Quinn,Gray,2020[6];Moreno-Marcos et al.,2019[7];Van Goidsenhoven et al.,2020[20])。

(9)登录系统行为,该行为表示学生使用账号登录系统的总次数,可以代表学生访问混合课程在线学习内容的行为投入,是学生了解自己所学全部课程的在线学习内容的行为记录(Park,2014;Quinn,Gray,2020[6];Moreno-Marcos et al.,2019[7];Zacharis,2015[50];武法提,田浩,2019[77])。

(10)进入课程操作行为,该行为表示学生登录系统后点击进入课程页面的总次数,可以代表学生对某混合课程的关注程度,是学生聚焦自己所学的某一门课程在线学习内容的行为记录(Park,2014[77];Quinn,Gray,2020[6];Moreno-Marcos et al.,2019[7];Zacharis,2015[50];Conijn et al.,2016[6])。

(11)保持在线活动行为,该记录表示系统统计的学生在一门课程中停留的总时长,代表了学生参与在线学习的保持程度,是反映学生在线学习获得行为投入量的重要指标。在以往研究中通常以秒、分或小时记录,本研究采用按分钟数积累的统计结果(Quinn,Gray,2020[6];Moreno-Marcos et al.,2019[7];Zacharis,2015[50];Conijn et al.,2016[6])。

(12)播放播课视频行为,该记录表示系统统计的学生在一门课程中播放播课视频的总时长,是另外一种代表学生采用视频学习方式进行在线学习的行为投入记录,也可反映学生采用视频学习方式开展在线学习活动的行为投入量的重要指标,在以往研究中通常以秒、分或小时记录,本研究采用按分钟数积累的统计结果(Moreno-Marcos et al.,2019[7];Van Goidsenhoven et al.,2020[20];武法提,田浩,2019[77])。

(13)课程讨论区发表话题行为,该行为表示学生在一门课程的讨论区页面主动发表话题的总次数,是学生主动开展协作学习、进行沟通交流和教学反馈的重要标志性数据项,可代表学生在上述学习活动中的行为量统计结果(Park,2014[77];Zacharis,2015[50];Conijn et al.,2016[6];Quinn,Gray,2020[6];Van Goidsenhoven et al.,2020[20];武法提,田浩,2019[77])。

(14) 课程讨论区回文行为,该行为表示学生在一门课程的讨论区回复其他人话题的总次数,是学生跟随他人开展协作学习、进行沟通交流和教学反馈的重要标志性数据项,可代表学生在上述学习活动中的行为量统计结果(Zacharis,2015[50];Conijn et al.,2016[6];武法提,田浩,2019[77])。

(15) 课程讨论区被回文行为,该行为表示学生在一门课程的讨论区发表的回复被其他人进一步回复的总次数,是学生进行协作学习、沟通交流和教学反馈时被学习同伴或教师关注的重要指标,代表学生开展上述学习的活动质量(Park,Yu,Jo,2016[5])。

(16) 记录学习笔记行为,该行为表示学生在一门课程的学习笔记页面撰写笔记信息的总次数,是学生采用网络学习管理系统记录课程重要内容、反思学习过程、主动参与知识建构或形成规律性学习提醒的重要指标,代表学生在上述学习活动中主动性程度(Zacharis,2015[50];Park,Yu,Jo,2016[5];Van Goidsenhoven et al.,2020[20])。

(17) 上交课程作业行为,该行为表示学生在一门课程的作业页面提交课程作业的总次数,是学生按照网络学习管理系统中教师设计的混合课程作业任务,提交作业的次数,代表学生按照教师教学设计完成学习任务的行为投入量统计结果(Conijn et al.,2016[6];Park,Yu,Jo,2016[5];Gitinabard et al.,2019[191];Moreno-Marcos et al.,2019[7];Quinn,Gray,2020[6];Van Goidsenhoven et al.,2020[20];武法提,田浩,2019[77])。

(18) 参与调查行为,该行为表示学生在一门课程的问卷调查页面参与调查活动的总次数,是学生按照网络学习管理系统中教师设计的混合课程调查任务完成学习调查的次数,代表学生按照教师教学设计完成学习任务的行为投入量统计结果(Park,2014[77];Van Goidsenhoven et al.,2020[20])。

(19) 向教师提问行为,该行为表示学生在一门课程的专门提问页面向教师发起提问的总次数,是学生遇到学习困难,通过网络学习管理系统向教师直接提出问题、寻求帮助的学习活动,代表学生发现学习过程中的困难、表达学习支持需求的行为量统计结果(Park,2014[77];Park,Yu,Jo,2016[5];Van Goidsenhoven et al.,2020[20])。

(20) 提交在线测试行为,该行为表示学生在一门课程的在线测试页面向系统提交测试结果的总次数,是学生按照网络学习管理系统中教师设计的混合课程测试任务完成知识点测试的次数,代表学生按照教师教学设计完成学习任务的行为投入量统计结果(Gitinabard et al.,2019[191];Van Goidsenhoven et al.,2020[20];武法提,田浩,2019[77])。

为将上述数据从学习活动日志中抽取并存入对应数据库,以便使用机器学习算法识别上述数据项,本研究对每项数据进行编码,编码结果如表 4-1 所示。

表 4-1 通过学习操作日志转换的在线学习行为表

学习交互对象	交互活动分类	操作对象及操作方式	编码	备注
学生与资源	阅览学习活动	阅读课程通知	LBS1	以参与次数计
		阅读教学材料	LBS2	以阅读次数计
		阅读试题库试题	LBS3	以阅读次数计
		阅读试题库试卷次数	LBS4	以阅读次数计
		进入研究型教学主题	LBS5	以进入次数计
		点击进入播课	LBS6	以进入次数计
		参与播课学习	LBS7	以进入个数计
	停留系统和学习保持	播放播课视频	LBS8	以播放次数计
		登录系统	LBS9	以登录次数计
		进入课程操作	LBS10	以进入次数计
		保持在线活动	LBS11	以在线时间计
		播放播课视频时长	LBS12	以播放时间计
学生与学生	对话和讨论学习活动	课程讨论区发表话题	LBS13	以发表次数计
		课程讨论区回文	LBS14	以回复次数计
		课程讨论区被回文	LBS15	以被回复次数计
		记录学习笔记	LBS16	以提交笔记次数计
学生与教师	完成学习任务	上交课程作业	LBS17	以上交次数计
		参与调查	LBS18	以参与次数计
		向教师提问	LBS19	以提问次数计
		提交在线测试	LBS20	以提交次数计

在山东 L 高等院校的教务系统中,除了导出学生参与混合课程的最终成绩数据,还包含许多学生的个人隐私数据,包括学生的学号、姓名等。为确保研究的数据伦理,在山东 L 高等院校的教务系统管理员配合下,本研究采用了 K-匿名算法对原数据进行脱敏,然后执行导出操作。具体操作是,在教务系统导出的学生学号、姓名、所属学院、学习成绩、对应课程的数据表中,加入唯一识别码数据项。其中唯一识别码数据项是导出时由系统自动添加的,目的是保证教务系统中的学生数据与网络学习管理系统中的学生数据一致。教务系统中的这些信息被转换为学生的学术属性(Academic Feature)(He et al.,2019)。从教务系统中提取的信息形成了以下数据项:

(1) 学生所属学院。该数据记录学生归属的学院名称,是反映学生学术属性的变量指标,代表了不同专业来源的学生,是表示学生知识建构基础的重要指标(Gitinabard et al. ,2019[191];Van Goidsenhoven et al. ,2020[20])。

(2) 学号。该数据记录学生在校内的唯一识别编号,是学生在校内外信息系统中通用的主要身份信息,通过学号可查询到学生的在籍信息、档案信息等,多个研究在使用该数据项作为识别学生的关键变量时指出,该信息属于学生个人隐私数据,在研究的数据收集阶段就需要进行脱敏处理,以保障研究的数据伦理和个人隐私数据安全(Park,2014[77];Zacharis,2015[50];Conijn et al. ,2016[6];Park,Yu,Jo,2016[5];Quinn,Gray,2020[6];Van Goidsenhoven et al. ,2020[20])。

(3) 学生姓名。该数据表示学生身份证上的姓名,是学生户籍档案和日常生活中的重要个人隐私数据,虽然在中国可能出现完全同名同姓的现象,但该数据仍然属于个人隐私权保护法下不可外泄的数据,在研究的数据收集阶段就应针对该数据进行脱敏处理,以保障研究的数据伦理和个人隐私数据安全。

(4) 学生参与课程。该数据表示学生选择混合课程的名称,是区分学生参与了哪些混合课程的重要依据,在同一所高等院校中,混合课程的名称不会重复,能够起到课程的唯一识别作用,在教务系统中出现重复的课程名称时,表示该课程分为了不同的教学班,通常这种课程仍由相同的教师或课程组实施教学过程,在教学设计、实施策略、学生支持与帮助方法及最终学习评价等环节不具有较大差异,在本研究中被识别为同一门混合课程(Park,2014[77];Zacharis,2015[50];Conijn et al. ,2016[6];Gitinabard et al. ,2019[191];Van Goidsenhoven et al. ,2020[20])。

(5) 学习成绩。该数据表示学生参与混合课程的最终成绩,是教师综合学生的面授学习过程、在线学习过程、阶段测试成绩、教学反馈质量和最终考试(考察)成绩等多个要素形成的百分制连续变量(Zacharis,2015[50];Conijn et al. ,2016[6];Gitinabard et al. ,2019[191])。

(6) 唯一识别码。该数据表示从系统导出后为区分学生重新添加的数字编码,该编码还可用于连接学生成绩数据库与学生在线学习行为数据库,识别两个数据库中同一学生的在线学习行为与学习成绩的对应关系。

经编码后学生的学术属性如表 4-2 所示:

表 4-2　学生学术属性及唯一识别码数据字段表

字段分类	数据来源	编码	数据格式	脱敏需求
学术属性	所属学院	LBS21	字符串	无须脱敏
	学号	LBS22	字符串	必须脱敏
	学生姓名	LBS23	字符串	必须脱敏
	学生参与课程	LBS24	字符串	无须脱敏
	学习成绩	LBS25	数值型	无须脱敏
唯一识别码	自动编号	LBS26	数值型	无须脱敏

表 4-2 中记录的学术属性能标记和判断学习行为,属于某一学生的重要变量。脱敏需求是对从原系统中导出的学生学习日志是否属于敏感信息的判断,因此学号数据虽然在原系统中是数值型字段,导出后仍然需要存储为字符串字段。学号由于脱敏失去对学生的唯一辨识特征,导出时系统为每条数据新增一项自动生成的唯一识别码,以便区别每条数据。将上述包含三种类型数据的学生学术属性表 4-2 与包含学生在线学习行为的在线学习行为数据表 4-1 连接后即可得到本研究所需的学生在线学习行为及学习成绩样本集。

从表 4-1 中可以发现当学生使用网络学习管理系统时,数据项都具有不同的量纲,如在转换学生登录系统的日志数据时,按学生的历史学习过程转换为按次数积累的连续数字变量数据。同理,还有学生访问混合课程的日志数据,在经过转换后成为按次数积累的连续数字变量。学生停留在网络学习管理系统中的时长和学生在每个教学视频资源中播放视频的时长则会被转换为按分钟累积的时间变量数据。每个变量中数据的变化上下限也有较大差异,如学生记录学习笔记的次数是没有上限的,因此其变动范围理论上可以是从 0 到正无穷的任何数字(在本研究中最大可达数十次);而学生提交的作业次数则在各混合课程中具有不同的上限。另外,某些数据项之间还存在嵌套关系,如在交互学习活动中,若学生在课程讨论区存在被回复的计数,则在课程讨论区中发表话题计数至少有 1,但反之则不然。为消除数据项之间量纲的差异、混合课程带来的数据上下限变化差异,以及数据项之间的嵌套问题,在聚类分析前需对每一个在线学习行为数据字段进行最大值最小值归一化处理。设新数据值为 x,原数据值为 X,原数据中的最大值为 $X_{\max}$,原数据中的最小值为 $X_{\min}$。则处理方式的数学方程表达式如式(4-1)所示:

$$x = \frac{X - X_{\min}}{X_{\max} - X_{\min}} \tag{4-1}$$

通过最大值最小值归一化操作后,各项数据都在保留其代表学生在该操作中与其他学生差异特征的前提下,减小了数据的离散化程度,增加了数据的内聚性。经过简单探索发现,虽经过归一化处理,但样本集中仍然存在大量极值,产生某些数据项极值的这些学生并非均匀分布在每一门课程中,且极值也不是简单聚集在某几项在线学习行为变量中,因此在预处理时没有删除样本集中具有极值的学生在线学习行为数据。经过上述数据处理后,共获取到229796条学生在线学习行为数据。

4.2 混合学习行为的聚类分析及意义

混合学习行为的聚类分析是不加入任何课程基本属性和教学过程信息,只通过所有学生的在线学习行为数据特征描述学生参与混合课程的在线学习行为模式。这种方式能够从学习过程的视角体现学生参与混合课程的在线学习活动取向,也有利于识别不同学生群体在混合课程在线学习中的差异(王媛,周作宇,2018[48-50])。在表4-1中,学生的在线学习行为指标已通过教学交互理论和交互活动类型分类,确保在线学习行为指标覆盖教学交互的每个对象及每种交互活动类型,以及在线学习行为指标之间具有的内部关联。据此学生在线学习行为的数据项已具有较好的可读性和可解释性,无须采用特征工程(Feature Engineering)进一步选择。在本节中研究只选择表4-1中的所有学生在线学习行为数据项进行聚类分析。

4.2.1 聚类方法选择

综合2.2.2对学生在线学习行为开展聚类分析的研究综述可以发现,国内外的学者倾向于采用以K-means算法为代表的基于划分的聚类算法。使用该类算法的主要原因是该算法的基本思想简单,只需要计算当前所有样本集与初始定义的K个中心点之间的距离,并按照每个样本与聚类中心点的距离差异判断样本的类别即可。这种方法只要调节好聚类中心点的位置和聚类中心点的个数即可实现聚类。正因为如此,K-means算法又极易受到人工设定的聚类中心点位置和聚类中心点个数的影响。随着数据量的提升,K-means算法需要研究者反复探索各项数据的分布,不断调节聚类中心点的位置参数和个数参数,从而获取较好的聚类效果。并且在研究者不断调节参数的过程中，K-means 算法的聚类效果并非线性变化。以 K-means 算法为代表的所有基于划分的样本聚类都存在类似问题，所以基于划分的样本聚类结果也有可能陷入局部最优。除此之外还有基于模型的聚类方法，在该类方法中，研究者们使用较多、具有显著代表性的是最大期望(Expectation-Maximization Algorithm，EM)聚类算法。该算法的基本思想分为两步：首先，以现有可观察到（可收集到）的样本估计现有样本中隐藏变量的极大似然估计值，即采用极大似然算法估计每个样本可能属于某一个聚类的概率；其次，根据前一步中的估计值，计算聚类内部的均值、方差。该算法在实现时通过上述两步交替运行，逐步减小每个聚类内部的方差，直到获得差异最小化的最佳聚类结果（包括聚类个数和每个样本的聚类标签）。该算法的优点在于无须提前设定聚类中心，而且能够保证计算收敛至最佳结果。虽然该算法也有可能陷入局部最优，但通过重复聚类，随机变换样本顺序可以一定程度上避免。除此之外 EM 算法的收敛速度较慢，计算时不但要使用极大似然估计建立聚类中心的概率模型，还要计算聚类各参数，相比于 K-means 算法的距离计算，不但计算参数更多，而且处理过程更复杂。在收集分层分级数据时，研究者多采用基于层次的聚类算法开展聚类分析，基于层次的聚类算法采用从每个样本点出发，不断计算样本点的距离，归并样本形成的聚类得到最佳聚类。在具体的聚类实施过程中，基于层次的聚类算法将每个样本点都看作独立的聚类，不断计算每个聚类间的距离均值并连接和归并距离相近的类别，直到所有类相连。基于层次的聚类最后会生成一个树形结构，用以表示在不同树状层级中的聚类数量和每个样本的聚类标签。研究人员根据聚类树形结构的特征和研究取向设定接受聚类结果的阈值，并根据数据代表的意义，判断接受最终聚类结果特征。从实现思路上可以看出，基于层次的聚类算法容易受到极限值的影响。若样本在初始状态存在较多离群点，则在建立聚类树形结构时，这些离群点的距离与其他样本过于遥远，从而无法与其他样本归并形成某个聚类，对研究分析聚类之间的特征不利。当收集到的数据呈现概率密度分布差异时，研究者多采用基于密度的聚类算法开展聚类分析，基于密度的聚类算法，其基本假设是样本集合的自身数据特点具有疏密不同的聚类结构，因此其基本思想是将样本转换为多维空间向量计算其密度，以密度阈值判断不同聚类的划分。基于密度的聚类方法需要定义样本密度的阈值。基于密度的聚类算法的典型代表是具有噪声的空间密度聚类算法(Density-Based Spatial Clustering of Applications with Noise，DBSCAN)，该算法在开始聚类前同样需要设定一些参数,需要设定的参数主要包括样本点的邻近域半径以及在这个区域内应包含的样本个数。由于基于密度的聚类算法能处理带有噪声的数据,因此使用该聚类算法开展预测分析时,该算法可接受的数据质量下限较低,对数据的预处理过程也没有太高的要求。另外,只要样本密度差异够大,该算法即可分离数据量级差异较大的类。同时其局限性也在于当样本的密度分布不均匀,特别是研究者在无法提前获取样本的密度分布信息时,使用该类算法开展聚类分析难以获得较好的结果(Slater,Joksimovic,Kovanovic,2017[85-100])。

通过上述分析,可以发现常见的四类聚类算法具有各自的优势和缺陷。本研究获得的学生在线学习行为数据只通过简单的统计描述无法判断适用的算法。因此,在聚类实现中应尝试所有算法,观察聚类结果,择优而选。

4.2.2 聚类过程描述

经过 4.1.2 对学生在线学习行为数据的提取和预处理后,获得的样本集描述了学生的三种特征,在线学习行为、学术属性和唯一识别码,这三种特征分列在两张表中,学生在线学习行为表和学术属性表。为识别学生的在线学习行为模式,聚类分析只应用学生的在线学习行为数据作为输入项,学术属性表在和学生在线学习行为表以唯一识别码连接后,学术属性表只作为数据的附加属性,不进入聚类处理过程。聚类分析流程如图 4-1 所示:

为获得学生在线学习行为的最优聚类,研究分别选取了四类聚类算法中最具代表性、应用最多的典型算法,它们分别是 K-means 聚类算法、EM 聚类算法、DBSCAN 算法及 Hierarchical 聚类算法。采用 python 语言中的 scikit-learn 数据挖掘工具包开展聚类分析处理。图 4-1 简要说明了聚类分析的流程经过预处理后的在线学习行为数据所需的每步操作。聚类的个数设定对全部四种算法都有效,聚类实施过程中,每改变一次聚类个数,重新执行四种聚类算法为一轮,在操作每种聚类算法时,确定算法参数并随机变换样本再聚类为一次。研究采用不同的方式最优化四种聚类算法的参数设定。首先,在 K-means 算法中需要提前确定样本的聚类中心和样本之间的连接距离。在前人研究中通常引入 Canopy 聚类算法计算这些参数(Zhang G,Zhang C,Zhang H,2018)。Canopy 算法与 K-means 算法同是基于划分的算法,基本思想也是通过计算样本之间的距离,逐步将每个样本划分到聚类中心附近,并以每个聚类中心的标签标记样本,形成聚类结果。但 Canopy 算法与 K-means 算法不同的是,Canopy 算法不需要提前确定聚类个数,而

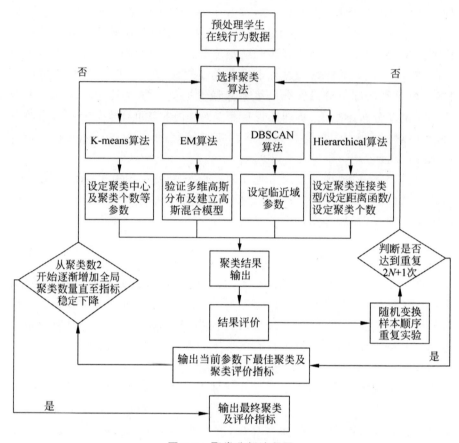

图 4-1 聚类分析流程图

是通过样本之间的距离向量粗略地估计样本中的聚类个数和样本之间的连接强弱。因此,Canopy 聚类这种粗略的聚类结果能为 K-means 聚类算法选取更精细的聚类分析参数提供参考。在距离计算函数设定中,本研究样本集构成的特征空间是一个 20 维的实数向量空间,因此采用切比雪夫距离(Chebyshev Distance)计算函数。切比雪夫距离是在二维空间中两个点按照坐标轴方向移动的距离,在高维空间中同样与二维空间相似,是按照高维空间将样本从一个点移动到另一个点产生的向量距离。

其次,在采用 EM 算法开展聚类分析前,需为样本集建立概率分布模型。前人研究中指出采用高斯混合模型(Gaussian Mixture Model,GMM)实现的 EM 算法通常能获得较为优异的聚类结果,但需要样本集符合高斯分布(Duan,Wang,2013)。本研究中采用的样本集可看作一个 20 维的向量空间,使用 Henze-Zirkler 检验发现,样本集不符合多元高斯分布,因此需对样本集进行对数变换(Henze,Zirkler,1990)。Henze-Zirkler 检验可测量两种分布之间的函数距离,该距离用绝对值表示。当数据呈现多元高斯分布时,Henze-Zirkler 的统计检验函数与对数正态分布函数相似,通过计算样本数据分布的归一化均值、方差估计 p 值,最后通过 p 值判断 Henze-Zirkler 检验的结果是否通过。在不通过时,可选用原数据的对数,分析对数变换后数据的分布是否呈现多元高斯分布。对数变换不改变样本集内数据自身性质和数据相关关系,但可让数据变化更平滑,改变极值对样本集的影响。对数变换后样本集通过 Henze-Zirkler 检验,样本集可采用 GMM 模型实现的 EM 算法进行聚类(检验结果如表 4-3 所示)。

表 4-3 变换前后的学生在线学习行为数据 Henze-Zirkler 检验结果表

	样本数量	变量数量	H-Z 统计量	p 值
对数变换前的学生在线学习行为数据	229796	20	53.6599	0.0069
对数变换后的学生在线学习行为数据	229796	20	40.6269	0.6156

当聚类处理完成,程序为每条数据加上聚类标签后,再将数据恢复。另外,由于 EM 算法属于基于模型的聚类算法类型,且在加入了 GMM 模型后又是一个复合聚类算法。因此还需解决聚类执行过程中的标签漂移问题(Label Shifting Problem)。标签漂移问题是指,聚类算法在实施聚类过程中,为相同的聚类样本标记不同的聚类标签,导致聚类结果不稳定(Stephens,2000)。这种问题多出现在复合聚类算法中,复合聚类算法因其加入了多个聚类过程,在计算过程中有课程发生相同样本由于输入顺序不同或每一步计算的聚类标签特征差异而被划分到不同的聚类标签中的情况。研究者们通常采用控制数据的输入顺序,或采用后验概率重新标记聚类标签的方法解决标签漂移问题(Stephens,2000;Rodríguez,Walker,2014)。从聚类分析流程图中可知,本研究所述研究采用了随机变换样本顺序,并重复执行聚类分析的操作,因此无法采用控制数据输入顺序的方法。本研究进而采用了后验概率重新标记聚类标签的方法,解决聚类过程中可能存在的标签漂移问题。

在采用 DBSCAN 算法开展聚类分析时,研究采用了 Khan 等(2018)提出的根据数据集密度分布自适应调整的邻域参数设定方法。该方法通过计算数据集所代表的高维空间中每个数据点可能的概率密度分布，构建描述当前数据集最恰当的数据密度分布函数。根据该结果输出适用于 DBSCAN 聚类算法的邻域半径和这个区域内应包含的样本个数等两项参数。

在采用层次聚类算法开展聚类分析时，其参数设定包括聚类连接方式和样本距离计算函数。层次聚类的聚类连接方式有三种，单连结（Single Linkage）方式，即取两个聚类中距离最为接近的点作为两个聚类的距离，然后根据这个距离参数选择被划分为两个聚类的样本，当出现聚类样本与两个聚类距离都较远（超过两个聚类最远点之间的距离）时，才将聚类样本划分到第三个聚类中。通过该方式容易导致聚类边缘的样本点与聚类中心的样本点距离过大，出现将数据特征差异过大的样本划分为同一聚类的情况。全连结（Complete Linkage）方式，即取两个聚类中距离最远的点作为两个聚类的距离，然后根据这个距离参数选择被划分为两个聚类的样本，当出现聚类样本与两个聚类距离都较远（超过两个聚类最远点之间的距离）时，才将聚类样本划分到第三个聚类中。通过该方式容易导致聚类边缘的样本点与聚类中心的样本点距离过小，出现无法区分不同聚类之间数据特征的情况，在这种情况下，不同聚类之间总体差异很小但极值差异较大。分组均值（Group Average）方式，即对两个聚类中的样本都进行匹配计算，取样本间的距离均值作为分离样本的距离阈值，该方式对无极值存在的样本集可进行有效聚类，当样本集中有多个极值时，极值之间的距离会影响样本的分组依据，聚类划分结果会更倾向与极值较近的样本点。根据数据预处理结果和层次聚类的特性，本研究采用了 Group Average 方式和与 K-means 方法相同的距离计算函数，即切比雪夫距离。

虽然 EM 算法和 DBSCAN 算法在开展聚类分析前都无须设定聚类个数，在聚类实施过程中上述两种算法可通过持续计算形成适应样本数据特征的聚类数量。但为了比较本研究中采用的多种聚类算法，从中筛选出评价指标最优的聚类结果，有必要设定聚类个数，用以比较不同聚类算法在相同聚类数量情况下，产生聚类结果的优劣，因此每项聚类算法的起始聚类个数从 2 开始并逐渐增加聚类个数（设为 N），直到聚类的倾向指标霍普金斯统计量显示聚类分离明显，无须继续划分聚类为止。完成 4 种聚类算法的参数设定后，为得到不受样本顺序影响的聚类结果，每种聚类算法都会重复运行当前聚类数量设定的两倍加一次（$2N+1$），每次运行聚类算法前，采用随机乱序方法重新排列样本输入顺序。每次聚类算法执行后,记录聚类结果和聚类评价指标。在重复执行聚类算法时,获得结果后样本点的聚类标签由标记标签占多数的情况决定,如某学生的学习行为在 K-means 算法设定为 2 个聚类时,重复 5 次其中有 3 次为第一类,其余 2 次为第二类时将该学生记录为第一类。对聚类结果的评价指标则以所有重复次数完成后的平均值表示。本研究的聚类结果是没有聚类检验标签,因此采用无聚类检验标签的评价指标分析。

4.2.3 聚类结果分析

通过比较 4 种聚类算法在不同聚类数量设定下得到的聚类结果评价指标,综合分析各项指标之间的差异,从而得到各项评价指标最优秀的聚类数量及对应的聚类结果。但是经过初步分析时发现,由于研究所用的学生在线学习行为数据集存在与大部分数据差异较大的极值,且极值的个数较多,层次聚类算法在聚类过程中采用的距离阈值无法划分样本点之间数据特征差异过大的聚类,导致其得到的结果各项指标都远低于其他聚类结果。因此采用层次聚类算法所得的聚类结果被排除。其余三种聚类算法所得结果评价表如表 4-4 所示。

表 4-4 学生在线学习行为聚类评价表

聚类算法	SI	CH	DBI	Hopkins Statics Index
KM2	**0.803**	31228.447	1.099	0.001
EM2	**0.803**	31539.196	1.009	0.001
DBSCAN2	0.791	30572.860	1.040	0.001
KM3	0.693	14231.710	2.460	0.654
EM3	0.701	14572.741	2.422	0.621
DBSCAN3	0.677	13880.135	2.400	0.601
KM4	0.704	14620.794	2.419	0.771
EM4	0.716	14986.370	2.367	0.792
DBSCAN4	0.695	14668.268	2.385	0.744
KM5	0.728	15306.529	2.354	0.831
EM5	**0.735**	**15569.631**	**2.352**	**0.873**
DBSCAN5	0.705	15405.975	2.379	0.801
KM6	0.700	12369.710	2.552	0.830
EM6	0.601	12760.501	8.692	**0.852**
DBSCAN6	0.682	12028.644	4.567	0.789

续表

聚类算法	SI	CH	DBI	Hopkins Statics Index
KM7	0.688	10416.463	4.537	0.591
EM7	0.592	11736.077	9.117	0.608
DBSCAN7	0.670	10761.524	7.707	0.581
KM8	0.679	8959.295	4.906	0.562
EM8	0.595	10869.665	3.972	0.557
DBSCAN8	0.665	10279.087	6.452	0.547

表 4-4 表示了 3 种聚类算法在不同聚类个数的四项聚类评价结果，其中第一列表示采用的聚类算法及当前设定的聚类数量。因此，KM2 所在的行表示采用 K-means 算法对学生在线学习行为数据集开展聚类分析，在聚类数量被设定为两类时，所得聚类结果的评价指标。依此类推，KM3～KM8 所在的行表示采用 K-means 算法对学生在线学习行为数据集开展聚类分析，在聚类数量分别设定为从 3 类到 8 类时，所得聚类结果的评价指标。EM2 所在的行表示采用带有 GMM 模型复合的 EM 算法对学生在线学习行为数据集开展聚类分析，在聚类数量被设定为两类，并采用了后验概率防止标签漂移后，所得聚类结果的评价指标。EM3～EM8 所在的行表示采用带有 GMM 模型复合的 EM 算法对学生在线学习行为数据集开展聚类分析，在聚类数量分别设定为从 3 类到 8 类时，所得聚类结果的评价指标。DBSCAN2 所在的行表示采用 DBSCAN 算法对学生在线学习行为数据集开展聚类分析，在聚类数量被设定为两类时，所得聚类结果的评价指标。DBSCAN3～DBSCAN8 所在的行表示采用 DBSCAN 算法对学生在线学习行为数据集开展聚类分析，在聚类数量分别设定为从 3 类到 8 类时，所得聚类结果的评价指标。

从表中结果可以发现，在聚类数量被设定为两类时，虽然各算法得到的聚类结果都获得了最高的指标评价数据，但霍布金斯统计量指标十分接近 0。据此可认为在聚类数量被设定为两类时，各聚类算法的结果只将学生在线学习行为的极值从样本集中进行了分离，形成了以极值为代表的聚类和以非极值为代表的聚类。非极值分类包含了绝大多数学生在线学习行为样本，因此在设定为两类时聚类结果中各样本点的标签划分仍然趋近于均匀分布，应该进一步划分聚类。而在聚类数量超过 5 个后，聚类的 4 项评价指标都开始逐步下降，说明不但各聚类边缘的轮廓开始模糊，各聚类之间的距离越来越近，而且聚类结果中的样本也开始呈现随机分布的趋势。因此本研究将聚类数为 5 时的聚类结果作为最佳结果。而在不设定聚类数量时，采用带有 GMM 模型复合的 EM 算法开展聚类分析，其得到的聚类结果仍然是 5 个聚类。

因此，研究以带有 GMM 模型复合的 EM 算法在聚类数量被设定为 5 时，乱序重复 11 次的聚类结果为最终学生在线学习行为聚类结果，如表 4-5 所示。

表 4-5 聚类后各类学生在线学习行为指标均值和标准差比较表

聚类编号 聚类命名 学生占比	Cluster0 不活跃 (0.77)	Cluster1 低活跃 (0.15)	Cluster2 任务型 (0.06)	Cluster3 阅览型 (0.01)	Cluster4 高活跃 (0.01)
LBS1(Mean)	**0.000**	0.011	0.039	0.039	**0.088**
LBS1(Std. dev)	0.002	0.021	0.058	0.051	0.128
LBS2(Mean)	**0.000**	0.009	0.024	0.020	0.038
LBS2(Std. dev)	0.003	0.016	0.038	0.025	0.059
LBS3(Mean)	**0.000**	**0.000**	**0.000**	**0.000**	**0.011**
LBS3(Std. dev)	0.007	0.002	0.000	0.004	0.057
LBS4(Mean)	**0.000**	**0.000**	**0.000**	**0.000**	**0.008**
LBS4(Std. dev)	0.000	0.001	0.005	0.001	0.041
LBS5(Mean)	**0.000**	**0.000**	**0.000**	0.002	**0.019**
LBS5(Std. dev)	0.010	0.000	0.002	0.016	0.075
LBS6(Mean)	**0.000**	**0.000**	**0.000**	**0.023**	0.003
LBS6(Std. dev)	0.000	0.005	0.001	0.052	0.011
LBS7(Mean)	**0.000**	**0.000**	0.001	**0.061**	0.011
LBS7(Std. dev)	0.000	0.012	0.004	0.108	0.033
LBS8(Mean)	**0.000**	**0.000**	**0.000**	**0.042**	0.001
LBS8(Std. dev)	0.000	0.009	0.009	0.091	0.005
LBS9(Mean)	0.002	0.023	0.054	0.075	**0.100**
LBS9(Std. dev)	0.004	0.021	0.043	0.051	0.091
LBS10(Mean)	0.001	0.025	0.063	0.086	**0.099**
LBS10(Std. dev)	0.003	0.019	0.036	0.054	0.072
LBS11(Mean)	**0.000**	0.017	**0.076**	0.063	0.059
LBS11(Std. dev)	0.002	0.020	0.060	0.075	0.067
LBS12(Mean)	**0.000**	**0.000**	**0.000**	**0.027**	0.000
LBS12(Std. dev)	0.000	0.007	0.007	0.072	0.003
LBS13(Mean)	**0.000**	0.004	0.000	0.033	**0.036**
LBS13(Std. dev)	0.000	0.014	0.001	0.060	0.064

续表

聚类编号 聚类命名 学生占比	Cluster0 不活跃 (0.77)	Cluster1 低活跃 (0.15)	Cluster2 任务型 (0.06)	Cluster3 阅览型 (0.01)	Cluster4 高活跃 (0.01)
LBS14(Mean)	**0.000**	0.006	0.002	0.018	**0.045**
LBS14(Std. dev)	0.000	0.015	0.007	0.022	0.066
LBS15(Mean)	**0.000**	0.003	0.000	0.011	**0.033**
LBS15(Std. dev)	0.000	0.009	0.001	0.019	0.054
LBS16(Mean)	**0.000**	0.012	0.007	**0.225**	**0.072**
LBS16(Std. dev)	0.033	0.037	0.023	0.166	0.103
LBS17(Mean)	0.001	0.043	**0.134**	0.072	0.087
LBS17(Std. dev)	0.005	0.045	0.091	0.048	0.083
LBS18(Mean)	**0.000**	0.012	0.011	0.051	**0.061**
LBS18(Std. dev)	0.020	0.028	0.021	0.050	0.101
LBS19(Mean)	**0.000**	**0.000**	**0.000**	0.006	0.000
LBS19(Std. dev)	0.005	0.005	0.005	0.059	0.002
LBS20(Mean)	**0.000**	0.006	0.004	**0.066**	0.023
LBS20(Std. dev)	0.001	0.013	0.009	0.129	0.029

注：当表中的数据小于 1×10^{-5} 时，以数字 0.000 表示。

从表 4-5 中的聚类结果可以看出，学生在网络学习管理系统中的学习行为特征有非常明显的区别。属于聚类编号 0 的学生在线学习行为非常少，他们的所有在线学习行为指标数据均值都低于 0.01。表示这些学生的几乎所有在线学习行为活动频率在全部学生中排名非常低。在表示学生在线学习行为的 20 项指标中，该聚类的学生有 17 项均值为 0，说明聚类编号为 0 的学生几乎不参与这些在线学习活动。只有 3 项在线学习行为的数据大于 0.001，说明聚类编号为 0 的学生只是登录过网络学习管理系统；且所有属于该聚类的学生，其在线学习行为频次和时长数据的标准差很小（最高不超过 0.033），说明这些数据的变化量很小。进一步观察表示 20 项在线学习行为频次/时长变动幅度的标准差结果可知，其中没有任何一项数据大于 0.05，具体来说只有进入研究型教学主题（LBS5）、记录学习笔记（LBS16）和参与调查（LBS18）3 项在线学习行为数据的标准差结果大于 0.01。鉴于上述在线学习行为数据特征，可将该聚类编号的学生类型命名为不活跃型。虽然该类型学生的人数占据样本集总体数量的 77%，但该类型的学生在线学习行为总体最少，且由于 20 项数据中有 9 项标准差为 0，因此几乎难以识别出这些学生的个性化在线学习行为差异或模式。

属于聚类编号 1 的学生相对聚类编号 0 的学生更加活跃,但聚类编号 1 的学生在线学习活跃程度仍然相对较低,从表 4-5 中可以看出,该聚类的学生有 12 项在线学习行为变量的数据均值都小于 0.01,其中 8 项为 0,说明这些学生虽然有意识到课程学习不但包含面授部分还包含在线部分,但尚未完全转化为实际行动,反映出这类学生开展在线学习的行为投入仍然不高。在与其他聚类学生群体的在线学习行为变量数值比较中,可以发现属于聚类编号 1 的学生没有任意一项在线学习行为数据的均值高于其他聚类。因此,可将该聚类编号的学生类型命名为低活跃型。从低活跃型学生的在线学习行为数据中还可以看出,该类型学生虽然总体在线学习行为的数值变动较低,但学生群体已经表现出对各在线学习行为的偏好(20 项在线学习行为数据指标的标准差中有 12 项大于 0.01,且只有 1 项为 0),说明低活跃型学生的在线学习行为具有个性化差异,具有从中识别出一些在线学习行为模式的可能性。

属于聚类编号 2 的学生相对其他聚类编号的学生具有更加鲜明的特征,他们的在线学习行为集中在上交课程作业(LBS17)和保持在线活动(LBS11)等相关变量指标上。在聚类编号 2 标记中学生的在线学习行为各项数据显示,该聚类学生的在线作业提交行为(LBS17)及保持在线活动行为(LBS11)两项行为指标的数据均值是最高的。同时,在与其他聚类编号学生各项在线学习行为指标数值比较也可发现,该聚类学生的各项在线学习行为变量中,在线作业提交行为(LBS17)及保持在线活动行为(LBS11)两项行为指标的数据均值也是最高的。同时,该聚类学生几乎没有其他在线学习行为被记录,20 项在线学习行为指标中的 13 项小于 0.001,反映出该聚类学生重点关注了网络学习管理系统中的课程作业部分,倾向于将混合课程中的在线学习部分看作学习任务执行、管理和接受评价的过程,没有表现出对其他在线学习活动的关注和执行。在数据均值较小的 13 项在线学习行为指标中,该聚类学生在线学习活动的活跃程度甚至低于低活跃型学生。除上述数据均值较小的 13 项在线学习行为指标以外,该聚类学生的其余在线学习行为指标也表现出与作业提交行为和在线时长两项在线学习活动的较强相关性,如登录系统(LBS9)、进入课程(LBS10)、阅读课程通知(LBS1)以及阅读教材(LBS2)等。根据表 4-1 中的学生在线交互类型分类,可将该聚类学生中数值均值最高,同时也具有较高标准差值的最主要在线学习行为所属交互类型作为该学生类型的名字。聚类编号 2 的学生类型命名为任务型。另外,观察聚类编号 2 学生的各项在线学习行为变量在标准差中表现出的数值特征也可发现，该聚类学生在完成在线学习任务的相关变量中表现出较大的标准差数值，说明该类型学生在完成在线学习任务时具有较强的个性化学习偏好和任务完成行为差异。同时，通过与其他聚类编号学生在几项相同的在线学习行为变量标准差数值比较中也可发现，该聚类学生在完成在线学习任务相关变量中标准差数值排名前列，且有多个数值是所有学生在线学习行为变量标准差值最大的。

  属于聚类编号3的学生则更加关注视频材料的学习。从表4-5中的数据中可以看出，在聚类编号3学生的各项在线学习行为变量内部，点击进入播课(LBS6)、参与播课学习(LBS7)、视频观看时长(LBS12)、记录学习笔记(LBS16)以及提交在线测试(LBS20)5项在线学习行为变量的数据均值最高，同时在与所有聚类编号标记下对应的学生在线学习行为变量的数据均值比较中发现，上述5项在线学习行为变量的数据均值最高。按照表4-1中的学生在线交互类型，可将该聚类学生中数值均值最高，同时也具有较高标准差值的最主要在线学习行为所属交互类型作为该学生类型的名字，将该聚类的学生类型命名为阅览型。与聚类编号2的学生群体不同的是，聚类编号3的学生除了在与阅览教学材料相关的在线学习行为变量中表现出较高的数据均值以外，在其他在线学习行为变量中有一定的在线学习行为数据被记录，20项在线学习行为指标中只有3项指标均值小于0.01，反映出该聚类学生在重点关注了网络学习管理系统中的课程视频知识学习部分的同时，也注意到要参加其他网络学习管理系统中涉及的在线学习活动。但这些学习活动相较于观看视频教学材料，没有那么大的吸引力，因此在各项在线学习活动的数值呈现方面没有观看视频教学材料相关的在线学习活动那么均衡。观察该聚类学生在各项在线学习行为变量的标准差数据可以发现，该聚类学生显示出最强的在线学习活动个性化差异，他们的各项在线学习行为变量数据标准差有15项大于0.01，其中有6项标准差是所有聚类学生中最高的。这说明该聚类学生中可能存在多种在线学习行为模式，只是在聚类中表现出了最明显的教学视频材料阅览特征，多种在线学习行为模式可能在构建学习成绩预测模型时才得以具体描述。

  属于聚类编号4的学生在线学习行为特征是，在该聚类内部的20项在线学习行为指标中，有12项数据均值高于其他聚类编号中对应的学生在线学习行为变量数据均值。这些数据之间嵌套关系较小，数据项之间几乎不存在相关关系，涉及了阅读课程通知次数(LBS1)、阅览试题库试题次数(LBS3)、阅读试题库试卷次数(LBS4)、进入研究型教学主题次数(LBS5)、登录系统次数(LBS9)、进入课程次数(LBS10)、课程讨论区回文次数(LBS15)、课程讨论区被回文次数(LBS15)及参与调查次数(LBS18)等。基于这些丰富的在线学习行为表现,可将该类型的学生称为高活跃型。另外,通过观察该聚类学生各项在线学习行为变量的标准差数据可以发现,该聚类学生显示出在线学习活动个性化差异的最强变量并不一定是学生参与在线学习行为均值最高的变量。说明在某些变量中学生反映出相似的在线学习活动参与程度,但在另一些在线学习活动中,学生的在线学习行为数据量差异则体现出较大差异。该聚类学生的各项在线学习行为变量数值标准差在与其他聚类编号的学生对应在线学习行为变量数值标准差相比时,仍然有11项数据处于最高值。说明该聚类学生是所有聚类编号的学生群体中,在线学习行为个性化差异最显著的,同时该聚类学生内部的在线学习行为模式也是最复杂的,但这些在线学习行为模式无法进一步通过聚类分析的结果表征,可能在构建学习成绩预测模型时才得以具体描述。

综合上述聚类结果的各项特征可以看出,首先,各类型的学生群体人数占比差异较大,其中不活跃型学生群体的人数占全部学生数量的77%,低活跃型学生群体的人数占全部学生数量的15%,任务型学生群体的人数占全部学生数量的6%,阅览型学生群体的人数占全部学生数量的1%,高活跃型学生群体的人数占全部学生数量的1%;其次,每种类型学生的每一项在线学习行为指标的均值和其对应在线学习行为指标的标准差相关关系相似,当学生群体在某个在线学习行为指标中产生的数据均值较大时,对应在线学习行为指标中产生的数据标准差也较大。这些现象说明当学生群体参与在线学习行为频次越多,群体内部的个性化在线学习行为差异越大。

4.2.4 聚类结果的讨论

在混合课程中,学生参与在线学习是教学实施的重要组成部分。学生参与在线学习的聚类结果反映了在案例院校中学生参与混合课程的主要状态。

第一,不活跃型学生的各项在线学习行为指标记录的数据均值和标准差值都几乎为零,反映出这些学生几乎没有参与在线学习活动。从学生数量占比看,这一学生群体占参与混合课程的大多数(77%)。该项数据印证了该校当年开展的教学督导评价结果。虽然2018—2019年第一学期由各位任课教师反馈给院校的信息显示,大多数课程已经完成从传统课程到混合课程的改革,但在实际实施过程中,学生反映出几乎不参与在线学习的结果。表明许多课程的任课教师没有提醒学生参与在线学习,也没有指出在线学习对整体学习质量提升的重要程度。从学生视角来看,参与这些课程的学生并未感知到教师的课程设计包含在线学习的内容,说明2018—2019年第一学期案例院校的许多混合课程实施仍然流于形式,大多数学生并没有真正卷入混合课程中,并实现真正意义的混合学习。

第二,低活跃型学生的各项在线学习行为指标记录的数据均值和标准差值反映出这些学生有参与混合课程在线学习的内容,但参与次数和个性化程度也不高。这表明参与这一类课程的学生有意识地在参与面授课程的同时开展在线学习,或参与在线学习时接受过教师的提醒和帮助,这一学习群体占该校参与混合课程所有学生的15%。这一群体的出现表明该校的混合课程试点实施阶段已经结束,实现了从几门课程的混合课程改革试点到混合课程初步被师生认同阶段的跨越。即使出现了一批同时具备在线教学设计和面授教学设计的混合课程,但由于各种原因,师生还未能全面开展混合教学。从学生视角来看,这一部分学生群体除具备参与混合课程在线学习内容的意识外,还具备相应的技术条件和基础知识,但他们参与在线学习的学习活动还较为分散,没有教学组织对学生在线学习活动的规范和引导。该类学生参与的课程没有发挥在线教学内容对面授教学的补充、支持和增强作用。

第三,任务型学生的各项在线学习行为指标记录的数据均值和标准差值反映出案例院校学生参与混合课程的在线学习任务化特点。这一群体的出现表明在该校完整实施混合课程的过程中,一部分师生对混合课程理解片面。任务型学生群体的在线学习行为数据特征说明该类学生强烈认同在线学习内容,但又只认同了学习任务完成的部分。可能的原因包括教师在线学习资源建设缺除学习任务以外的其他学习内容,教师强调在线学习任务对最终成绩评价的引导,教师对学生参与在线学习任务的支持和帮助更大,等等。从学生完成在线学习的结果上看,混合课程的在线学习被简化为在线学习任务的实施过程,网络学习管理系统也被简化为完成学习任务的在线学习工具。

第四,阅览型学生的各项在线学习行为指标记录的数据均值和标准差值反映出案例院校学生参与混合课程的在线学习视频化特点。这一群体的出现表明在该校完整实施混合课程中,存在部分师生片面理解混合课程的风险。阅览型学生群体的在线学习行为数据特征说明该类学生与任务型学生相似,强烈地认同在线学习内容,但更加偏重于认同其中的视频学习部分。可能的原因包括教师在课程设计中虽然提供了各类在线学习资源,但学生群体倾向于通过视频参与在线学习,教师强调视频学习对课程最终成绩评价的引导,教师在面授教学时更偏向于解决学生在视频学习中遇到的困难,等等。从学生完成在线学习的结果上看,该类学生除参与在线学习的视频资源学习以外,也具备其他类型的在线学习行为模式,但并不如在视频资源学习中表现出的行为模式明显,在该类学生群体内部可能存在着其他在线学习行为模式。

第五,高活跃型学生的各项在线学习行为指标记录的数据均值和标准差值反映出他们是参与混合课程在线学习部分最为积极的学生群体。该项数据同样是该校当年开展的教学督导评价结果的强烈佐证。在该校当年的教学改革中,有一批课程获得了教学成果奖、教学竞赛奖和学校改革支持。可能的原因包括上述课程的任课教师十分重视课程的在线学习内容建设,完善了各项在线学习活动,并提供了更为丰富的在线学习资源,建构了体系化的在线学习内容。学生参与在线学习时遇到的困难也有教师或助教予以解决,教师在课程评价和在线教学管理中采取了强力的约束、规范和引导措施。从学生视角来看,高活跃型的学生群体更加青睐在线学习形式,能够感知到混合课程中的在线学习内容,较为熟悉各种在线学习方式,有良好的信息技术基础知识和操作能力,能够自主参与到各项在线学习活动中。从学生完成在线学习的结果上看,高活跃型学生不但在线学习参与频次和时长较多,而且其在线学习个性化水平也很高。虽然这一群体的人数较少,但他们是参与混合课程的在线学习最为活跃的学生群体。

4.3 面向学习成绩预测的混合课程分类

基于学生在线学习行为聚类的结果,可将学生分为五种不同类型,并可发现每类学生在总学生人数中的占比具有较大差异,每类学生的在线学习行为特征也较为鲜明,同时,这些学生在每门课程中的人数分布也具有不均匀的特点。Park,Yu 和 Jo(2016[9-11])分析了基于学生在线学习行为对混合课程的分类方法,并指出学生在线学习行为是混合课程实施的表征,学生参与在线学习的不同趋向和行为模式对混合课程的质量有较强影响。Conijn 等(2016[28-29])分析,在 moodle 网络学习管理系统中实施 17 门在线教学部分的混合课程后,认为虽然基于学生在线学习行为能够实现部分学生混合课程的学习成绩预测,但应首先通过学生的在线学习行为区分混合课程的类型特征,以便在学生在线学习行为数据处理、预测模型构建方法、预测结果分析中获得更有意义的成果。依据4.2.3的学生聚类结果还可发现,如果将学生的聚类标签作为新的预测变量,加入学生在线学习行为数据后开展学习成绩预测,机器学习算法首先必须解决学生聚类标签极度不平衡的问题,即学生在每种聚类标签下的人数比例分布极不平均:不活跃型学生群体的人数占全部学生数量的77%,低活跃型学生群体的人数占全部学生数量的15%,任务型学生群体的人数占全部学生数量的6%,阅览型学生群体的人数占全部学生数量的1%,高活跃型学生群体的人数占全部学生数量的1%。若将该变量加入到预测变量中,会显著影响其学习分类预测算法在构建模型时对每类学生的特征识别,从而使学习成绩预测产生较大偏差。另外,Yu等(2005)指出,从已收集到的数据项中采用特征工程等方法构建的变量属于内生变量,内生变量与已收集到的数据项存在相关关系,只采用这些内生变量构建预测模型可以降低模型的复杂度,但并不会提升预测结果的准确率。聚类标签正是这样一种由各项学生在线学习行为数据产生的变量,是对学生所有在线学习行为数据项的概要描述,相对于其他预测变量,聚类标签作为预测变量时属于内生变量。若要提升包含内生变量的机器学习分类预测模型结果准确率,必须再增加其他工具变量(Contreras et al.,2018)。然而本研究并不具备如此条件,因此需要将各类型学生放回其所属的混合课程中,对混合课程分类后再针对每一类混合课程构建学习成绩预测模型,以便分析混合课程内部学生的在线学习行为特征对学生最终成绩的影响。据此,本节尝试使用混合课程的学生在线学习行为及每类学生的聚类标签对混合课程分类结果进行讨论。

4.3.1 面向学习成绩预测的混合课程分类方法

使用混合课程的学生在线学习行为指标的各项数据及每类学生的聚类标签为混合课程分类的基本思路是:首先,将学生的在线学习行为数据表、学术属性唯一识别码与学生的聚类标签连接,得到每一门混合课程中包含各类学生的基本数据;其次分析每一门课程中各类型学生的人数分布,去除只包含不活跃类型学生的混合课程;最后以课程中包含的学生类型数量,逐项为课程标记类型,用分类算法确定分类准确率最高的类型作为该课程的类型。混合课程分类流程如图4-2所示。

图4-2说明了对混合课程进行分类的具体操作流程。混合课程分类的流程衔接和其中的每一步都可以使用程序自动完成。在具体流程中删除只

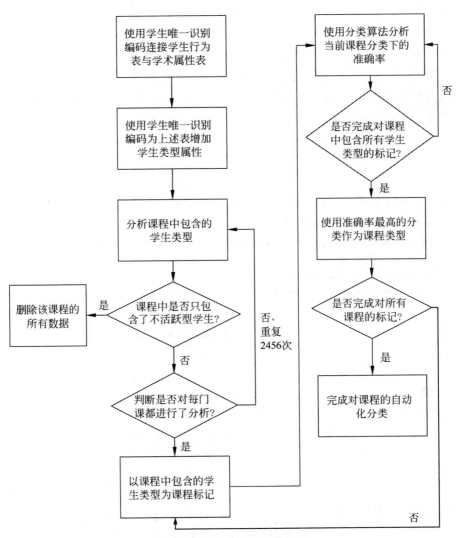

图 4-2 混合课程分类流程图

包含不活跃型学生课程有三项依据。首先,不活跃型学生的在线学习行为频数和时长都远小于其他类型学生,表 4-5 中显示不活跃型学生的大多数在线学习行为频数或时长数据的均值几乎全部为 0。根据斯隆报告对混合课程的定义表明,在线学习内容与面授学习内容之间的比例构成低于 3∶7 时不能称其为混合课程,而应将其看作面授课程;另外,在线学习内容与面授学习内容之间的比例高于 8∶2 时也不能称其为混合课程,而应将其看作在线课程(Allen et al.,2003[6])。无关教师是否设计或开发了混合课程的在线学习内容,当混合课程在教学实施过程中的所有学生几乎都没有在线学习行为时,可以认为该类型课程不是混合课程,不属于本研究的目标对象。其次,根据表 4-5 中显示不活跃型学生的 20 项在线学习行为数据中,有 10 项标准差值为 0,且只有 3 项大于 0.01。因此,只包含不活跃型学生的课程即使包含了一定程度的在线学习内容,学生也没有体现出在线学习的个性化差异。最后,通过比较这些课程中学生的最终成绩单,可以发现,这些课程中的学生虽然没有呈现差异化的在线学习活动,但是他们的最终成绩却呈现出差异化的结果(如图 4-3 所示)。因此可以认为该类课程中,学生的在线学习行为没有对其在课程结束时所获的最终成绩产生可观测的个性化影响。基于上述 3 项理由,本研究删除了只包含不活跃型学生课程的所有数据,本项操作一共删除了 941 门课程的 77046 条学生在线学习行为数据。

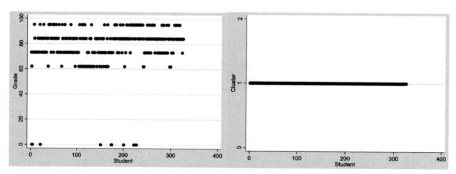

图 4-3　课程中只包含不活跃型学生的成绩散点图和学生的聚类散点图
注：根据聚类结果,不活跃型学生聚类编号为 0,此处为了作图方便,将聚类标签加为 1。

在将学生的聚类标签作为对课程进行标记的标签时,具体执行步骤是：首先以课程中存在的其中一类学生的聚类标签作为课程标签进行标记,然后采用分类算法,以该课程中标记的学生在线学习行为数据和聚类标签为输入项对当前标记的课程进行分类,并记录分类准确率。以标记正确的学生个数占课程中学生标签总数的百分比来计算分类准确率。每次选出不同的学生聚类标签标记课程,并记录分类准确率,直到课程中不再出现其他的学生聚类标签。比较每种学生聚类标签标记课程得到的分类准确率,以准确率最高的聚类标签记录为该课程的分类标签。

在该过程中,需要根据课程中学生的在线学习行为数据特征及课程中学生的数据规模,完成对每门课程的分类。在分类过程中需要注意以下两个问题：(1)课程中包含带聚类标签的学生数据是学生在线学习行为数据的属性和课程中学生的学术属性数据，这两种数据的混合是数值数据和类型数据的混合，在选择分类算法时要同时考虑到算法可接受的数据类型，保证算法可接受对定类数据和定量数据的混合分析；(2)对每一门课程进行分类时，要同时考虑课程中学生数据的数量。本研究所选择的院校样本中，单门混合课程学生数量最大值不超过700，最小值不小于20。因此，需要选择适用于该样本数据规模的分类算法。

综合以上信息，对课程进行分类时研究对比采用了5种常见的分类算法，包括逻辑回归、支持向量机、随机森林、朴素贝叶斯以及多层感知器算法分类混合课程，并采用5次交叉检验验证分类结果。为保证课程分类不受参与混合课程学生的数据输入顺序影响，得到每门课程分类结果后，本研究还采用了重新乱序排列课程中的学生数据并重复分类10次的方法，最后根据每门课程分类结果的平均预测准确率选择最好的结果。如表4-6所示。

表 4-6 五种算法将某课程分类为高活跃型课程的结果评价表

分类评价指标	逻辑回归	支持向量机	朴素贝叶斯	随机森林	多层感知器
准确率(%)	80.25	81.25	80.50	99.5	87.25
查准率(%)	80.25	81.25	80.50	99.5	87.25
查全率(%)	75.50	78.75	76.25	99.0	85.75
F1 值	0.778	0.800	0.783	0.992	0.865

如表4-6所示，随机森林分类算法在分类准确率和查准率方面上达到了99.5%，在查全率方面达到了99.0%，在F1值方面达到0.992，因此本研究最终选用随机森林分类算法分类混合课程。随机森林分类算法采用基于信息熵的方法分析较小规模数据的信息熵增益，通过选取每位学生在线学习行为数据对课程标签的信息贡献重要程度，得到对混合课程标记贡献最大的学生聚类标签的在线学习行为数据指标。在判断采用学生聚类标签对混合课程标记的正确性时，随机森林分类算法采用多数投票的机制，该机制能同时根据学生每项在线学习行为数据指标的权重和该权重下学生在线学习行为数据的信息熵贡献大小投票得出结果。根据投票结果计算混合课程中学生的在线学习行为数据与该课程当前分类标签的吻合程度。

4.3.2 面向学习成绩预测的混合课程分类结果

在将所有课程按4.3.1的方法分类后，可得到每门课程按照其包含学生聚类标签的准确率列表,该列表通过数据库存储,以便与程序连接并进一步处理。数据库中存储的混合课程标签分类准确率部分如表 4-7 所示,由于不活跃型学生占所有学生的大多数,即使剔除只包含不活跃型学生的混合课程数据,在剩余的混合课程中,被分类为不活跃类型的混合课程仍然占很大比例。

表 4-7　课程分类运行结果示意表

课程名称	不活跃型分类准确率	低活跃型分类准确率	任务型分类准确率	阅览型分类准确率	高活跃型分类准确率
编译原理(C)	1.45%	10.14%	23.91%	13.04%	**51.45%**
城市规划原理(A)	1.72%	0	5.17%	**55.17%**	37.93%
工程光学(A)	**77.85%**	0	4.70%	0	17.45%
互换性与技术测量(B)	**99.70%**	0	0.30%	0	0
控制性详细规划原理与设计(A)	1.64%	32.79%	11.48%	**54.10%**	0
理论力学(交通)(A)	46.23%	0.75%	**53.02%**	0	0
汽车单片机原理及应用	1.78%	0	**98.22%**	0	0
陶瓷材料工艺学(A)	0	0	10.53%	0	**89.47%**
网球主修理论与实践(A)I	0	**73.33%**	6.67%	0	20%
英语时文阅读	1.04%	**51.04%**	42.71%	0	5.21%

在表 4-7 中表示了部分混合课程通过分类后得到的、在 5 种学生分类标记下的准确率。从表 4-7 中可见混合课程在采用学生在线学习行为聚类标记,并采用分类算法进行分类后,其结果准确率具有一定差异。以互换性与技术测量(B)、汽车单片机原理及应用、陶瓷材料工艺学(A)为代表的课程结果准确率较高,分别达到了 99.70%、98.22% 和 89.47%。而以工程光学(A)、网球主修理论与实践(A)I 等为代表的课程结果准确率也分别达到了 77.85% 和 73.33%。以编译原理(C)、城市规划原理(A)、控制性详细规划原理与设计(A)、理论力学(交通)(A)、英语时文阅读等为代表的课程结果准确率勉强超过 50%。其中也出现了某些混合课程在分类时,结果准确率为 0 的情况,通过分析课程内的学生聚类标签可知,这些课程在分类结果准确率为 0 的标签对应的课程内学生群体数量为 0。观察表 4-7 中可知,将学生聚类标签结果作为标签为课程标记时,不活跃型、任务型及阅览型的学生类型标签课程的分类准确率最高。而低活跃型和高活跃型两类学生标签

在标记课程时准确率较低。因此,即使聚焦到每门课程中,学生在线学习的个性化与非个性化差异仍然与学生的类型一致。而将每门课程标记完成后,同样标记的课程归为一类,可得到各课程类型中包含学生占比图(如图 4-4 所示)。

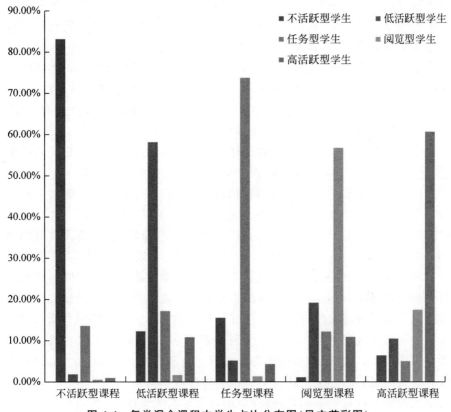

图 4-4 每类混合课程中学生占比分布图(见文前彩图)

在图 4-4 中横坐标表示 5 种不同类型的混合课程,纵坐标表示不同类别学生在该混合课程中所占的百分比,柱状图的颜色表示不同类型的学生。图 4-4 表示混合课程中各类学生所占总人数百分比,由此可发现每类具有的特征较为鲜明。

不活跃型课程的特征为:不活跃的学生在该类课程中占 83.2%,任务型学生在该类课程中占 15.5%,剩余的 1.3% 学生则分布在低活跃型、阅览型和高活跃型三类学生中。可见即使大部分的学生在课程中都没有在线学习,通过网络学习管理系统提交电子版作业仍然是在该类课程中学生的重要需求。该类课程体现了混合教学在学校中实施的最常见情形,学生与教师对线上学习内容没有高度关注。部分课程的任课教师设计了在线学习的内容,但在教学过程中大部分学生没有意识到在线学习与线下学习的区别,参与线上学习极少,在线学习行为的模式也没有任何个性化体现。少部分学生即使理解应该参与线上学习,但只将线上学习看作在线提交作业的简单学习活动。在该校的教学督导评价反映出,该类课程的教师虽然将课程申报为了混合课程,但在课程实施过程中仍然按面授教学方式进行了实施。在线上课程建设方面,可供学生开展在线学习的内容较为缺乏,许多课程甚至没有改变统一的在线课程框架和示例模板。在学生考核方面,教师也没有将学生在线学习的投入列入最终成绩评价指标。在教学管理方面,教师既没有合理地引导学生开展在线学习,没有管理学生在线学习的措施,也没有对学生在线学习提供比较大的支持和帮助。不活跃型课程在每个学院中均有出现,且在体育学院和外国语学院开设的课程中占比较高。当前体育学科的混合教学形式还不成熟,如何将体育学科中的课程从传统教学形式改革为混合教学仍在探索过程中。由此不难发现在该校的体育学院中,虽然教师将体育类课程申报为了混合课程,但是在实际教学中任课教师仍然认为对于体育类型的课程,将教学内容分为线上和线下两部分缺乏教育意义,体育课的自身性质、教学特点、教学结构、教学规律和教学原则很难与在线学习联系起来。在线教学的资源不足和在线教学的信息素养缺失又进一步降低了这些教师在体育课中开展在线教学的意愿。现有的混合课程理论指导和教学实践案例大多存在于学科知识教学中,对体育课这一类实践技能的探索较少。因此,该校的体育课程混合改革尚在初步探索之中,当前还没有寻找到很好的办法将体育类课程的在线教学与线下教学融合。而外国语学院的情况则有所不同,该院开设的课程已有大量探索,教师也认同学生参与在线学习能够促进教学质量提升,但该院的师生都存在信息技术掌握程度不高、信息化教学能力较弱的问题。因此,一方面,该院在开设的课程中愿意花费大量精力和时间构建在线学习资源,重新组织教学材料结构的教师较少;另一方面,参与课程中的学生愿意突破信息技术壁垒,开展在线学习的人数有限,再加上课程最终成绩评价中缺乏对学生在线学习质量的要素,导致该院仍然存在大量混合课程被分类为不活跃型课程。

低活跃型课程的特征为:有超过一半的学生是低活跃型(58.1%),17.1%的学生属于任务型,不活跃型学生占12.2%,高活跃型学生占10.8%,阅览型学生占1.7%。从学生类型分布看,低活跃型课程的学生较

第 4 章　面向学习成绩预测的混合课程分类方法　　97

为多样,大多数学生能在一定程度上参与课程教学的在线部分,而且学生在线学习行为类型表现出一定程度的多样性。同时学生的在线学习行为个性化差异也有所表现,混合教学的在线内容被多数学生感知。该类型课程中学生参与的积极性仍然不足,只有 10.8% 的学生全面参与到在线教学中,这可能由该类课程中视频资源过少或无法吸引学生导致。在该校的教学督导评价反映出,该类型课程的任课教师已经建设了部分在线教学内容,但在线教学资源的类型不多,形式不够丰富。许多课程照搬教材内容,只是简单地将纸质教材更换为电子教材,没有改变教学内容的结构,可供学生开展在线学习的内容难以调动学生的学习积极性。低活跃型课程只在全校 27 个开课学院中的 10 个学院中出现,在外国语学院开设的课程中占比较高。这种课程分布形态说明混合课程在该校中受到了一部分专业和学科的认可。结合外国语学院中还出现了大量不活跃型课程的情况可知,外国语学院中的部分师生对混合课程较为认可,只是还欠缺较好的混合课程建设案例和实施模式,他们正在逐步探索具有外国语学院特色的混合课程实施形式。

　　任务型课程的特征为:有接近 3/4 的学生(73.7%)属于任务型,另外有 15.5% 的学生属于不活跃型,剩余的 10.5% 学生中,低活跃型学生占 5.1%,高活跃型学生占 4.3%,阅览型学生占 1.3%。该类型课程中的学生分布体现了混合课程的任务取向特征,无论是否自愿,学生都将网络学习管理系统看作提交作业的工具和环境。同时参与该类型课程的学生还有放弃在线学习的倾向。比较图 4-4 中各类型课程中的学生分布可知,任务型课程的不活跃型学生相较于另外 3 种课程(除不活跃型课程)更多,说明这类课程对学生的在线学习支持和帮助不足,当部分学生通过网络学习管理系统完成学习任务遇到困难时,没有足够的支持和帮助信息促使他们完成学习任务。可能的原因还有教师在教学过程中,允许学生以其他渠道开展在线学习或完成学习任务,而这一部分在线学习过程并未被网络学习管理系统记录,因此本研究无法观察。结合任务型学生的在线学习行为数据特征可知,该类型课程中学生的在线学习行为个性化差异不大。说明大多数任务型课程的任课教师在学习任务分配时没有考虑学生的学情基础,只是单纯地通过网络学习管理系统发布学习任务,所有学生都需完成所有一样的学习任务。另外,任务型学生在只提交了作业后没有其他类型的在线学习活动的现象,以及该校的教学督导评价结果都表明,这类课程的在线学习资源建设还不完善,从教学设计上教师将网络学习管理系统认知为补充面授教学的工具,同时也在学生管理和评价引导上更加偏向学习任务的完成。结果导致任务型课程学生的个性化学习差异不大,学生在完成固定的在线学习任务后就不再参与其他学习活动。任务型课程分布在22个开课学院中,且在计算机科学与技术学院开设课程中尤为集中。计算机科学与技术学院的师生都具有较好的信息系统操作能力,但此类课程的出现反应出该院的师生还有待进一步加强对混合课程的理解。他们对混合课程在线教学内容理解较为片面,可能与该院师生长期接触软件信息系统,而在信息化教学相关理论方面有所欠缺有关。在计算机科学与技术学院的师生看来,所有的软件信息系统都应作为一种工具。稍有不同之处在于网络学习管理系统是服务于教学的工具。然而要实现高质量的混合课程,需全面变革以往的教学模式。只将在线学习内容补充到教学设计中,改变学生完成学习任务的环境无法实现较高质量的混合教学。计算机科学与技术学院的师生还需补充混合教学相关理论知识,着力改革教学内容和教学模式,在具备良好信息技术素养的基础上,充分发挥在线学习对面授学习的增强作用,从而实现真正意义上的混合教学。

阅览型课程的特征为:有超过一半的学生(56.7%)属于阅览型,同时有19.2%的学生属于低活跃型,12.2%的学生属于任务型,10.9%的学生属于高活跃型。最后,该类型课程具有所有课程中最低的不活跃型学生占比(1.1%)。从该类型课程的学生分布来看,课程中具有能够吸引学生参与在线学习的视频学习资源,学生参与在线学习的取向较为多元。最低的不活跃型学生占比说明该类型的课程较好地调动了学生的在线学习积极性,无论是教师的内容设计、教学策略,还是教学干预,都引导了该类型课程中的学生较多地参与到在线学习中,同时该类型课程的学生与低活跃型课程一样具有较大的个性化学习差异。参与该类型课程的学生在线学习行为特征和该校的教学督导评价结果都表明,在混合课程的在线学习内容的建设中,较多的视频学习资源能够调动学生的在线学习积极性,引发他们的学习兴趣,促进学生的在线学习投入。同时,教师在学生参与在线学习过程中应综合采用激励、引导、规范、支持和帮助策略,以改变课程最终成绩评价构成的方式激励学生自主参与在线学习,以课程面授教学和学习兴趣挖掘引导学生从在线内容中获取更多知识,以参与在线学习时长、次数、内容质量等教学要求规范学生规律化在线学习,以助教和师生互动支持学生解决在线学习困难,以多维交织的教学资源及建构在线学习共同体帮助学生提高学习成效。在案例院校中,阅览型课程的总数较少,且只出现在3个开课学院中,主要集中在建筑工程学院开设的课程中。建筑工程学院是需要大量多媒体教学内容完成教学实施的典型学院。在传统面授教学中,建筑工程学院的师生就习惯应用多媒体教学方式,在传统面授教学转换为混合教学时,建筑工程学院并未遇到太大的困难。但在案例院校中,具有此类教学资源和相关教学经验的其他学院较少,因此阅览型课程在案例院校当年的所有课程中数量较少。

高活跃型课程的特征为:课程中的主要群体为高活跃型学生(72.9%),另外有15.7%的学生为低活跃学生,4.5%的学生为任务型学生,阅览型学生占比3.88%,不活跃型学生占比3.55%。在该类型课程中,学生大部分积极参与在线学习活动,并且学生的在线学习行为多样化,个性化差异较大。该类型课程中任务型的学生占比是所有课程类型中最低的,说明学生不止专注完成在线学习任务,而是在许多类型的在线学习活动中都有参与。参与该类型课程的学生在线学习行为特征和该校的教学督导评价结果都表明,所有的高活跃型课程都进行了精心的教学设计,教师投入了大量时间和精力到在线课程内容建设中,从多媒体教学资源到在线教学活动,从师生讨论主题到支持帮助策略,教师都进行了详细的规划,并在教学实施中开展了探究型、协作型、问题导向型等多种教学方式,充分调动了学生的积极性,引发学生学习兴趣,尽可能多地通过在线学习补充知识盲点、构建理论体系、协作沟通解决学习问题。在教学支持中,该课程具有多名助教或课程组的多名教师共同参与师生互动的特点,以便满足学生的个性化学习需求。在课程最终成绩评价中,这些课程也构建了更加多元的评价体系,充分考虑了不同在线学习活动在课程最终评价中的不同权重,从而更好地激励学生通过参与在线学习自主建构知识。案例院校对课程的支持也发挥了较好作用,在高活跃型课程中,多门课程是入选院校教学改革项目或校内教学成果奖推荐的,保障了更多教师投入到一门课程的设计、实施和评价中。高活跃型课程主要集中在生命科学院、电气与电子工程学院和法学院,在其开设课程中占比较高。生命科学院与电气电子工程学院相似,在传统教学过程中,教师原本就具有大量数字化教学内容,且为了提高教学质量,在开展混合课程改革前就使用过较多信息化教学工具。在教学过程重构方面,两个学院也具有相似特征,为了实现一门课程的教学目标,教师通常需要选用多本教材,重新组织授课进度和教学重点,所以生命科学院与电气电子工程学院具有较好的混合课程改革基础,实现混合课程难度较小。而法学院中的高活跃型课程则代表了文科类课程从传统面授方式向混合课程转变的较好案例。在开展混合课程改革前,法学院的教师只有数字化教材和多媒体视频教学资源。在混合课程改革过程中,法学院的教师首先通过变革教学模式,将讲授式教学向探究型、问题导向型教学模式转化,充分发挥师生主动寻找资源、协作解决问题的能力,不断积累教学经验,通过教学督导和课程评价迭代改进课程设计,最终实现质量较好的混合课程。

需要指出的是,在本研究中采用随机森林算法对混合课程进行分类。根据该算法的特性,对课程进行分类时依据的是学生各项在线学习行为数据的信息熵及关键在线学习行为数据在决策树中出现的频次。因此,通过学生在线学习行为的聚类特征对混合课程分类时,课程中某类型学生所占全体学生的比例会有较大的影响。为分析各类型学生占课程所有学生比例对课程分类的影响,本研究采用成本收益分析(Cost/Benefit Analysis)方法开展敏感性分析(Sensitive Analysis),确定在标记课程分类时,分类准确率对于标记课程所依据的学生聚类标签下的学生人数的敏感性。成本收益分析原本是经济领域中对项目的投资成本和投资收益进行分析的方法,该方法通过模拟投资增加时收益的变化拟合最优投资决策。近年来在其他领域的敏感性分析中也被广泛应用,在教育领域中最早使用成本收益分析方法开展研究的方向是教育投入对教育收益(学生成就)的影响,近年来开始出现分析教学干预策略及干预数量对学生的影响研究(Hummel-Rossi, Ashdown, 2002)。在本研究中,成本收益分析方法可通过模拟当课程被标记为某种学生聚类标签时,该类型标签的学生数量占全体数量百分比的变化对分类准确率的影响变化实现(示例如图 4-5 所示)。

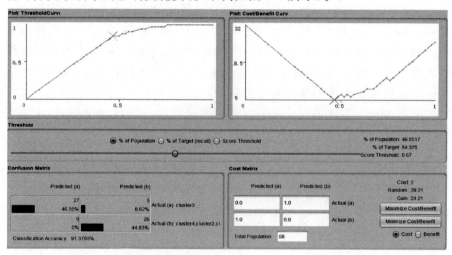

图 4-5　某课程被标记为阅览型课程时对应学生占比成本收益分析图(见文前彩图)

图4-5选用了样本中的一门混合课程,说明了当其被标记为阅览型(cluster3)时对应学生类别人数占比变化所导致的分类准确率变化。图4-5(左)中纵坐标表示分类准确性,横坐标表示对应课程中学生数量的百分比。线条的颜色表示学生聚类标签,黄色代表阅览型学生,当颜色由黄转蓝时代表除阅览型学生的其他聚类标签学生被加入其中。图4-5(右)纵坐标表示该课程中阅览型学生的总人数,横坐标表示学生人数百分比。因此,图4-5表示了在阅览型学生比例不断扩大的过程中,图4-5(右)剩余学生人数不断下降所带来的课程被分类为阅览型准确率的上升。而到阅览型学生剩余5人(使用人数占课程所有学生46.55%)时出现拐点。虽然继续增加学生人数时课程的分类准确率还在上升,但是上升速度明显放缓,且再增加非阅览型学生时对课程分类准确率几乎没有贡献。在对所有课程开展成本收益分析后发现,只有当课程中某类学生超过其他类型学生人数总和时课程被分为该类的准确率最高,而且并没有不同的学生类型在某课程中均匀占比的情况发生。这解释了在五类课程中对应学生类型占课程人数总是超过50%的现象,也为根据学生的在线学习行为模式分类混合课程提供了依据。

4.3.3 面向学习成绩预测的混合课程分类结果的讨论

根据上述混合课程分类结果可看出,案例院校2018—2019年第一学期的混合课程可按学生的在线学习行为特征聚类结果标签分类。而且根据每门课程中学生在线学习行为与聚类标签的吻合度,案例院校每门混合课程的特征可采用该课程中占主要比例的某类学生群体描述。在一门混合课程框架下,学生在线学习行为特征表现了课程实施过程中教与学双方的互动结果。观察混合课程分类结果中不同类型学生的数量占比可发现,各类混合课程呈现的特征差异较大,具体分析结果可以为院校指导教师改进混合教学提供参考。

第一,不活跃型课程中各类型学生群体占比说明,该类型课程的教学过程没有实际的在线教学活动,绝大多数学生没有在线学习行为。混合课程有名无实,教务管理人员应关注此类课程分布的院系和专业。根据研究结果可知,体育学院因自身课程特点和教学内容限制,并不适用于传统线上线下结合的混合课程。从院校管理者的角度,院校应在教学改革立项、教学研究激励等方面向体育学院倾斜,探索体育类课程的混合教学改革方案、路径和具体实施策略,在教学考核中放宽对体育类课程的限制,降低体育类课程的任课教师在教学改革中的考核负担,积极联系体育类院校,寻求成功改革案例,为教师进行体育类混合课程改革提供引导和借鉴。从学院管理者的角度,学院需进一步分析体育类课程的特点,建设适合的线上教学内容,探索适用于体育类课程特点的线上教学形式,在学院中构建混合课程改革课程组,集中具有较高信息化教学能力、丰富体育类课程教学经验和深厚体育类课程教学理论的教师,共同研究其中一门体育课程的改革,实现体育类课程混合教学改革从 0 到 1 的突破,树立自身体育类混合课程教学品牌,从而带动其他体育类课程改革。然而外国语学院中的课程则与体育学院的课程有所不同,外国语学院中课程的特点和教学内容并无不适宜开展混合教学的限制,而且从当前研究来看,大量混合课程改革的成功案例反而出现在语言教育类课程中(韩兰灵和时春慧,2021;徐莉,2020;郑咏滟,2019)。因此,从院校管理者的角度,应开展调查访谈,了解混合课程改革政策在外国语学院中落地实施的实际情况,分析影响混合课程改革政策落地实施的因素,提出更具针对性的政策措施,一方面联系相关院校开展培训,增加激励,增强教师的信息化教学能力,加强教师建设混合课程的意识,另一方面改进评价考核重点,提升混合课程质量对教师绩效、合格考察中的权重。从学院层面,教务管理人员应加强混合课程改革宣传,落实校级层面的激励、考核政策,组织教师参与培训,进一步分析课程的任课教师特征,为教师提供个性化的专业发展支持,调整课程组成员,以具有混合课程建设能力、课程实施经验和专业教学理论的教师为小组共同实施教学,完善信息化支持设备,增加信息化支持服务。确保混合课程改革做到有名有实,提升学生参与混合课程的成效。

  第二,低活跃型课程中各类型学生群体占比说明,该类型课程的教学已经初步实现了线上线下的混合,虽然这部分课程的教师已经建设了部分课程在线教学内容,设计了相应的教学活动,师生也正在积极尝试如何实施混合课程。但是学生对混合课程在线教学的参与度和个性化水平还不高,显示出传统面授课程向混合课程改革过渡的特征。可能是教师对学生参与在线学习的引导不足,或是没有帮助学生积极参与到混合课程的在线教学中。结合不活跃型课程也大多数集中在外国语学院的现状可知,外国语学院是案例院校中,除体育学院以外执行混合课程改革较为缓慢的。在外国语学院探索混合课程设计和实施过程中,从院校管理者的角度,要加强对课程的管理,选聘校内其他学院中实施混合课程质量较好的教师,对外国语学院进行课程建设指导和教学策略指导。加强对外国语学院的教学督导,从完善课程在线教学内容和资源开始,加深教师对混合课程的理解,深刻认识将教学撕裂为线上和线下互相独立的活动,导致教学效果反而不如传统面授教学的问题。开展全校调研,分析低活跃型混合课程在教学各阶段遭遇的困境和难题。设立跨学院的助教和信息技术支持服务岗位,充分调动其他学院中参与过混合课程并取得较好成效的学生,帮助低活跃型课程师生提升在线教学参与水平。从外国语学院的角度,教务管理人员要根据低活跃型教师的教学能力和信息技术掌握水平特征,分批组织教师参与培训。以学科、年级或教学班为单位,组织在线自主学习座谈会,同时开展对全院师生的调研,分析混合课程改革进展缓慢的原因。改革院内课程学时,降低面授教学所占学时比例,规范在线学习方式,防止网络学习管理系统或信息化教学工具因课而异,产生教学管理混乱,师生无法适应信息化技术需求问题。同时,鼓励师生开展课程阶段性反思和总结性反思,在学期末反馈总结,共同努力发掘成效较好、受到大部分学生欢迎的混合教学模式。

第三,任务型课程中各类型学生群体占比说明,该类型课程的师生对混合课程的在线教学都有误解。该类型中任务型学生与不活跃型学生群体合计占比高达89.5%。说明该类型课程的教学设计缺乏多样性,师生只关注线上学习任务的完成情况。针对任务型课程集中出现在计算机科学与技术学院开设的课程中,从院校角度,应加强对计算机科学与技术学院课程建设、实施和评价的督导,分析该院所开课程的在线内容建设是否全面、实施过程是否合理引导学生全面开展在线学习、课程评价是否全面纳入了在线教学的所有环节和要素。组织计算机科学与技术学院的教师参加偏向于教学理论和教学规律的培训,促使其摒弃网络学习管理系统工具化及在线教学任务化的思想,重新认识基于问题导向的、探究型的、项目型的和协作型的教学方法,建构以学生为中心的交互式教学模型思想。同时,统一计算机科学与技术学院在混合课程在线教学部分所用的工具和平台,便于校级教务管理分析教学问题的症结,解决师生开展混合教学的挑战。从计算机科学与技术学院角度,应提高教师跨专业听课督导的比例,改进院内教学绩效考核评价内容,促进教师反思自身在混合教学中存在的问题。组织混合课程资源建设小组,联系合作院校的计算机科学与技术学院,学习除任务型教学形式以外的混合课程教学经验,寻找最佳实践,为本院教师在混合教学中改进自己的教学模式、优化教学过程提供支撑。同时,组织学生以专业、年级和课程班为单位,开展学习研讨会,交流并发挥自身信息化能力基础较好、信息化设备更加齐全的优势,探索其他在线学习方法和策略,提升专业课程的学习成效。

第四，阅览型课程的各类型学生群体与低活跃型学生群体占比相似。定义该类课程的主要学生群体都刚好过半。而其他学生类型群体占比反映出该类课程的教学设计也相似，即教师在课程设计时已建设了较为完善的在线教学内容和教学活动。该类课程集中出现在建筑工程学院这一现象说明，建筑工程学院与计算机科学与技术学院的教师和学生有相似的特征。由于建筑工程学院在多媒体教学资源积累上有一定基础，在线上课程建设方面，该学院的数字化教材、参考书较为丰富，具有多媒体动画和模拟工程文件等多种资源。学生在参与在线学习中，在阅览型学习活动中花费了较多精力，从而导致其他教学活动的参与度和个性化水平相对较低。结合案例院校的教学督导评价，从院校角度，应加强对建筑工程学院课程建设、实施和评价的督导，分析该院所开设课程中建设的在线内容比例是否合理，实施过程中是否恰当引导学生除关注数字化教学资源，更要开展沟通交流、协作互动和学习反思等活动，课程评价是否对已建设的教学内容合理分配权重。组织建筑工程学院的教师参加偏向于教学理论和教学规律的培训，促使其在教学设计时改进全面依赖数字化资源开展在线教学的方法，培养他们通过教学反馈、师生交流等方式促进学生发现学习问题、深化概念理解、规范掌握技术技能。与计算机科学与技术学院不同的是，建筑工程学院的任课教师需加强信息化教学环境作为教学工具辅助和支撑教学的思想，学生通过阅览数字化教学资源开展的自主学习不能完全替代有教师引导和帮助的学习。在教师学习和培训过程中要重视建筑工程学院任课教师在基于问题导向的、探究型的、项目型的和协作型等教学方法的掌握，建构以学生为中心的交互式教学模型思想。从建筑工程学院角度，应重视在线课程除数字化多媒体教学资源的其他教学环节和活动建设。组织教师参与混合教学竞赛，通过竞赛促进教师对混合教学的理解，同时，改革院内教学绩效考核评价内容，促进教师反思自身在混合教学中存在的问题。组织混合课程资源建设小组，联系合作院校的建筑工程学院，学习除阅览型教学形式以外的混合课程教学经验，寻找最佳实践，为本院教师在混合教学中改进教学模式、优化教学过程提供支撑。同时，组织学生以专业、年级和课程班为单位，开展学习研讨会，交流除通过数字化多媒体资源开展在线学习以外的学习方法和策略，分析在其他学习形式中面临的问题，以便学院设计具有针对性个性化的措施或联系院校其他部门予以必要帮助，从而进一步挖掘混合课程的潜力，以促进学生协作和反思能力的培养。

第五，高活跃型课程的各类型学生群体占比说明，案例院校当前已有部分混合课程改革较为成功,这些课程同时存在于生命科学院、电气与电子工程学院和法学院,三个不同学科的教学单位中。说明混合课程实施不存在专业壁垒,在理科、工科和文科学院中均可实施,并受到师生的认可。从院校角度,应持续保障对高活跃型课程的支持,并总结经验进行宣传。同时选拔这些课程的设计者、实施者和保障成员,在校内开展混合课程教学培训,从教学系统的角度,分析课程设计的原则、实施的技巧、重点解决的问题及对师生提供保障时应囊括的内容。从上述学院角度,应深刻总结高活跃型混合课程的基本属性、改革过程。从依赖学校支持和鼓励实现混合课程改革到教师自发愿意开展混合课程改革。构建教学示范生态圈,以混合课程改革促进教师信息化教学能力、信息技术素养和教学研究能力提升。将当前的成功实践总结成教学理论和教学规律形成教研论文,讨论在不同学科中开展混合教学应构建的教学模型、顺应的教学规律,扩大教学成果的辐射带动功能,以期实现全校所有课程混合教学改革的成功。

4.4 本章小结

混合课程教学情境下,如何依据学生在线学习行为进行分类,是解决混合课程动态优化、管理,个性化评价及教学预警的基础问题。本章选取了山东 L 高校网络教学平台中 2018—2019 年第一学期全部 2456 门混合课程的在线数据作为样本,提出了一种依据学生在线学习行为特征对混合课程进行分类的方法,通过将学生在线学习行为数据的聚类,并使用聚类标签和学生在线学习行为特征,实现对混合课程进行了分类。结果得到了五类混合课程,分别是不活跃型课程、低活跃型课程、任务型课程、阅览型课程和高活跃型课程。该方法在 Park,Yu,Jo(2016[11])的基础上优化了使用学生在线学习行为数据分类混合课程的方法,将学生在线学习行为特征转换为混合课程分类依据,具有良好的通用性,可以适用于不同院系、不同学科、不同教师、不同规模的课程;同时这种方法不依赖人工事先标注,便于计算机自动化分类,能发现课程中的学生群体行为特征,分析学习过程差异,为教师动态设计、管理混合课程,及时预警学生,实现个性化混合课程评价奠定基础。本章基于各类混合课程所属的学院专业特征,结合案例院校的教学督导评价结果,分别从学校管理者、学院管理者和任课教师的角度对各类混合课程的优化和改进提供了建议。除此以外,本章还对教学实践具有以下指导意义:

(1) 构建更有效的学习预警体系

构建学生成绩预测模型是实现学习预警重要方法,以往研究指出不存在一种适用于所有混合课程的成绩预测模型,构建具有较高预测结果准确率的混合课程成绩预测模型的前提是对混合课程分类(Gašević et al., 2016[68-80])。本章提出的混合课程分类方法以学生的在线学习过程特征为混合课程分类依据,这可成为按类型构建混合课程成绩预测模型,提升预测结果准确率的基础。从而帮助混合课程实施过程中对大规模学生实时预警系统的构建,提升教师和教学管理者学情分析的效率和准确率。

(2) 有利于为教师动态优化教学提供依据

在混合教学实施过程中,学生的学习行为特征通常具有阶段性差异,这些阶段性差异不仅表征在面授教学过程中,在线上教学过程中同样如此,且大多数学生的阶段性差异不具有规律性和重复性,学生改变学习行为特征的依据不仅包括当前的学习状态也包括教师对学生的引导和帮助(Cheng et al., 2017)。以往教师只能基于学生的历史学习过程和学习成绩,在学期末对自己的教学过程反思,优化下一学期的教学。这种情况下教师无法观察到学生动态变化的阶段性学习特征和行为模式,用于教学改进的信息收集支持也不够完善。本研究提出的混合课程分类方法可随时收集学生学习过程数据,发现混合课程中大多数学生线上学习的偏好,帮助教师随时调整混合教学策略和方法,改变学生的线上学习状态,促进学生增加某类活动中的学习投入,按教学设计完成混合课程目标,保障教学目标的实现。

(3) 有利于为混合课程提供个性化评价依据

以往研究指出,混合课程个性化评价不仅要考虑课程的学科特征、基本属性和教学设计内容,更要纳入师生的教学交互过程。基于教学交互过程数据分类混合课程研究的缺失,限制了混合课程评价研究的发展,已成为当前研究混合课程个性化评价中的瓶颈问题(杜江等,2019)。分析学生学习过程数据,获取个性化评价的客观依据有助于以评促学(Lodge, Corrin, 2017)。本章提出的混合课程分类方法可发现课程中存在的学生在线学习行为的差异化特征,帮助研究者了解学生群体在混合课程中的学习行为特征差异,发现学习群体特性,为对不同学习群体开展精准的个性化评价提供基础。如对不活跃型和低活跃型混合课程,评价应重点关注线下学习过程;对任务型和阅览型混合课程,评价应关注某类学习活动的质量;对高活跃型混合课程,评价应全面覆盖学生在线学习活动。另外,本章提出的课程分类方法可帮助院校管理者分析全校混合课程的真实运行状态,在开展课程评价时,比对教学设计中在线学习的安排与课程类型的差异,从而形成数据驱动的个性化混合课程评价。

第5章 混合课程学习成绩预测模型的构建

  在以学生聚类特征为依据对混合课程分类后，对每个类别的混合课程构建学习成绩预测模型是实现混合课程学习成绩预测的第二个主要环节。在以往以学生在线学习行为为依据构建混合课程场景下学生最终成绩预测模型的研究中，研究者通常会在大量课程中选择个别典型案例作为研究对象，阐述预测模型中学生在线学习行为的数据收集和处理过程、算法选择和参数调整方法，最后根据预测结果解释混合课程的实施过程，并给出教学实践指导（Sukhbaatar et al.，2019[92]；Zacharis，2015[48-50]；Conijn et al.，2016[17-20]；Conijn，Van den Beemt，Cuijpers，2018[617-618]；武法提，田浩，2019[78-80]）。这些研究为理解混合课程中预测最终学习成绩提供了基础，同时也指出了特定教学场景下师生如何根据成绩预测结果优化教学过程，拟定教学干预策略或做出学习管理决策。然而，在一门或数门混合课程中开展学习成绩预测研究有悖于混合课程提升教学多样性、灵活性和个性化水平的根本理念，少量样本也难以代表对应的混合课程参与群体。因此，在经过研究者选择过的个别混合课程基础上，构建学生在线学习行为对学习成绩的预测模型，其结果准确率并不稳定，在不同研究结论中获得的关键指标，即影响学生成绩预测结果的重要学生在线学习行为指标，也不尽相同。因此，突显出针对不同类型的混合课程特征，构建相应的混合课程学习成绩预测模型的必要性，从而揭开研究者选择混合课程的条件依据，分析在混合课程中构建学习成绩预测模型的结果准确率差异，以便预测结果能够真正为大量混合课程参与群体提供帮助。本章试图在根据学生在线学习行为特征分类的不同类型混合课程中，分别构建课程最终成绩预测模型，并分析各类混合课程的成绩预测结果准确率差异。

  本章的研究思路是：（1）分析经过上一章的混合课程分类后，每类混合课程内部的学生在线学习行为特征与分类前所有学生的在线学习行为特征差异，并开展预测变量和结果变量的预处理操作；（2）选择前人研究常用的、具有典型代表性的机器学习分类预测算法，为每类混合课程及未分类的原始数据构建学习成绩预测模型，并分析预测模型的拟合准确率；（3）分析在拟合准确率和其他拟合评价指标上表现最优的机器学习算法所构建的预测模型及其预测结果;(4)讨论混合课程分类前后,成绩预测模型所得结果的差异,分析混合课程分类对成绩预测结果的影响及机器学习分类预测算法构建学习成绩预测模型的过程。

5.1 数据准备及预处理

本章主要探索使用混合课程分类前所有数据构建的学生成绩预测模型,和分类后使用各类型混合课程所有数据构建的学习成绩预测模型的差异。首先需为机器学习分类预测算法准备预测变量和结果变量。为此,第一步需使用唯一识别编码(LBS26)链接分类前所有学生的在线学习行为数据和学习成绩数据,同时使用唯一识别编码(LBS26)链接分类后各类型混合课程中的每位学生的在线学习行为数据与学习成绩数据。将脱敏后的每个学生的在线学习行为、学术属性与学习成绩链接。经链接每位学生的在线学习行为、学术属性和学习成绩三张表后,获得用于构建学习成绩预测模型的样本表,该表中学生的在线学习行为数据和学术属性数据是预测变量,学生的最终成绩是结果变量,为判断本研究拟采用的机器学习分类预测算法是否适用于样本表中的各变量类型,研究首先探索了结果变量的统计描述信息(见表5-1)。

表 5-1 学生成绩基本统计表

变量名	数量	平均值	标准差	最小值	最大值	偏度	峰度
学生成绩	152750	75.79245	17.14758	0	100	-2.215	9.936

表 5-1 描述了学生最终成绩的基础统计描述信息。山东 L 高等院校对课程最终成绩的记录采用百分制,且认可在成绩记录时增加小数,因此学生的成绩是 0～100 的连续数值变量。所有学生的成绩均值为 75.79 分,标准差为 17.15。结合成绩的偏度值为 -2.215 可知,学生成绩的数据分布为左偏,有许多极端值出现在 0～75.79 分,说明学生成绩在低于平均分后大幅下降。成绩的峰度值为 9.936。为分析学生成绩的分布,本研究采取了单样本 K-S 检验(One-Sample Kolmogorov-Smirnov Test),单样本 K-S 检验是一种通过计算样本的拟合优度,分析样本分布与指定已知概率分布的差异量的一种检验方法,通过差异量是否显著判断样本分布与指定已知分布是否

相符,在针对一维数据是否属于某种概率密度分布的检验工作中,常用到单样本 K-S 检验(廖小官,2016)。单样本 K-S 检验可判断的分布包括正态分布、均匀分布、指数分布等常见的连续分布。在本研究中使用 K-S 检验判别学生成绩的分布是否符合正态分布。使用 SPSS 对学生成绩执行单样本 K-S 检验后发现,学生成绩属于偏正态分布(见表 5-2)。

表 5-2　学生成绩单样本 K-S 检验结果表

变量名	变量数量	均值	标准差	检验统计值(t 值)	渐进显著性水平(双尾)
学生成绩	152750	75.79245	17.14758	0.09	0.368

为进一步探索山东 L 高等院校的所有学生最终成绩是否符合正态分布,采用 SPSS 绘制包含正态分布曲线的学生最终成绩直方图如图 5-1 所示。

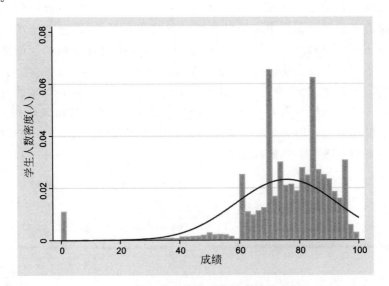

图 5-1　所有学生的学习最终成绩分布图

在图 5-1 中横坐标表示学生的成绩数值,纵坐标表示学生人数所占百分比。在图 5-1 所示的学生占比与成绩的关系中,大多数学生分布在 60～100 分。值得注意的是有超过 1% 的学生在 0～20 分,在 60～80 分和 80～100 分分别有两个学生群体占比超过 6%。然而根据上一章中使用学生在线学习行为数据的聚类分析结果可以看出,学生在较为活跃的在线学习行为指标上具有较强的个性化差异,而学生的在线学习行为投入量和个性化学习模式应对学习成绩产生较大影响。因此,为降低不同课程的学生最终学习成绩评价方式对学生在课程中所得最终成绩的影响,有必要分析得分过于集中的学生群体所属混合课程的类型。

为此,本研究对所有包含不同类型学生的混合课程进行了单样本 t 检验,用于分析同一门混合课程中,各类型学生的成绩均值与课程中所有学生的成绩均值是否具有显著差异。Sharma 等(2020[1547-1549])指出,学生在开展在线学习时,参与学习活动的行为频次和学习保持时长对学生成绩具有统计上的显著影响。而且在混合课程中,学生的学习成绩在一定程度上与学生在线学习行为的分布也有较大关联(Cerezo et al.,2016[53-56])。当一门混合课程中包含多种行为模式的学生,而这些模式的学生最终成绩均值没有统计上的显著差异时,说明对参与混合课程在线学习的学生来说,他们的在线学习没有对最终成绩产生影响。任课教师对学生参与课程最终成绩的评定有可能没有考虑到在线学习过程。在此状况下,因其在课程评价的关键环节没有考虑混合课程中关键的在线教学过程评价,该课程不能被认定为混合课程。不仅如此,这类学生在线学习行为数据没有影响学生最终学习评价的数据还会成为噪声数据,干扰基于学生在线学习行为对学生成绩预测模型的准确率,最终判定该门课程不能进入研究样本。因此,本研究删除了存在多类型学生且每一类学生的成绩均值与学生整体成绩均值未通过 t 检验的课程数据。图 5-2 展示了一门被删除的课程中采用 SPSS 绘制的学生的类型散点图与学生的成绩散点图。

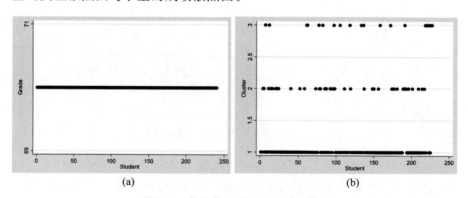

图 5-2 学生类型、学生成绩散点图

(a)学生-成绩散点图;(b)学生-类别散点图

注:根据聚类结果,不活跃型学生的聚类编号为 0,此处为了作图方便,将聚类标签加 1。

图 5-2 展示了一门包含多种类型学生,但所有学生的成绩均相同的课程,该课程是没有通过各类型学生成绩均值与课程所有学生成绩均值进行 t 检验,而被删除的典型示例课程。图 5-2(a)的横坐标表示学生人数,纵坐标表示学生成绩,因此图 5-2(a)表示的含义是,该课程中所有学生的最终成绩均为 70 分,没有任何差异;图 5-2(b)的横坐标表示学生人数,纵坐标表示学生的聚类编号。为方便作图,在操作绘制散点图时,对每个学生的聚类编号都增加了 1,使得不活跃型学生对应的聚类标签为 cluster1,低活跃型学生对应的聚类标签为 cluster2,任务型学生对应的聚类标签为 cluster3,阅览型学生对应的聚类标签为 cluster4,高活跃型学生对应的聚类标签为 cluster5。据此可知,图 5-2(b)表示了该门课程包含了 3 类学生,分别是不活跃型学生、低活跃型学生和任务型学生。根据查找对应课程的分类结果可知,图 5-2 中的示例课程属于不活跃型课程。由此可见,该课程中学生的在线学习行为数据与学习成绩没有相关关系。经过对所有混合课程的检查,本次处理涉及被删除的 25 门课程的 9284 条学生数据。通过上述处理,最终得到 661 门混合课程,143465 条数据。

5.2 基于学生在线学习行为的学习成绩变量选择及处理

5.2.1 预测变量的选择

在本研究收集的数据中,学生的在线学习行为数据是建立成绩预测模型的基础预测变量。同时预测变量中还包含了学生的学术属性数据,其中学生参与的课程和学生所属学院是未脱敏数据。在第 4 章中已处理学生在线学习行为与学生参与混合课程的关系,在学习成绩预测模型构建前还需探索学生所属学院与学生成绩的关系。从山东 L 高等院校收集到的学生成绩数据共包含了 28 个学院,每个学院的学生平均成绩和相应学生人数占比如表 5-3 所示。

表 5-3 山东 L 高等院校所有学院的平均成绩及学生人数占比表

学 院 名 称	平均成绩(分)	学生人数占比(%)
经济学院	77.81	2.49
鲁泰纺织服装学院	82.37	0.65
图书馆、档案馆(挂靠)	85.17	2.14
文学与新闻传播学院	83.65	2.76

续表

学 院 名 称	平均成绩(分)	学生人数占比(%)
历史系	81.13	0.31
计算机科学与技术学院	76.30	12.21
电气与电子工程学院	72.14	6.16
化学化工学院	77.13	5.03
化学系	83.65	0.06
建筑工程学院	74.05	4.29
材料科学与工程学院	79.21	1.48
管理学院	79.76	4.72
齐文化研究院	81.02	0.25
工商管理系	69.54	0.06
机械工程学院	74.51	2.55
交通与车辆工程学院	73.31	4.53
体育学院	81.95	5.79
法学院	84.31	3.08
资源与环境工程学院	79.72	1.55
生命科学学院	79.60	1.81
美术学院	82.83	0.81
创新创业学院	86.65	3.87
数学与统计学院	78.11	5.75
外国语学院	75.79	12.00
农业工程与食品科学学院	78.28	1.72
物理与光电工程学院	73.52	3.75
马克思主义学院	77.74	9.15
音乐学院	75.74	1.02

从表 5-3 中展示的学生平均成绩和学生人数占比看,各学院的成绩均值最低值为 72.14 分,最高值为 86.65 分,学生人数占比最低值为 0.06%,最高值为 12.21%。Matheos,Daniel 和 McCalla(2005)指出,学生所属学院属性能够从较高维度代表参与课程学生所具备的学习经历、前置基础知识和学科内容。除此之外,学生所属学院对应的平均成绩也代表了学生参与混合课程时教师对不同学院学生的成绩评定偏差。所以学生所属学院对学生的最终成绩有相关关系。为了验证上述学生所属学院和学生最终成绩的关系。研究对 28 个学院的平均成绩进行了方差(ANOVA)检验,分析学院之间的成绩均值是否有显著差异。通过单样本 K-S 检验发现各学院中的

学生成绩不是正态分布,故而进一步采用方差齐性检验发现学生所属学院中的学生成绩的方差也不相同(见表 5-4)。因此,在采用方差检验方法时,选取了 Welch 方差检验(Welch's ANOVA Test),Welch 方差检验通过 Welch 分布统计量判断每个组别的均值是否存在显著差异,该检验不需要各组方差相同的基本假设,适用于本研究检验各学院的学生成绩均值差异(Liu,2015)。结果如表 5-4 所示,观察表 5-4 可知,每个学院的学生成绩均未通过方差齐性检验,且经 Welch 方差检验发现各学院的学生成绩均值有显著差异,应将学生所属学院作为预测变量纳入到学生的成绩预测模型中。

表 5-4 各学院学生成绩方差齐性检验及 Welch 方差检验结果表

检验方法	统计量(T)	Df1	Df2	显著性水平
方差齐性检验	132.67	27	143435	0.000
Welch 方差检验	467.279	27	7136.852	0.000

5.2.2 结果变量的处理

在本研究中结果变量是学生最终成绩,在建立学习成绩预测模型前,学生最终成绩指标数据需要进一步处理。在从山东 L 高等院校的教务系统导出时,学生的最终成绩数据是 0～100 的连续数值变量。为了实现比较不同机器学习分类预测算法得到的预测结果,分析在相同类型的混合课程中各机器学习算法所得预测结果的差异,解释不同学生在线学习行为模式对最终学习成绩预测结果,总结预测结果对不同类型混合课程实践的规律和启示,将本研究得到的预测结果与其他前人研究相比较等研究目标,需要将作为结果变量的学生最终成绩进一步预处理。

根据文献综述结果,实现上述目标的最佳方法是将学习成绩转换为分级定类数据,在转换后可提升预测模型的可解释度,可帮助分析总结不同成绩等级分类成绩的在线学习行为特征的差异。因此,按分数段将学生成绩划分为定类数据。转换方式为:学生最终成绩为 90～100 分时将其划分为 A,学生最终成绩为 80～89 分时将其划分为 B,学生最终成绩为 70～79 分时将其划分为 C,学生最终成绩为 60～69 分时将其划分为 D,学生最终成绩在 60 分以下时将其划分为 F。学生最终成绩数据经过转换后,使用机器学习算法构建混合课程中的学习成绩预测模型的数据集包括以下要素:预测变量——学生在线学习行为(LBS1-20)、学生所属学院(LBS21);结果变量——学生成绩(LBS25)。

经过上述转换后混合课程中各级成绩的学生占比分布如图 5-3 所示。

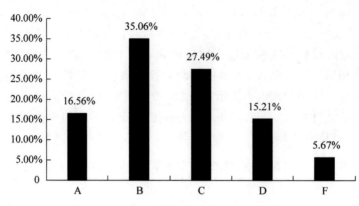

图 5-3　各成绩等级的学生人数占比图

在图 5-3 中,横坐标是经过定类分级转换的学生最终成绩,分别是 A、B、C、D、F 5 个等级,纵坐标是学生人数百分比(保留两位小数)。从图 5-3 中可知,课程最终成绩为 A 的学生占所有学生的 16.56%,课程最终成绩为 B 的学生占所有学生的 35.06%,课程最终成绩为 C 的学生占所有学生的 27.49%,课程最终成绩为 D 的学生占所有学生的 15.21%,课程最终成绩为 F 的学生占所有学生的 5.67%。通过各成绩等级的学生人数占比可知,收集到的数据是较为典型的非平衡数据,各类型中的数据量差异较大。差异最大的两类(B 类学生和 F 类学生)在样本数占比方面相差 29.39%,在样本量方面相差 42164 条数据。因此在选择机器学习分类预测算法时,需考虑算法对非平衡数据的处理能力。除分析各成绩等级之间样本量之间的差异,还需探索各成绩等级的学生人数占比分布。根据对图 5-3 中学生成绩的正态分布检验可知,在所有学生样本中学生的成绩分布是正态分布。各项检验指标为:偏度检验中 $p=0.208$,峰度检验中 $p=-0.877$,单样本 K-S 检验中 $p=0.2$。在实际预测模型中结果变量是不同混合课程类别的学生成绩等级,因此需要探索各类混合课程中各成绩等级所占学生分布(如图 5-4 所示)。

在图 5-4 中,横坐标是不同的混合课程类型,包括未进行分类前的所有混合课程、不活跃型课程、低活跃型课程、任务型课程、阅览型课程和高活跃型课程。纵坐标表示学生人数占比。图中柱状图的不同颜色表示不同的成绩等级,A 为深蓝色,B 为橘色,C 为灰色,D 为黄色,F 为浅蓝色。从而通过柱状图的形态可大致描述不同类型混合课程中,各成绩等级中学生人数

第 5 章　混合课程学习成绩预测模型的构建　　115

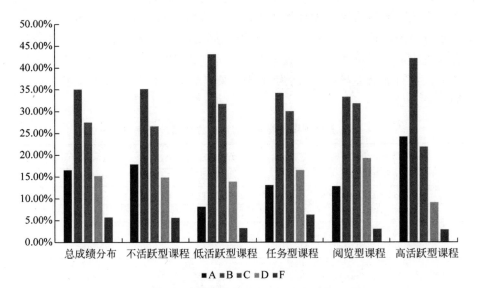

图 5-4　各成绩等级的学生人数占比分布图（见文前彩图）

的占比。从图 5-4 表示的学生成绩等级分布来看，基于学生在线学习行为分类后，所有混合课程中成绩等级的学生人数分布与总体成绩等级的学生人数分布较为相似。为定量分析每类课程学生成绩的分布，研究采用了卡方分布检验。卡方分布检验是由皮尔逊提出的，统计观察值和理论值之间偏离程度的检验方法（茆诗松，王静龙，濮晓龙，2006）。其公式如式（5-1）所示：

$$\chi^2 = \sum_{i=1}^{k} \frac{(A_i - np_i)^2}{np_i} \tag{5-1}$$

式（5-1）中，A_i 表示观察值 i 出现的频率，p_i 表示在观察值 i 出现时对应的理论值，n 表示总出现频率。由式（5-1）可知，当观察值和期望值完全一致时，卡方值为 0，卡方值越大说明两组数据差异越大，但判断两组数据差异是否具有显著性需要由卡方分布对应的 p 值确定。为此需将各类混合课程中成绩等级的学生人数分布与总体成绩等级的学生人数分布分别进行卡方检验，从而判别研究提出的混合课程分类是否从统计意义上扰动了结果变量标签的分布形态，对成绩预测模型产生了人为因素的影响。

在表 5-5 中各类混合课程中成绩等级的学生人数分布与总体成绩等级的学生人数分布卡方检验统计量都较高，但卡方检验的统计量除了与检验的分布差异量有关以外还受到数据量大小的影响，因此再观察双尾检验 p

值可发现各类混合课程中成绩等级的学生人数分布与总体成绩等级的学生人数分布卡方检验 p 值都大于 0.2,因此接受卡方检验的原假设,即各类混合课程中成绩等级的学生人数分布与总体成绩等级的学生人数分布在统计意义上没有显著差异,可以认为对混合课程的分类操作没有产生显著的数据差异。

表 5-5　各类混合课程成绩分布与原数据成绩分布相似性检验表

课 程 类 型	卡方统计量	双尾检验 p 值
不活跃型课程	277.975	0.251
低活跃型课程	248.621	0.221
任务型课程	291.614	0.262
阅览型课程	220.481	0.267
高活跃型课程	182.614	0.235

5.3　预测方法选择及预测过程

使用机器学习分类预测算法通过学生的在线学习行为建立混合课程的学习成绩预测模型时,研究者使用多种机器学习分类预测算法。样本数据的特性、预测模型的解释、处理数据的性能等都是影响机器学习分类预测算法是否适应研究需求的重要因素。

5.3.1　基于在线学习行为的混合课程成绩预测算法选择

根据 2.2.2 的文献分析可知,在使用机器学习分类预测算法建立学习成绩预测模型的研究中,通常有五类算法被学者们经常使用,分别是基于线性回归的分类预测算法、基于决策树的分类预测算法、基于贝叶斯概率的分类预测算法、基于支持向量机的分类预测算法以及基于神经网络的分类预测算法(Shahiri et al.,2015[417];Kumar A D,Selvam R P,Kumar K S,2018[532-535])。在前人研究中,分类预测算法的选择过程并没有被详细报告,但从文献中使用过的分类预测算法来看,研究者们选择分类预测算法时通常有两种方式:一是通过综述与自己研究场景类似的相关文献,分析使用频率高、可接受的输入数据类型多样、预测结果易于解释的分类预测算法;二是寻找兼容当前研究数据类型的算法,以预测准确率为依据,通过试错(Trial and Error)的方式获得最佳算法。在混合学习的成绩预测研究领域中,前人研究通常采取选择参与典型混合课程中学生产生的数据作为样本,学生数量较少,产生的数据样本量的规模也较小(Du,Yang,Shelton,2019[5-6])。而本研究分析的对象是一个学校内参与所有混合课程学生的学习过程及最终成绩数据,从参与混合课程的学生样本规模和多样性来看,几乎没有前人的研究场景可以作为参考。从研究收集到的数据类型看,本研究用于训练预测模型的预测变量是定类数据与数值数据形成的混合型数据,结果变量是定类数据。在分类预测算法的选择中首先要考虑其接受输入数据类型的兼容性;其次,参考前人研究中各分类预测算法的准确率排名,优先从每类算法中选择准确率较高的算法进行尝试;最后,在分类预测算法选定后,分析各分类预测算法的参数调整对预测准确率的影响。由此,本研究也采用已有文献中出现的第二种选择方法确定用于构建学习成绩预测模型的机器学习分类预测算法。即,寻找兼容本研究中所有数据类型的算法,以预测准确率为依据,通过试错的方式获得最佳算法。

　　本研究根据数据特征和研究目标,选择了五类分类预测算法中最具代表性的、较为成熟的、准确率也相对较高的算法开展研究,分别是逻辑回归分类预测算法(代表基于线性回归的分类预测算法)、随机森林分类预测算法(代表基于决策树的分类预测算法)、多核支持向量机分类预测算法(代表基于支持向量机的分类预测算法)、朴素贝叶斯分类预测算法(代表基于贝叶斯概率的分类预测算法)以及多层感知器(Multi-Layer Perceptron,MLP)分类预测算法(代表基于神经网络的分类预测算法)。逻辑回归分类预测算法的基本思想是构建结果变量与预测变量的逻辑回归方程,并在回归过程中建立损失函数,不断迭代训练预测变量和结果变量之间的银蛇关系,寻找损失函数最小化的逻辑回归关系,得到关于预测变量和结果变量的概率线性关系。随机森林分类预测算法的基本思想是,首先,将包含预测变量和结果变量的数据集划分为较小的子集;其次,对每个子集构建一颗决策树,每棵决策树的生成依赖预测变量对结果变量的信息增益,每棵决策树的树根是对结果变量信息量贡献最大的预测变量特征或特征的组合,决策树上的叶子是具有对结果变量信息量贡献的预测变量特征或特征组合,每棵决策树上从树根到叶子的分支根据信息量贡献大小排列,每棵决策树就是对应子集的预测模型,并形成对子集结果变量的预测;最后,使用所有决策树的预测结果进行投票,形成随机森林分类预测算法的预测结果。序列最小最优化多核支持向量机分类预测算法的基本思想是基于最大边距决策边界理论,将预测变量按核方法(Kernel Methods,KMs)动态规划,并根据预测变量计算结果变量,在规划过程中不断缩小计算出的结果与真实结果变量之间的差异,经过迭代求解之后得出最优解作为预测结果。朴素贝叶斯预测算法的基本思想是,分析用训练数据集中预测变量的组合在已知结果变量中出现的概率计算预测变量与结果变量对应的先验概率,然后采用实际的预测变量与结果变量之间对应的后验概率进行检验,不断缩小先验概率和后验概率的差异,从而构建预测模型。在预测时,预测模型对尚未分类的样本进行计算,求这些样本在已知分类中出现的概率,将未分类的样本放入概率最大的已分类空间中,得到预测结果。多层感知器分类预测算法的基本思想是通过基于前反馈的方法建立人工神经网络模型,具体来说是选择预测变量作为输入变量,然后构建从预测变量到结果变量的全连结向量路径,在该路径中构建基于梯度下降算法的节点,最后采用从输入变量计算结果变量,并以前反馈的方式不断修正模型参数,直到获得不再变化的参数,获得预测模型。在预测时,多层感知器将所有预测变量的特征映射到被预测变量上,得到预测结果(韩家炜,范明,孟小峰,2012[162-191])。

  本研究采用了超参数调试(Hyper-parameter Tuning)方法为每一种算法设定最优参数。使用逻辑回归分类预测算法时,在本研究中需要调试的超参数主要是惩罚参数,其中包括训练数据的两种正则化方式,每种正则化方式对应的是损失函数的选择,在调试时通过迭代枚举方式固定其他参数,变更惩罚参数,以获得最佳数据正则化方法。在每种数据正则化处理过程中需要选择最佳损失函数,在本研究使用的逻辑回归分类预测算法中包含四种损失函数,其中有三种采用坐标轴下降的优化迭代方法,另外一种则采用海森矩阵优化迭代方法。这些迭代方法其中又有对应的优化函数,如较为成熟的梯度下降迭代优化方法。上述这些参数都可采用迭代枚举策略调试,在自动化调试过程中,首先将每种参数放入向量容器中,然后按照深度优先和广度优先两种方式分别遍历所有向量节点,选出结果最好的参数。除上述参数以外,逻辑回归分类预测算法的其他参数分别限定了最大样本集和采样个数,提前采用特征工程方法进行数据集特征计算,防止特征过多。本研究使用的数据集规模和特征数量没有达到需要调试这些参数的阈值,在本研究中将这些参数均设定为默认值。使用随机森林分类预测算法时,需要调整的超参数包含两部分,一是从决策树构建森林后,森林模型中的整体迭代优化次数,当迭代优化次数过小时,无法构建出预测结果准确率最好的模型,而迭代次数过多时,会导致模型陷入局部最优的过拟合情况。在本研究中,该参数通过设定区间0~100,并进行逐个参数输入调试。二是随机森林中的每棵决策树的参数调整,其中包括决策树的最大深度,最大深度决定了每棵决策树最大可生长的叶子深度规模,叶子的深度规模过大时会降低决策树的性能,也影响各项数据特征在决策树中的权重分布。在没有设定该参数时,决策树是否生长根据样本集特征的信息衰减判定,当样本集特征对结果变量的信息贡献衰减到0时,决策树会自动停止增长。本研究中样本的特征总共只有21项,因此该参数设定区间为0至无穷大;决策树生长时,生成叶子的最小样本数,该参数指决策树在构建预测模型时,用于分辨各项预测变量权重特征的样本个数,当最小样本数量越小,分辨出的各项预测变量权重特征粒度越细,决策树可能生长的规模就越大,当最小样本数越大,分辨出的各项预测变量权重特征粒度越粗,决策树可能生长的规模就越小。在参数设定时,一般根据样本包含的特征数量及样本规模设定,但最小不可小于2。在本研究中同样因为样本特征数量较少(相对于图像识别等复杂训练样本),该参数的设定区间为2～10。最大分支数量,该参数指向每棵决策树可分裂的分支数量,代表了一棵决策树中所能容纳特征的数量。在没有设定该参数时,决策树是否生长根据样本集特征的信息衰减判定,当样本集特征对结果变量的信息贡献衰减到0时,决策树会自动停止增长。本研究中样本的特征总共只有21项,因此该参数设定区间为0至无穷大;与逻辑回归分类预测算法的参数调试相似,其他与样本集数量有关的参数设定为默认值。序列最小最优化多核支持向量机算法的超参数调试与逻辑回归的相似,由惩罚参数、核函数选择构成,其他参数可自动动态调整,因此调试方法相同,通过将各参数和备选核函数放入向量容器,然后按照深度优先和广度优先两种方式分别遍历所有向量节点,选出结果最好的参数(sklearn.apachecn.org,2019)。朴素贝叶斯预测算法几乎没有超参数可以调整,因此研究直接使用训练得到的贝叶斯先验概率作为预测时的分类依据(Tony,2019)。多层感知器相较于复杂人工神经网络分类预测算法,在预测建模时需要调整的超参数较少,主要有隐藏层的个数及每个隐藏层中包含的神经元个数。本研究根据样本集数量和特征数量综合考虑,这两项参数设定分别是隐藏层个数区间为1～42(特征数的两倍);激活函数和权重函数使用迭代枚举的方式遍历所有可选的结果,学习率采用Chandra和Sharma(2016)的方法动态调节,根据样本集数量,最大迭代次数设定区间为0～1000。

在确定5种预测算法参数设定项和取值区间后,使用超参数自动重复调试每种算法的参数,每次调试采用各参数区间中随机取值的方法,在各类型课程的学生数据中采用层次随机采样法抽选出超参数调试的训练集,通过超参数调试比较各种参数设定下,所有分类预测算法的预测结果,并记录预测正确样本占所有样本的百分比,最后输出准确率最高的模型参数和预测结果(Bergstra,Bengio,2012;Feurer,Hutter,2019)。经调试后结果准确率最高模型的模型如表 5-6 所示,由于朴素贝叶斯算法没有超参数,因此直接采用拆分原始数据的方式检验朴素贝叶斯预测算法的预测准确率。

表 5-6　经超参数调试优化后各模型的最佳总体预测准确率比较表

算法准确率	不活跃型课程	低活跃型课程	任务型课程	阅览型课程	高活跃型课程
逻辑回归预测结果准确率(%)	36.2	50.5	37.8	41.3	49.6
多层感知器预测结果准确率(%)	36.7	47.3	38.5	43.3	48.9
随机森林预测结果准确率(%)	**39.2**	48.2	**42.5**	41.2	**76.7**
支持向量机预测结果准确率(%)	36.6	47.2	37.7	43.0	49.2
朴素贝叶斯预测结果准确率(%)	35.3	45.8	41.2	40.5	48.5

在表 5-6 中表示了各类型混合课程中学生数据的子样本在经超参数调试优化后所得的各分类预测模型最佳总体预测结果准确率。从表 5-6 可知,根据超参数调试的结果,不活跃型课程的数据在逻辑回归分类预测算法、多层感知器分类预测算法、随机森林分类预测算法、支持向量机分类预测算法和朴素贝叶斯分类预测算法中所得总体预测结果准确率分别为:36.2%,36.7%,39.2%,36.6%,35.3%。虽然使用随机森林分类预测算法所得结果准确率相较于其他分类预测算法所得结果准确率更高,但没有任何一种分类预测算法的结果准确率超过 50%。低活跃型课程的数据在逻辑回归分类预测算法、多层感知器分类预测算法、随机森林分类预测算法、支持向量机分类预测算法和朴素贝叶斯分类预测算法中所得总体预测结果准确率分别为:50.5%,47.3%,48.2%,47.2%,45.8%。虽然使用逻辑回归分类预测算法所得结果准确率相较于其他分类预测算法所得结果准确率更高,但逻辑回归分类预测算法的结果准确率只是刚好超过 50%。任务型课程的数据在逻辑回归分类预测算法、多层感知器分类预测算法、随机森林分类预测算法、支持向量机分类预测算法和朴素贝叶斯分类预测算法中所得总体预测结果准确率分别为:37.8%,38.5%,42.5%,37.7%,41.2%。

任务型课程的数据与不活跃型的数据相似,虽然使用随机森林分类预测算法所得结果准确率相较于其他分类预测算法所得结果准确率更高,但没有任何一种分类预测算法的结果准确率超过 50%。阅览型课程的数据在逻辑回归分类预测算法、多层感知器分类预测算法、随机森林分类预测算法、支持向量机分类预测算法和朴素贝叶斯分类预测算法中所得总体预测结果准确率分别为:41.3%,43.3%,41.2%,43.0%,40.5%。阅览型课程的数据同样与不活跃型的数据相似,虽然使用多层感知器分类预测算法所得结果准确率相较于其他分类预测算法所得结果准确率更高,但没有任何一种分类预测算法的结果准确率超过 50%。最后,高活跃型课程的数据在逻辑回归分类预测算法、多层感知器分类预测算法、随机森林分类预测算法、支持向量机分类预测算法和朴素贝叶斯分类预测算法中所得总体预测结果准确率分别为:49.6%,48.9%,76.7%,49.2%,48.5%。从结果上看,高活跃型课程的数据在各分类预测算法进行超参数调试时,随机森林分类预测算法所得结果准确率相较于其他分类预测算法所得结果准确率更高,且结果准确率达到 76.7%。

总结表 5-6 中的信息可知,随机森林分类预测算法在 5 类课程的 3 类中所得预测结果准确率最高,且在高活跃型课程中预测结果准确率达到了 76.7%,远高于其他算法的预测结果准确率。因此最终选择最优化参数的随机森林分类预测算法建立预测模型。

5.3.2 混合课程中基于在线行为的学习成绩预测模型构建

在建立预测模型过程中,为避免在原样本集中切割训练数据和预测数据产生偏误,加入了 K 次交叉检验的方法。K 次交叉检验方法是将原始数据集切分 K 份,每次选取之前未选中的一份作为测试集,另外 K-1 份作为训练集,采用训练集建立预测模型,然后用测试集测试预测模型。迭代 K 次,直到所有数据都被测试覆盖到为止。在本研究中,各类型混合课程中都包含着人数不等的成绩分级,为提升预测结果准确率、降低偏误和预测结果变动,切分原始数据时采用层次采样法切分(Kohavi,1995)。使用 K 次交叉检验方法的另一大优势是不需要完全将数据集切割为训练集和测试集,而是通过重复随机采样将所有样本都进行训练和检验,以保证每个样本都至少被检验过一次(McLachlan,Do,2004)。在使用 K 次交叉检验方法时,K 值的设定对检验结果偏误和变动影响较大,在通常情况下交叉检验的 K 值都取 5~10,但是当 K 值不断增大时,测试样本和训练样本逐渐变小,测试样本和训练样本间的差异小时,K次交叉检验就会令预测模型产生偏误(Kuhn,Johnson,2013)。因此,不能简单跟随前人研究,直接采用前人研究中的K值设定,将K次交叉检验化为10次交叉检验。为找到与本研究最匹配K值的设定,参考了Kuhn和Johnson(2013)以及Vabalas等(2019[1-3])对K值与样本量之间的关系研究,可从他们的研究结论中发现,当样本量较大时对应采用的交叉检验中K的值就应越大,而在样本量较小时,采用K值如果太大就会导致检验结果偏误增加和预测模型过拟合的问题。且两项研究分别在对数值变量和定类变量的检验中都呈现相似的结果,样本量从10~2000变动时,K值都不宜超过10,只有在样本数超过2000后10次交叉检验方法才显示出降低结果偏误的作用,而5次交叉检验方法适用范围较广。在当前使用的数据集中,样本量最少的混合课程类型只包含1560条数据,因此当K的取值较大时,预测模型更容易产生过拟合的现象。正如Vabalas等(2019[9-15])指出的,当对较小样本使用时(样本数量在1000左右),10次交叉检验会产生明显的偏误,推荐使用5次交叉检验。为保证样本切分时不产生偏误差异,本研究中对所有类型的混合课程样本都进行以层次抽样法切分数据的5次交叉检验。

将5次交叉检验加入最优化参数的随机森林预测算法步骤如下:

(1)对每种类型的混合课程样本进行层级抽样划分为5份,随机选择其中一份作为测试集,另外4份作为训练集。

(2)通过超调试方法得出,在建构决策树模型时,采用每100个样本构建一棵决策树效果最佳,因此假设训练集有 n 个样本,按每100个样本为一组,创建 $n/100$ 个子训练集。

(3)每个子训练集对应创建一棵决策树,从而生成 $n/100$ 棵决策树。

(4)在(3)中每次创建决策树过程中,对子训练集的所有预测变量计算信息熵,让决策树产生分支,带有最高信息熵的预测变量放入分支中,用于下一次分支计算。

(5)通过超调试方法得出,决策树构建过程中不需限制分支数量,也不限制叶子的数量,每个叶子上最小可包含两个数据样本构成的特征。直到每个子训练集的所有样本都指向五类成绩变量中的一个或多个前,决策树可以不断分支。

(6)通过不断使用子训练集重复(5),构建出 $n/100$ 棵决策树。每棵决策树的预测结果由决策树中存储的预测变量重要性得出,每棵决策树中存储的预测变量重要性都作为可调整的参数,进入下一轮随机森林整体迭代

第 5 章 混合课程学习成绩预测模型的构建

的参数,直到决策树的预测结果收敛。通过超参数调试随机森林的整体迭代次数在 96 次时结果最优。在随机森林迭代 96 次后,可获得随机森林的预测结果及预测变量的重要性。

(7) 根据每次随机森林预测计算评价指标,并记录评价结果。

(8) 随机选择其余 4 份样本集中的 1 份作为测试集,另外 3 份与(1)中被选为测试集的样本一起作为样本集,重复上述步骤,直到所有样本集都作为测试集验证过预测模型为止。计算每次得到预测结果、预测变量重要性及评价指标的均值得出最终预测结果。

整体流程如图 5-5 所示:

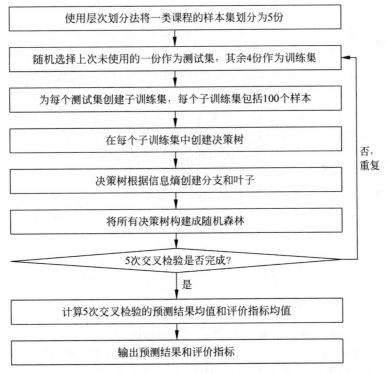

图 5-5 基于随机森林分类预测算法的预测模型构建流程图

由于在各类型混合课程中,采用经超参数调试后的随机森林分类预测算法所获结果较其他算法更好,因此在接下来的研究中,各类型混合课程都采用如图 5-5 描述的流程构建学习成绩预测模型,并记录预测结果和评价指标,从而比较各类型混合课程中包含的所有预测变量构建的预测模型差异,以及各类型混合课程中各类型预测变量与学习成绩之间的相关性。另外,也采用了如图 5-5 描述的流程在未进行混合课程分类的原始数据中构建了学习成绩预测模型,并收集预测结果及评价指标,用于回答研究问题 2,分析混合课程分类对学生成绩预测结果准确率的影响。由于未经混合课程分类的原始数据集包含较多样本,超过了 5 次交叉检验方法产生稳定结果的样本量规模,因此在原始数据中建立随机森林预测模型时,采用 10 次交叉检验,以确保预测结果的无偏性,以及模型的拟合优度。

5.4　预测结果分析及讨论

经过第 4 章的混合课程分类操作和本章前述的学习成绩数据定类化分级操作,本研究关注的混合课程学习成绩预测问题转化为在多个样本集中构建预测模型,并对多个分类等级进行分类预测的问题,通过各类型混合课程中学生在线学习行为特征的分析,图 5-4 对各类型混合课程中不同成绩类别中学生人数占比的描述及相关统计检验结果可知,每种类型的混合课程中的学生在线学习行为模式具有较大差异(每类样本集中预测变量的数据特征具有较大差异),而每种类型的混合课程学生学习成绩分布却较为相似(每类样本集中结果变量的数据分布相似)。为此,本节将关注在各类型混合课程中构建预测模型的预测结果与分类前的原始数据中构建预测模型的预测结果差异,并分析各类型混合课程内部不同学生成绩等级的预测结果差异。

5.4.1　混合课程中基于在线行为的学习成绩预测结果及评价

据 2.2.4,预测结果评价指标主要包括准确率(Accuracy)、查准率(Precision)、查全率(Recall)、特异度(Specificity)、F1 值(F1-score)、ROC(Receiver Operation Characteristic Curve)曲线以及 PR(Precision-Recall)曲线。本研究是一个多分类问题,且重点关注预测准确率。Shmueli(2020)指出在不关注模型性能的多分类预测问题的结果评价中可以选取平均准确率(Avg. Accuracy)、权重准确率(Weighted Accuracy)、平均查全率(Avg. Recall)、权重查全率(Weighted Recall)、宏 F1 值以及权重 F1 值为评价指标。因此,本研究中预测结果评价的计算公式如表 5-7 所示。

第5章 混合课程学习成绩预测模型的构建

表 5-7 预测结果评价指标计算公式表

评价指标	计算公式
预测准确率(%)	$\left(\sum_{i=A}^{F}\left(\dfrac{TP_i}{TP_i+FP_i}\times(TP_i+FP_i)/(TP_i+TN_i+FP_i+FN_i)\right)\right)\times 100\%$
平均查准率	$\left(\sum_{i=A}^{F}TP_i/(TP_i+FP_i)\right)/5$
权重查准率	$\sum_{i=A}^{F}\left(\dfrac{TP_i}{TP_i+FP_i}\times(TP_i+FP_i)/(TP_i+TN_i+FP_i+FN_i)\right)$
平均查全率	$\left(\sum_{i=A}^{F}TP_i/(TP_i+FN_i)\right)/5$
权重查全率	$\sum_{i=A}^{F}\left(\dfrac{TP_i}{TP_i+FN_i}\times(TP_i+FP_i)/(TP_i+TN_i+FP_i+FN_i)\right)$
宏 F1 值	$\left(\sum_{i=A}^{F} 2\times TP_i/(TP_i+FP_i)\times TP_i/(TP_i+FN_i)/\left(\dfrac{TP_i}{TP_i+FP_i}+TP_i/(TP_i+FN_i)\right)\right)/5$
权重 F1 值	$\sum_{i=A}^{F} 2\times TP_i/(TP_i+FP_i)\times TP_i/(TP_i+FN_i)/\left(\dfrac{TP_i}{TP_i+FP_i}+TP_i/(TP_i+FN_i)\right)\times(TP_i+FP_i)/(TP_i+TN_i+FP_i+FN_i)$

表中 T 表示实际值为正,F 表示实际值为负,P 表示预测值为正,N 表示预测值为负,TP 表示真正样本数,FN 表示假负样本数,FP 表示假正样本数,TN 表示真负样本数。i 表示学生成绩分类,分别是 A,B,C,D,F,当 $i=A$ 时,TP_A 表示预测结果为 A,实际成绩也为 A 的学生,TN_A 表示预测结果为非 A 时与真实结果也为非 A 的样本数,FP_A 表示预测结果为 A 但真实结果为非 A 的样本数,FN_A 表示预测结果为非 A 但真实结果为 A 的样本数。当 $i=B,C,D,F$ 时,对应的 TP_i,FP_i,TN_i,FN_i 同理。

在各类型混合课程中,采用随机森林分类预测算法构建预测模型,其结果据表 5-7 中的公式计算后可获得各类型混合课程的预测结果评价数值,如表 5-8 所示,在表中阅览型课程的权重 F1 值表示为"—"是由于高活跃型课程中成绩为 F 学生的查准率和查全率为 0,出现被除数为 0 的情况,无法计算权重 F1 值。

表 5-8 展示了以未分类混合课程的原始数据,及分类后的各类型混合课程数据分别构建的学习成绩预测模型的总体预测结果评价指标。从表 5-8 可知,在未分类混合课程的原始数据中构建的学习成绩预测模型,预测结果在预测准确率、平均查准率、权重查准率、平均查全率、权重查全率、宏 F1 值、权重 F1 值等评价指标中分别为 35.4%、0.302、0.354、0.285、0.328、0.265、0.287;在不活跃型混合课程的数据中构建的学习成绩预测模型,预测结果在预测准确率、平均查准率、权重查准率、平均查全率、权重查全率、宏 F1 值、权重 F1 值等评价指标中分别为 38.2%、0.282、0.382、0.324、0.358、0.330、0.353;在低活跃型混合课程的数据中构建的学习成绩预测模型,预测结果在预测准确率、平均查准率、权重查准率、平均查全率、权重查全率、宏 F1 值、权重 F1 值等评价指标中分别为 48.4%、0.369、0.484、0.452、0.475、0.437、0.473;在任务型混合课程的数据中构建的学习成绩预测模型,预测结果在预测准确率、平均查准率、权重查准率、平均查全率、权重查全率、宏 F1 值、权重 F1 值等评价指标中分别为 42.3%、0.362、0.423、0.403、0.420、0.403、0.415;在阅览型混合课程的数据中构建的学习成绩预测模型,预测结果在预测准确率、平均查准率、权重查准率、平均查全率、权重查全率、宏 F1 值、权重 F1 值等评价指标中分别为 42.4%、0.345、0.424、0.346、0.414、0.431、—;在高活跃型混合课程的数据中构建的学习成绩预测模型,预测结果在预测准确率、平均查准率、权重查准率、平均查全率、权重查全率、宏 F1 值、权重 F1 值等评价指标中分别为 74.7%、0.596、0.747、0.610、0.741、0.598、0.743。

表 5-8 分类前后混合课程的预测结果评价表

混合课程类型	原始数据	不活跃型课程	低活跃型课程	任务型课程	阅览型课程	高活跃型课程
预测准确率(%)	35.4	38.2	48.4	42.3	42.4	**74.7**
平均查准率	0.302	0.282	0.369	0.362	0.345	0.596
权重查准率	0.354	0.382	0.484	0.423	0.424	0.747
平均查全率	0.285	0.324	0.452	0.403	0.346	0.610
权重查全率	0.328	0.358	0.475	0.420	0.414	0.741
宏 F1 值	0.265	0.330	0.437	0.403	0.431	0.598
权重 F1 值	0.287	0.353	0.473	0.415	—	0.743

从表 5-8 的结果中可知,经过分类后,使用各类型混合课程的数据中得到的预测结果相较于使用分类前所有混合课程的数据中得到的预测结果,

准确率全部上升(分别上升了 2.8、13、6.9、7 和 39.3 个百分点)。从数据科学的角度来看,当将学生成绩转换为合格与不合格的二分类结果变量时,随机判断预测结果的基线为 50%,即不应用任何机器学习分类预测算法、统计学方法或简单公式,随机猜测结果正确的概率都应在 50% 上下,若任何方法构建的成绩预测模型所得结果的准确率低于 50% 应立即抛弃,该算法在数据处理中可能存在着某种缺陷(卢晓航等,2017;胡航等,2021)。在表 5-8 中,虽然在经过分类后,使用不活跃型混合课程数据所得预测结果准确率最低(38.2%),相较于未分类的混合课程数据所得预测结果准确率只上升了 2.8 个百分点。但由于在结果变量处理中,已将学生的数值格式的百分制成绩转换为了五级变量的定类格式。这种转换显然相较于合格与不合格的二分变量转换更加复杂,以随机判断预测结果正确率为基线(Benchmark)时,经过五级变量转换的结果变量随机预测正确率基线应为 20%。由此可见,笔者选择的机器学习分类预测算法都较好地处理了未分类的混合课程数据和分类后的各类型混合课程数据,并在各类型混合课程中产生了相对更加准确的预测结果。

另外,从预测结果为教育实践提供的有效反馈来看,在高活跃型混合课程中基于学生在线学习行为建立的学习成绩预测模型结果准确率最高,达到了 74.7%。由此可知,在高活跃型混合课程中构建的成绩预测模型应该可以反馈到教学中,为教师和学生提供帮助。但是不分类前的混合课程、不活跃型课程、低活跃型课程、任务型课程以及阅览型课程的预测结果经 5 次交叉检验,平均预测准确率都不足 50%,不分类前的混合课程和前四类混合课程采用基于学生在线学习行为数据建立的成绩预测模型,其结果难以为教学提供可靠的帮助。

为进一步探索随机森林算法对分类前的混合课程和分类后的各类型混合课程成绩预测的过程,研究分离了预测模型的训练步骤和测试步骤。在使用训练数据构建随机森林分类预测模型时,采用自验证(Bootstrapping)的方式检验拟合优度,自验证是指直接在输入数据中检验模型拟合结果,可用于在不考虑是否过拟合的条件下,评价预测模型对现有数据的拟合程度。结果发现随机森林在每种类型课程预测模型拟合时出现了不同的结果,如表 5-9 所示。

表 5-9　分类前后的混合课程预测模型训练拟合准确率比较表

	分类前的课程	不活跃型课程	低活跃型课程	任务型课程	阅览型课程	高活跃型课程
综合拟合准确率	100%	59.12%	98.08%	96.08%	99.73%	99.41%

在表5-9中表示了分类前的混合课程及各类型混合课程在使用随机森林预测分类算法时对训练数据的综合拟合准确率,其中使用分类前的混合课程中的数据构建预测模型,综合拟合准确率为100%,使用不活跃型混合课程中的数据构建预测模型,综合拟合准确率为59.12%,使用低活跃型混合课程中的数据构建预测模型,综合拟合准确率为98.08%,使用任务型混合课程中的数据构建预测模型,综合拟合准确率为96.08%,使用阅览型混合课程中的数据构建预测模型,综合拟合准确率为99.73%,使用高活跃型混合课程中的数据构建预测模型,综合拟合准确率为99.41%,从表5-9中的结果可知,预测模型在除不活跃型课程以外的四类课程中有很高的拟合结果。其中,使用分类前混合课程中的数据训练预测模型时,模型的综合拟合准确率达到了100%。使用不活跃型混合课程中的数据在训练预测模型时,模型综合拟合结果较低的原因是该类课程中大部分学生几乎没有参与在线学习(超过50%的学生)。不活跃型课程中数据过于稀疏,在训练时每棵决策树产生的预测结果都不相同,使得最后大量决策树汇集的决策产生矛盾。这种矛盾是多数投票无法解决的(Robnik-Šikonja,2004)。表5-10进一步说明为了决策各类型混合课程数据形成的样本集,在随机森林分类预测算法构建预测模型时决策树的规模。

表5-10 各类型混合课程建立随机森林时决策树规模表

	分类前的课程	不活跃课程	低活跃课程	任务型课程	阅览型课程	高活跃型课程
最大树深度	33	42	22	35	15	12
平均树深	23	33	18	27	13	8
平均树规模	4903	30070	1072	28000	325	1423

表5-10表示了使用各类型混合课程数据形成的样本集,在随机森林分类预测算法构建多棵决策树模型时的规模。其中使用分类前混合课程中的数据以随机森林分类预测算法构建决策树模型时,决策树的最大树深为33层,平均树深度为23层,平均树规模为4903个叶子节点;使用不活跃型混合课程中的数据以随机森林分类预测算法构建决策树模型时,决策树的最大树深为42层,平均树深度为33层,平均树规模为30070个叶子节点;使用低活跃型混合课程中的数据以随机森林分类预测算法构建决策树模型时,决策树的最大树深为22层,平均树深度为18

层,平均树规模为1072个叶子节点;使用任务型混合课程中的数据以随机森林分类预测算法构建决策树模型时,决策树的最大树深为35层,平均树深度为27层,平均树规模为28000个叶子节点;使用阅览型混合课程中的数据以随机森林分类预测算法构建决策树模型时,决策树的最大树深为15层,平均树深度为13层,平均树规模为325个叶子节点;使用高活跃型混合课程中的数据以随机森林分类预测算法构建决策树模型时,决策树的最大树深为12层,平均树深度为8层,平均树规模为1423个叶子节点。由此可知,使用不活跃型混合课程中的数据以随机森林分类预测算法构建的决策树模型最大深度最深,平均树深最深,平均树规模最大。在训练模型时,决策树的最大深度、平均深度和规模大小代表着这棵决策树模型的复杂度,当在决策树的叶子节点中包含更多的信息量时,更容易出现分类错误。

前人研究指出,在一门课程中参加在线学习的学生可能存在多种行为模式,实时训练的模型并不能完整地收集、描述学生在线学习过程的学习行为,相较之下使用历史在线学习行为数据构建的成绩预测模型准确率更高(Boyer et al.,2015),表 5-9 和表 5-10 中显示的结果说明,在混合课程中,只要采集的数据中部分学生在线学习行为数据特征较为多样、参与频次较高且具有较强个性化水平时,就可以建立综合拟合准确率较强的预测模型。但是这种拟合只是对历史在线学习行为的解释,并不能通过拟合结果预测其中大部分学生未来的学习成绩。从表 5-8 的结果可知,没有分离不同混合课程中的学生在线学习行为模式无法获得较高的预测准确率。而且,在划分混合课程类别后,只要学生的在线学习行为参与较少或学生只参与某一类在线学习行为时,预测学生成绩也会出现较大偏差。因此可以认为分类前的混合课程和预测准确率未超过 50% 的三类混合课程的成绩预测建模都出现了过拟合现象。而在高活跃型混合课程中,学生成绩预测模型则得到了较好的预测结果。

5.4.2 不同混合课程类别的学习产出预测结果讨论

分析随机森林分类预测模型所得预测结果能为教学实践提供帮助,研究进一步提取了预测模型中 21 个预测变量对成绩预测的重要性。每棵决策树上预测变量的重要性由决策树上预测变量对结果变量的信息量决定。依据决策树的分支策略,对结果变量信息量贡献最大的预测变量被放入决策树的根部,越接近决策树分支末端的预测变量信息量贡献越少(Archer,

Kimes,2008)。所有预测变量对结果变量预测的重要性在随机森林预测模型构建过程中,经过标准化排序,最后产生预测变量的重要性先后顺序,如表 5-11 所示。

表 5-11　分类前后混合课程预测变量重要性列表(按重要性降序排列)

分类前的混合课程		不活跃型课程		低活跃型课程		任务型课程		阅览型课程		高活跃型课程	
变量编码	重要性	变量编码	重要性	变量编码	重要性	变量编码	重要性	变量编码	重要性	变量编码	重要性
LBS9	0.40	LBS21	0.60	LBS9	0.51	LBS21	0.57	LBS9	0.55	LBS9	0.56
LBS10	0.36	LBS11	0.50	LBS10	0.48	LBS9	0.54	LBS10	0.53	LBS10	0.52
LBS13	0.36	LBS2	0.47	LBS11	0.46	LBS11	0.53	LBS2	0.49	LBS2	0.50
LBS15	0.35	LBS9	0.46	LBS1	0.45	LBS10	0.51	LBS1	0.49	LBS14	0.50
LBS14	0.35	LBS10	0.43	LBS21	0.43	LBS2	0.49	LBS14	0.49	LBS13	0.49
LBS1	0.34	LBS5	0.38	LBS15	0.43	LBS1	0.43	LBS11	0.48	LBS1	0.48
LBS11	0.34	LBS15	0.38	LBS14	0.42	LBS17	0.42	LBS16	0.47	LBS15	0.48
LBS2	0.34	LBS8	0.36	LBS2	0.41	LBS14	0.37	LBS15	0.44	LBS11	0.47
LBS6	0.31	LBS12	0.36	LBS13	0.40	LBS20	0.37	LBS3	0.42	LBS3	0.46
LBS16	0.31	LBS13	0.35	LBS16	0.38	LBS15	0.37	LBS5	0.42	LBS17	0.43
LBS17	0.31	LBS1	0.35	LBS17	0.38	LBS13	0.35	LBS17	0.41	LBS21	0.43
LBS8	0.28	LBS17	0.35	LBS18	0.38	LBS16	0.35	LBS7	0.39	LBS20	0.43
LBS20	0.27	LBS14	0.34	LBS19	0.35	LBS18	0.34	LBS12	0.38	LBS16	0.42
LBS12	0.27	LBS16	0.32	LBS3	0.31	LBS3	0.30	LBS8	0.38	LBS18	0.42
LBS7	0.25	LBS20	0.32	LBS20	0.30	LBS12	0.28	LBS20	0.38	LBS4	0.41
LBS18	0.25	LBS7	0.30	LBS4	0.29	LBS5	0.28	LBS18	0.37	LBS19	0.40
LBS4	0.24	LBS6	0.30	LBS6	0.28	LBS7	0.27	LBS21	0.35	LBS12	0.40
LBS5	0.21	LBS18	0.29	LBS7	0.23	LBS8	0.27	LBS6	0.34	LBS5	0.39
LBS3	0.20	LBS4	0.28	LBS12	0	LBS6	0.26	LBS3	0.29	LBS8	0.37
LBS19	0.19	LBS3	0.24	LBS5	0	LBS4	0.26	LBS4	0.15	LBS6	0.37
LBS21	0.13	LBS19	0.12	LBS8	0	LBS19	0.21	LBS19	0	LBS7	0.36

表 5-11 表示了使用分类前后各类型混合课程中的数据构建预测模型过程中,所有预测变量对结果变量的重要性标准化系数。从表 5-1 中可知,在使用分类前的混合课程数据构建预测模型过程中,所有预测变量对结果变量的重要性标准化系数最大为 0.4,最小为 0.13,最大差异为 0.27;在使用不活跃型混合课程数据构建预测模型过程中,所有预测变量对结果变量的重要性标准化系数最大为 0.6,最小为 0.12,最大差异为 0.48;在使用低

活跃型混合课程数据构建预测模型过程中,所有预测变量对结果变量的重要性标准化系数最大为 0.51,最小为 0,最大差异为 0.51;在使用任务型混合课程数据构建预测模型过程中,所有预测变量对结果变量的重要性标准化系数最大为 0.57,最小为 0.21,最大差异为 0.36;在使用阅览型混合课程数据构建预测模型过程中,所有预测变量对结果变量的重要性标准化系数最大为 0.55,最小为 0,最大差异为 0.55;在使用高活跃型混合课程数据构建预测模型过程中,所有预测变量对结果变量的重要性标准化系数最大为 0.56,最小为 0.36,最大差异为 0.2。观察表 5-11 中各类型混合课程学习成绩预测模型的预测变量重要性序列可知,高活跃型课程的预测变量重要性序列与分类前的课程及其余 4 类课程都有差异。高活跃型课程的预测变量重要性没有任何一项为 0,且每一项预测变量的重要性差异较小。根据表 5-11 作图可知(如图 5-6 所示),高活跃型课程学习成绩预测模型的所有预测变量重要性之间的差异都小于 0.2,该差异值远小于其他类型混合课程学习成绩预测模型的预测变量的重要性差异。且高活跃型课程学习成绩预测模型的预测变量中没有任何一项或几项对成绩预测结果产生了显著影响。

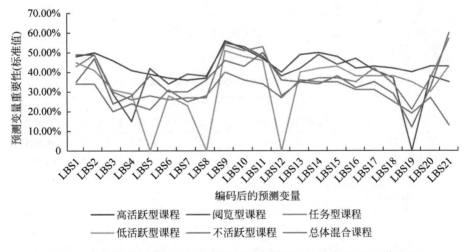

图 5-6　分类前后各类混合课程预测模型变量重要性折线图(见文前彩图)

图 5-6 表示了使用分类前后各类型混合课程数据构建预测模型的过程中,每一类预测模型中的各预测变量对于结果变量的标准在重要性所构成的折线分布,横坐标表示编码后的预测变量,从 LBS1 到 LBS21,纵坐标表

示经标准化后的预测变量的重要性。而不同颜色表示了不同类型的混合课程,其中深蓝色代表高活跃型课程,橘色代表阅览型课程,灰色代表任务型课程,黄色代表低活跃型课程,浅蓝色代表不活跃型课程,绿色代表未分类的所有混合课程。图 5-6 更加清晰地展示了由高活跃型课程中学习成绩模型的各项预测变量重要性构成的折线更加平滑,而变化幅度最为剧烈的是由低活跃型课程中学习成绩模型的各项预测变量重要性构成的折线。

需要注意的是,在随机森林模型中,预测变量重要性是指预测变量对结果变量预测准确率的贡献,而非对结果变量的解释(Du et al.,2021)。通过比对样本的变量与重要预测变量可判断当前样本的预测结果是否可信(Ribeiro,Singh,Guestrin,2016[1135-1140])。据图 5-6 所示,学生在线学习行为指标作为预测变量时,其重要性之间的差异都小于 0.2,且没有任何一项或几项对成绩预测结果产生了显著影响。此项结果表明学生的所有在线学习行为对学习成绩预测影响较为平均,当学生个体在所有在线学习活动中均有较高活动时,经随机森林分类预测算法构建成绩模型所得预测结果具有较高可信度,当学生个体某项或某几项在线行为指标没有数据时,模型对其预测的结果可信度较低。

为了探讨由各类型混合课程数据构建预测模型的差异,研究分别记录了由每类混合课程数据构建不同成绩预测模型所得结果的评价指标(如表 5-12 所示)。

表 5-12 分类前后混合课程中各级成绩学生预测结果评价表

评价指标	分类前的课程	不活跃型课程	低活跃型课程	任务型课程	阅览型课程	高活跃型课程
成绩 A 的查准率	0.356	0.295	0.346	0.329	0.450	**0.806**
成绩 B 的查准率	0.363	0.568	0.646	0.550	0.506	**0.853**
成绩 C 的查准率	0.349	0.437	0.429	0.457	0.403	0.630
成绩 D 的查准率	0.241	0.072	0.264	0.243	0.367	0.548
成绩 F 的查准率	0.166	0.038	0.160	0.228	0.000	0.143
成绩 A 的查全率	0.099	0.398	0.550	0.512	0.482	0.748
成绩 B 的查全率	0.770	0.413	0.535	0.460	0.451	0.853
成绩 C 的查全率	0.205	0.353	0.434	0.400	0.397	0.663
成绩 D 的查全率	0.064	0.244	0.358	0.343	0.398	0.500
成绩 F 的查全率	0.023	0.211	0.381	0.300	0.000	0.286
成绩 A 的权重 F1 值	0.155	0.339	0.425	0.401	0.466	0.776
成绩 B 的权重 F1 值	0.493	0.478	0.585	0.501	0.477	0.853

续表

评价指标	分类前的课程	不活跃型课程	低活跃型课程	任务型课程	阅览型课程	高活跃型课程
成绩 C 的权重 F1 值	0.258	0.391	0.432	0.427	0.400	0.646
成绩 D 的权重 F1 值	0.101	0.112	0.304	0.284	0.382	0.523
成绩 F 的权重 F1 值	0.042	0.065	0.225	0.259	—	0.190

表 5-12 中表示了分类前的课程、不活跃型课程、低活跃型课程、任务型课程、阅览型课程和高活跃型课程中每级学生成绩预测结果的评价指标,包括了成绩等级为 A、B、C、D、F 的预测结果的查准率、查全率和权重 F1 值。在对每个独立的学生成绩等级进行评价指标计算时,评价方法采用二分类评价,即只判断预测结果是否属于当前成绩等级,如在查准率计算中,只要预测结果为 A,且实际结果为 A,就是真正样本 TP,而预测结果为 A,而实际结果为非 A,就是假正样本 FP,当预测结果为非 A,但实际结果为 A,就是假负样本 FN,当预测结果为非 A,实际结果也为非 A 时,就是真负样本 TN。以上述记录方法逐项表示学生成绩预测结果并带入表 5-7 的评价指标计算式中即可获得表 5-12 的所有数据。据表 5-7 的计算方法,在二分类情况下,在表 5-12 中的各类型成绩的预测结果查准率就是模型对当前成绩等级预测结果的准确率,在高活跃型课程中成绩为 A 和 B 的样本预测结果准确率最高,分别达到 80.6% 和 85.3%。综合表 5-10 中高活跃型混合课程的决策树规模可知,当学生在线学习行为的复杂度较低时预测模型可得到较好的预测准确率(Duroux,2018)。另外,Mishra,Kumar 和 Gupta (2014)在完全在线课程中通过学生在线学习行为预测学习成绩时发现,高于平均成绩的学生预测准确率较高。本研究也得出了类似的结果,从表 5-12 中可知,成绩等级为 A 和 B 的学生成绩预测准确率明显高于其他成绩等级学生的预测准确率,即当学生成绩分级较高时,对相应成绩等级学生的预测更加准确。

5.4.3 学生在线学习行为与成绩的相关性对训练预测模型影响的讨论

Merceron 和 Yacef(2008)曾指出,由于存储数据格式不统一、数据合并需要一系列复杂操作、数据关联过于广泛、数据量规模巨大、数据质量难以保障等原因,网络学习管理系统记录的学生学习过程日志数据并不能很好地适用于教育数据挖掘方法和机器学习算法。而本研究进一步证实了,即便将网络学习管理系统中记录的学生学习过程日志数据进行转换、合并、清洗,甚至按不同在线学习行为模式聚类后,仍然只有少量算法能够训练出较高拟合度的模型,并且在这些模型中,迁移应用到相同模式(相同混合课程类型)的其他学生中时仍能够得到较高预测结果准确率的模型更少。本研究首先将学生的在线学习行为日志数据转换为学生的在线学习行为数据,转换方式是,首先,分析学生在一门混合课程中开展在线学习的历史过程,将其在某种在线学习活动中针对某个特定组件开展的学习行为频次累加,将其保持在某项学习活动中的时长累加,形成学生在线学习行为表;其次,对所有学生的在线学习行为特征进行提前聚类,并依据各类型学生在混合课程中的人数占比为混合课程分类;最后,结合学生的学术属性数据、学习成绩数据等,比较以机器学习算法针对每类混合课程所分别构建的预测模型的预测结果准确率,结果发现,对于各类型混合课程数据,使用随机森林分类预测算法都能够训练出较高拟合度的模型。虽然许多研究都证实了利用回归算法建立的预测模型具有较强的可解释性以及稳定的预测结果(Tempelaar, Rienties, Giesbers, 2015[156-160]; Shahiri, Husain, 2015[418-419])。但是在本研究中使用逻辑回归分类预测算法训练预测模型却并没有得到比随机森林分类预测算法训练的预测模型更高的拟合结果。从机器学习分类预测算法构建成绩预测模型结构代表的教育意义和不同成绩预测模型内在推理机制揭示的预测关系两方面分析,各机器学习分类预测算法主要有以下特征:

在逻辑回归分类预测算法数据处理过程中,为了减少信息损失,尽量还原真实情景,得出有意义的预测结果,研究利用学生在线学习行为聚类分离了以课程为单位的样本并形成了不同类型的课程,当训练预测模型的算法把一类课程中的所有学生作为样本进行参数估计时,课程中不同行为模式的学生得到相同成绩的数据,或课程中相似行为模式得到不同成绩的数据就对模型训练产生了极大的干扰,这种干扰现象在使用逻辑回归算法估计参数时尤为显著。逻辑回归通过使用逻辑函数估计概率来测量分类因变量与一个或多个自变量之间的关系,逻辑函数是逻辑分布的累积分布函数(Rodríguez,2007)。逻辑回归无法估计出一个模型能否同时区分相似参数对应完全不同的成绩分类结果,或差异较大的参数对应相同的成绩分类结果。在本研究中,逻辑回归算法所构建的预测模型能够表明在混合课程中预测学生学习成绩最准确的在线学习行为指标及其权重,在该模型中,不同于单门混合课程,在多门混合课程场景下,这种结构表示了每种学生成绩分类下大多数学生的学习行为模式(Donda et al.,2020),这些行为模式可能跨课程出现。预测模型通过发现大多数学生最显著的在线学习行为与学习成绩的关联,给出对最终成绩影响最大的在线学习行为指标及其对应权重。该模型的结构可帮助教师在学习结束时点,预测每位学生的学习成绩(Nortvig,Peterson,Balle,2018)。由此可知,逻辑回归模型预测的推理机制是,寻找新学生与模型最匹配的在线学习行为模式对应的学习成绩。但在本研究的混合课程场景下,学生的学习过程包含线上和线下两部分,仅使用在线学习过程数据预测学习成绩可能出现两种逻辑回归无法区分的情况,分别是学生的在线学习行为数据相似但学习成绩不同,在线学习行为数据不同但学习成绩相似。因此,逻辑回归模型的预测结果无法区分学生参与不同混合课程的在线学习行为差异,所以在训练结果中无论对哪一类课程都无法得出较好的拟合模型。

多核支持向量机是经由动态选择核函数的方法为结果变量构建超平面,在最终预测时支持向量机只回答是或者否。因此在面对学生的 5 级成绩预测问题时,需要创建一个超空间,并划分为 5 个超平面,支持向量机训练的在线学习行为模式对应每个超平面。然而当构建超空间时,核函数不能一次使用所有结果变量的数据,而只能按批次输入数据。构建过程中不同批次输入数据产生的错误会逐步累积。其次,支持向量机在预测时是逐条加入测试数据回答是否属于当前训练模型确定的分类,当被加入的测试数据与当前模型分类都不相同时,支持向量机会发生"拒绝分类"错误(Kumar,Gopal,2011)。在本研究中,多核支持向量机构建的是所有学生在线学习行为指标对应的每类学习成绩的关系模型。该模型表示了不同混合课程中,学生在线学习行为预测 5 类学习成绩的结果(刘方园等,2018)。该模型的结构可帮助教师在任意学习时点,预测每位学生的学习成绩。但该模型无法区分不同课程中学生在线学习行为预测学习成绩的差异。该模型需要判断新加入的学生在线学习行为数据与模型中在线学习行为数据的一致性,获得该学生成绩的预测。由于本研究的样本中每个成绩分级的学生样本数量不同,各类型混合课程学生成绩分级对应的学生在线学习行为模式也有差异。在某类课程中建立的各成绩分级的支持向量机通过超参数调试确定适用当前数据集的核函数,一旦确定核函数后支持向量机在训练数据时便不会更改。因此,该模型构建过程中不同批次输入数据产生的错误会逐步累积,各成绩等级的数据训练错误就会随着迭代累积,最后在预测时出现巨大偏差。即当某门课程中存在将 F 成绩学生识别为 A 成绩时,其他课程中与错误识别学生的在线学习行为都将被识别为 A 成绩。另外，支持向量机会发生"拒绝分类"错误(Arun et al.，2011)，被拒绝的样本会根据决策边界划分到最接近的分类中。在本研究中，每个成绩分级的学生数量不同，各混合课程学生成绩分级对应的学生在线学习行为模式也有差异。在某门课程中建立的各成绩分级与在线学习行为的对应错误会随着迭代累积，最后在预测时出现巨大偏差。同时，被拒绝的学生被划分到最接近的成绩分类中，对学生在线学习行为模式接近但成绩等级有差异的样本会产生大量错误的分类。

多层神经感知模型未能达到较高准确率的原因也在于此，多层感知器分类预测算法构建了学生的在线学习行为与对应成绩分类间的误差及修正该误差的指标权重。因此整个模型表示的是学生在线学习行为指标对应成绩分类的唯一映射关系。在多门混合课程场景中，预测每类成绩最准确的学生在线学习行为指标被选出，表示各混合课程中影响学生获得每类最终成绩的共通在线学习活动。该模型的结构可帮助教师在任意学习时点预测每位学生的成绩。该模型学习识别的方法是在不断处理数据的过程中改变每个神经元连接的权重，而处理数据的过程就是比较输出的结果和实际结果之间的错误(Dreyfus，1990)。在本研究中，多层感知器模型通过比较预测的学生成绩与实际学生成绩的差异不断修正学生在线学习行为指标的权重，并计算新加入的学生在线学习行为对应的学习成绩。在混合课程中，在线学习行为只代表学生的部分学习参与，与学习成绩的关联也存在多重对应关系。这种被称为前反馈(Forward Propagation)的方法，在训练多层神经网络分类模型时，总是试图找到一个适当的内部表达式，从而学习到输入到输出的任意映射(Rumelhart，Hinto，Williams，1986)。然而在本研究中，为学生成绩标记了 5 个类别，当在人工神经网络模型(Artificial Neural Networks，ANN)学习 A 类别的学习行为数据时，其他类别的学习行为都会被认为是非 A 的数据，而当非 A 中某些学生的所有在线学习行为字段(Feature)数据与 A 中某些学生的所有字段数据相似度很高，甚至是相同时，ANN 对 A 类别的行为数据模式识别就会出现二义性。同理，在 B、C、D、F 类学生中都会产生这样相互影响的样本。从而导致多层神经感知使用训练数据得到的模型虽然比逻辑回归的准确性稍高，但是仍然无法通过测试集的验证。

随机森林分类预测算法在模型构建时采用了将训练数据集切割成小规模样本并分别建立决策树的方法，并在结果比对时只修正决策树中的字段

(Feature),通过决策树的多数投票形成预测结果。在本研究中,随机森林分类预测算法说明了各种学生在线学习行为模式对学习成绩的预测关系。在该模型中,在线学习行为指标的值会被划分为不同的区间,形成多种在线学习指标序列对应的一类学习成绩(方匡南等,2011)。这种结构说明了只采用在线学习行为预测学习成绩时,在不同的混合课程中可用于预测学习成绩的最显著在线学习行为模式有多种。该模型的结构可帮助教师在任意学习时点预测每位学生在不同课程中的成绩。这种预测模型的建立机制能够识别出在某类成绩标签下的复数学习行为模式,切割了跨成绩类别的相似学习行为模式间产生的交互影响。在本研究中,使用随机森林算法构建的模型以混合课程中不同学生群体在线学习行为与学习成绩的预测关系为依据,对新加入的学生数据进行划分,在此机制下模型可识别某类成绩标签下的复数学生在线学习行为模式,切割跨成绩类别的相似学生在线学习行为模式间产生的交互影响。如当某位成绩为 A 的学生的在线学习行为与其他成绩分类的学生相似时,模型会寻找该学生所属的群体,并使用投票的方式预测该学生的成绩。虽然在混合课程中在线学习只是部分学习行为,但每类成绩中学生的行为模式不会过于分散,通过每门课程中大多数学生的在线学习行为即可分辨新加入学生的成绩。只有某课程中成绩与在线学习行为都十分相似时,随机森林模型的推理才会出现错误。这就是说,当某 A 类别学生的学习行为出现二义性时,表征与此学习行为相似的学习行为模式的决策树会进行多数表决,而形成这些决策树的学生则是在不同的小团体中,由于非 A 类别学生与 A 类别学生在线学习行为模式相似的在通常情况下占少数,因此多数表决出的预测值几乎为 A。只有当非 A 类别学生在线学习行为模式数量占优时,随机森林才会出现错误(如某些课程中 A 类学生在线学习行为与 F 类相近,那么该课程中 B、C、D 中出现同样相近行为的学生的概率会上升,从而导致随机森林预测错误)。随机森林算法这种非平衡标签的数据分类预测效果在其他研究中也得到了证实(Golino, Gomes, Andrade, 2014; Mahboob, Irfan, Karamat, 2016; Petkovic et al., 2012; Chau, Phung, 2013)。

朴素贝叶斯算法是在贝叶斯决策论基础上,分析各项在线学习行为指标与学习成绩之间的条件概率,在此基础上通过构建决策失误的损失函数,迭代训练以降低误判损失从而实现分类。在本研究中,为了预测学习成绩,需要计算所有学生的在线学习行为对学习成绩的后验概率,通过判断每一个样本后验概率最大的成绩等级,获得预测结果。由此可知,朴素贝叶斯算法构建的是当学生在线学习行为达到某种条件时对应的学习成绩。该模型表示了混合课程在线学习结束时点,达成某种值的在线学习行为得到的学习成绩。该模型能帮助教师在学习结束时点,通过只观察几项在线学习行为来预测学生的学习成绩。该模型在本研究中的运行机制是,根据模型所得条件概率计算学生在线学习行为属于每一类学习成绩的概率,并将概率最高的学习成绩作为预测结果。与逻辑回归相似,这种预测方法难以识别相同的学生在线学习行为数据(相同条件)对应不同成绩等级(不同结果)时发生的错误。

结合表 5-8 的结果可知,随机森林分类预测算法构建的预测模型获得了最好的预测结果准确率,为了使预测结果更好地被一线教师理解,更清晰地解释随机森林分类预测算法的预测流程,笔者参考(Murdoch-Singh et al.,2019[22071-22075])研究中对机器学习分类预测算法构建模型产生结果的解释方法,采用示意图的方式展示了随机森林分类预测算法构建模型预测某位学生成绩的流程(如图 5-7 所示)。图 5-7 中表示随机森林产生成绩预测为 A 的结果流程。在图 5-7 中 PV_n 代表学生在线学习行为各指标的数据(预测变量),OV(N)代表输出的学生成绩分类(预测结果),$x_n(n=1,2,\cdots,n)$ 代表决策树叶子节点进行下一步判断的学生在线行为数据阈值(依据变量),该变量根据训练过程中学生在线学习行为对学习成绩的信息量贡献不断优化获得。

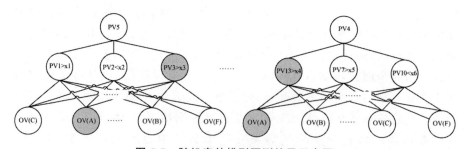

图 5-7　随机森林模型预测结果示意图

从图 5-7 中可知,当两位学生的在线学习行为数据较为相似、学习成绩分类不同时,某一数据的细微差距可导致决策树中对两位学生预测结果的不同。随机森林模型通过划分学生和建立多棵决策树识别这种差异。据此可知,表 5-8 的结果为老师提供的信息是,教师可使用该预测模型判断班级所有学生在当前在线学习状态下可能的最终成绩,且预测正确的学生数量为全班的 74.7%。

由此可见,使用机器学习算法基于学生在线学习行为数据预测混合课程成绩时学生的行为模式、各成绩等级中学生的数量、机器学习算法训练模型并预测结果的机制对成绩预测准确率有重要影响。2016年,混沌计算机俱乐部第33届会议(简称,33C3)上,有人提出了通过将人脸或车牌印刷到衣服上"伪装"自己从而反制当前零售行业的生物数据收集及政府的隐私数据收集的方法(EDRi,2016)。在本章结论中可以看出,当学生参与在线学习行为较少,或只参与单一种类的在线学习行为时,更容易"伪装"自己的学习成绩,即使有大量样本的机器学习算法也无法分析出学生在线学习行为与成绩之间的关联。使用学生在线学习行为数据来预测混合学习成绩的前提是学生全面参与在线学习的所有活动,且在线学习行为参与度较高。

为证实上述观点,研究进一步分析了在依据学生在线学习行为特征对混合课程分类后,各类混合课程中样本数据每项预测变量指标下的数量级差异。为表示学生参与在线学习行为各类活动的完整性,将各类混合课程中的预测变量的均值归一化后进行了对数转换(以10为底),并做折线图如图5-8所示,横坐标表示各类学生在线学习行为变量指标,纵坐标表示经对数变换后的预测变量均值(归一化),在以10为底进行对数变换之后,纵坐标刻度以10^{-1}为单位。由此,图5-8表示了不同类型混合课程的学生在各类型在线学习行为变量中参与的情况,当某种类型的混合课程在某一特征上样本均值过小(小于1×10^{-5}),折线图的线段会出现空白。在所有学生在线学习行为变量中,LBS21是学生所属学院的字符串变量,也是样本数据必定包含的变量,因此未绘入图中。如图5-8所示,只有"高活跃型混合课程"中的样本在所有变量中均有较大数值,说明其学生参与在线学习的所有活动最为全面。

在学生参与在线学习活动个性化强弱方面,主要通过分析混合课程中学生数据在各在线学习行为变量下的标准差实现(NP,2016)。为方便作图比较,同样对各类混合课程样本数据归一化后计算标准差,最后将标准差进行对数转换(以10为底),作折线图如5-9所示,横坐标表示各类学生在线学习行为变量指标,纵坐标表示经对数变换后的预测变量标准差(归一化),在以10为底进行对数变换之后,纵坐标刻度以10^{-1}为单位。可发现在图5-9中,"高活跃型混合课程"在大多数在线学习行为指标中的标准差都较高。在本研究中,LBS21是学生所属学院的字符串变量,没有数据变化区分,因此未绘入图中。

由此可知,相较于其他类型的混合课程,"高活跃型混合课程"的学生在

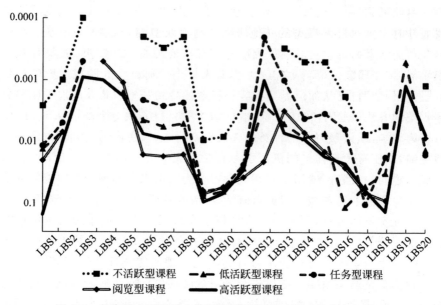

图 5-8　各类混合课程样本预测变量均值取对数后的分布折线图

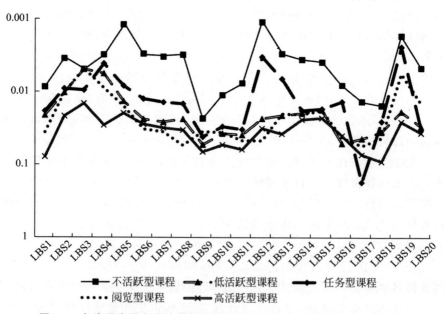

图 5-9　各类混合课程样本数据预测变量的方差取对数后的分布折线图

参与各在线学习行为变量的全面性和个性化方面都较好,且相较于在混合课程中构建成绩预测模型的其他研究,"高活跃型混合课程"具有更大的样本规模。上述特征为"高活跃型混合课程"构建的成绩预测模型获得较高预测结果准确率奠定了基础条件。

当前使用机器学习算法预测学生成绩的研究中,学者们关注的重点仍是收集什么数据,怎样优化算法以获得更高的预测结果准确率(Baker,2019;吴永和等,2020)。混合课程场景的多样性和灵活性不可能被几种数据完全描述(牟智佳,李雨婷,严大虎,2018),当前研究中,根据准确率较高的预测模型促进教学实践的关键在于发现混合课程中对成绩影响最为显著的学习行为,发现学习行为与成绩的多重对应关系,从而丰富混合教学实施时教师的个性化教学方案。通过比较多种机器学习分类预测算法构建的基于学生在线学习行为的混合课程学生成绩预测模型,为教师在混合课程场景下应用成绩预测模型提出如下建议:

(1)针对混合课程的特点应用预测结果。本研究中的样本均来源于学生在线学习行为活跃度较高的混合课程。但从不同预测模型得到的结果来看,只有随机森林模型的预测结果较好。说明混合教学中学生可通过多样化的在线学习获得较好成绩,达成教学目标的在线学习行为模式不止一种。教师应建设多样化的在线课程活动,给学生提供更多学习机会,从而满足不同学习偏好的学生,达成混合课程的目标。同时,教师应关注预测成绩较差的学生。在较高在线学习活跃度时预测成绩较差表明学生可能在方法、心理等其他方面出现了问题。

(2)理解模型的推理机制以灵活切换预测模型。当前在完全在线课程和混合课程情境中,多种机器学习算法构建的成绩预测模型都被证明有较高准确率。然而根据本章的结果发现,相同混合课程中不同分类预测算法构建的预测模型具有不同预测结果准确率。说明教师应对机器学习算法的预测推理机制有基本的了解,从而分辨所使用的成绩预测模型是否可持续优化教学。在混合课程的教学设计变化时,灵活使用不同预测推理机制的预测模型有助于获取更准确的教学干预依据。

(3)依据学生在线学习行为参与的完整性判断预测结果是否可信。通过成绩预测模型呈现班级或课程所有学生的预测结果为教师带来的信息有限。教师更希望获得每个学生的独特学习模式以实现个性化教学,因此使用成绩将学生分为多个类别并实现预测,相较将学生分为合格/不合格更具有教学意义。另外,在预测模型中,预测变量的重要性并不体现为对结果变量作出解释,而是体现为对得到准确预测结果的贡献(Ribeiro,Singh,Guestrin,2016[1137-1143])。本章结果发现,若学生个体未参与某种或某几种在线学习活动时,对其的预测结果可信度较低。教师可依据学生在线学习行为数据是否有缺失,判断是否依据学生个体的预测结果为学生提供个性化帮助和支持。

5.5 本章小结

本章分别对5类混合课程构建了学习成绩预测模型,对比了采用不同机器学习算法构建学习成绩预测模型的准确率。结果发现:(1)使用批量学习的随机森林算法构建的预测模型准确率最高;(2)基于学生在线学习行为的混合课程分类有助于提升学习成绩预测结果准确率(分别提升了2.8、13、6.9、7和39.3个百分点);(3)只有"高活跃型混合课程"的预测结果准确率可被接受(74.7%),该预测结果准确率相较于武法提和田浩(2019[78-80]),Cerezo,Sánchez-Santillán,Paule-Ruiz(2016[54-56]),Conijn et al.(2016[27-29]),Sharma et al.(2020[1564-1565]),Van Goidsenhoven et al.(2020[24]),Quinn,Gray(2020[10])有所提升。但是,其他4类课程预测结果准确率均未超过50%;(4)在"高活跃型混合课程"中,成绩等级为A和B的学生预测结果准确率最高(分别为80.6%和85.3%);(5)在"高活跃型混合课程"中,20项学生在线学习行为变量对预测结果的影响比较均衡(标准化重要性差异低于0.2),任何一项都是不可或缺的;(6)通过分析以机器学习算法针对各类型混合课程分别建立学习成绩预测模型这一过程及其结果,本研究发现,分类后的混合课程降低了学生在线学习行为复杂度,从而提升了学习成绩预测结果的准确率,该结论与Akram et al.(2019[102490-102493])所得结论相似;(7)在预测模型中,预测变量的重要性并非对结果变量形成的解释,而是对得到准确预测结果的贡献。本章发现,若学生个体未参与某种或某几种在线学习活动时,对其的预测结果可信度较低。教师可依据学生在线学习行为数据是否有缺失判断能否可靠地依据学生个体的预测结果为学生提供个性化帮助和支持。

本章的研究结果还确定了实施混合课程学生成绩预测的判别条件,即在五种类型的混合课程中,只有"高活跃型混合课程"才能进行预测,该判别标准易于操作;且对得分为A和B的成绩预测更加准确。

第6章　混合课程分类方法验证和学习成绩预测模型优化

混合课程具有较强的情境性,已有学者采用网络学习管理系统中记录的学生在线学习行为数据构建学习成绩预测模型取得了可接受的预测结果准确率。然而,这些研究中构建的学习成绩预测模型只面向一门或数门课程,在迁移应用到其他混合课程时,通常难以保持较高的预测结果准确率。如何将基于特定混合课程教学情景下建立的成绩预测模型迁移,应用于其他混合课程的教学情景,以期帮助教师实现动态化、个性化的教学策略,提升学生参与混合课程的学习体验,增强学生的学习效果,一直是学习分析和教育数据挖掘领域试图解决的重要问题(Baker,2019[1-3])。机器学习领域的已有研究指出尽管收集样本覆盖全面的训练数据,构建具有较高结果准确率的预测模型,是模型迁移应用时保持较高准确率的基本条件(Yeung et al.,2007)。在混合课程中,已有研究对学习成绩预测模型迁移应用过程中需要适应哪些条件提出过多种假设,如相同课程的跨学期迁移应用、相同学生群体的跨课程迁移应用、相同专业类型的跨课程迁移应用(Gitinabard et al.,2019[191-195];Moreno-Marcos,De Laet,Muñoz-Merino,2019[14-16])。这些模型的迁移应用方法均为条件控制较为严格的实验研究方法,且在迁移应用时直接使用基于某一混合课程学生在线学习行为构建的成绩预测模型预测新课程的学习成绩。虽然这些研究通过该方法取得了较好的预测结果准确率,但上述研究中的方法尚未发现预测模型跨课程、跨学期、跨学生群体迁移应用的定量判别条件,且随着混合课程中学生在线学习行为数据的逐年增加,该方法不利于持续优化混合课程的学习成绩预测模型。

本章的研究思路是:(1)从山东L高等院校中采集新学期的混合课程数据,验证增加数据量后,混合课程分类方法是否能得到相似特征的课程分类结果;(2)使用增量学习的方法,对比批量学习和增量学习构建成绩预测模型的预测结果;(3)讨论数据量、数据输入方法对预测模型的影响。

为方便对比,本章首先标记了使用山东L高等院校混合课程数据开展学习成绩预测过程中所得的结果,如表6-1所示。

表 6-1　山东 L 高等院校各学期混合课程学习成绩预测结果编码表

标记内容	标记代码		
	2018—2019 年第一学期	2019—2020 年第二学期	2018—2019 年第一学期和 2019—2020 年第二学期数据合并后
山东 L 高等院校中混合课程数据	D_{2018}	D_{2020}	$D_{2018-2020}$
使用山东 L 高等院校混合课程数据所得最佳学生聚类结果	CS_{2018}	CS_{2020}	$CS_{2018-2020}$
使用山东 L 高等院校混合课程数据所得课程分类结果	CC_{2018}	CC_{2020}	$CC_{2018-2020}$

6.1　混合课程中学生行为数据量对学习成绩预测的影响

在第 5 章中使用了批量学习方法一次性输入 2018—2019 年第一学期的混合课程数据(D_{2018})，并在高活跃课程(R_{2018-H})中取得了最高的预测结果准确率。有研究指出，样本的数据量越大，训练得到的预测模型的预测准确率越高(Cho et al.，2015；Zhang et al.，2018)。本研究进一步采集了山东 L 高等院校 2019—2020 年第二学期的混合课程数据(D_{2020})，本节将两学期数据集汇集到一起($D_{2018-2020}$)，分析一次性批量输入两学期的学生在线学习行为与学习成绩数据后，预测结果准确率是否会发生变化。

6.1.1　数据合并及预处理

在第 5 章中使用了山东 L 高等院校 2018—2019 年第一学期的混合课程数据(D_{2018})，为研究预测模型在跨时间段迁移的准确率，进一步收集了山东 L 高等院校 2019—2020 年第二学期混合课程的数据(D_{2020})。在山东 L 高等院校的 2019—2020 年第二学期中，院校的教学过程受到新冠肺炎疫情影响，开展了为期半学期(3 月 2 日开学到 5 月 18 日)的完全在线教学，5 月 19 日山东 L 高等院校恢复正常教学秩序，并根据原定教学计划开展教学直到 7 月 19 日。为落实"停课不停学，停课不停教"的全国统一教育政策，山东 L 高等院校的几乎所有课程都面向在线教学开课。为此，山东 L 高等院校临时紧急扩容了校园网络带宽，提升了校内服务器的数据吞吐量，临时购买了院校云计算资源，提升了所有与教学相关的虚拟系统的性能，以保证全校师生教学时间段的系统峰值响应。除经混合课程改革后，网络学习管理系统中已有在线教学活动和资源的课程，山东 L 高等院校还与企业、上级管理单位和兄弟院校进行协调，临时共享开放了一批在线教学资源。另外，为了保障师生在线教学运行，解决在线教学过程中出现的技术问题，山东 L 高等院校组织了一批志愿者，协调了一批技术保障公司，与院校信息化保障人员共同为师生的在线教学提供远程技术支持、系统运行保障。从教学条件上看，山东 L 高等院校的所有课程在 2019—2020 年第二学期中具备了相较于 2018—2019 年第一学期更为丰富的在线教学内容，以及更为立体的在线教学支持保障条件。从结果上看，在整个 2019—2020 年第二学期教学时间段，山东 L 高等院校产生了比以往更多的线上教学数据。

虽然山东 L 高等院校在 2019—2020 年第二学期的前半学期开展完全在线教学，但在后半学期，学生全部返校且所有课程教学正常运行后，教学开展更加偏向于实验、实技训练等面授方式。因此，纵观整个学期的教学过程仍属于混合教学，可以用于本研究前文描述的混合课程学生成绩预测模型的验证。本学期学生的选课数量跟 2018—2019 年第一学期相似，每个学生的选课数量在 6～12 门。与 2018—2019 年第一学期不同的是，本学期是春季学期，每个学院安排开设的专业课程内容有所不同。本研究分别从网络学习管理系统、教务系统中抽取山东 L 高等院校 2019—2020 年第二学期的学生在线学习行为日志和课程成绩，在学校数据库中以学生学号链接行为日志与课程成绩，并脱敏导出。为分辨学生个体，在导出时每条数据前新增学生唯一识别编号。由此共获得学生在线学习行为日志数据 40.7GB。这些数据包含了山东 L 高等院校 21 个学院的 34659 名学生，共计 1851 门课程数据，以及每个学生在对应参与课程中获得的成绩，共计 300565 条成绩数据。将每位学生在每门课程中的在线学习行为日志转换为频次/时长后，按每位学生在网络学习管理系统中参与每门课程的在线学习行为指标与对应最终成绩数据链接，导入研究所数据库后，形成与 4.1.2 中相同数据结构的学生在线学习行为成绩关联表。

在取得山东 L 高等院校 2019—2020 年第二学期混合课程数据 D_{2020} 后，由于山东 L 高等院校 2018—2019 年第一学期数据 D_{2018} 和 2019—2020 年第二学期数据 D_{2020} 的学生在线学习行为频次/时长存在差异，因此选取去量纲前的数据进行合并。数据合并及数据预处理流程如图 6-1 所示。

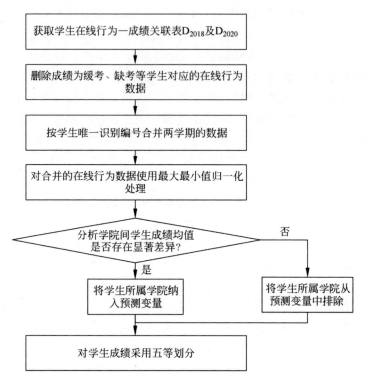

图 6-1　数据合并及数据预处理流程图

图 6-1 说明了合并 D_{2018} 和 D_{2020} 数据生成新数据（标记为 $D_{2018-2020}$）的操作流程。两学期的数据都来源于从学校数据库取出的已脱敏数据。第一步，分别从研究所数据库中选择 D_{2018} 和 D_{2020}，并将两张表中的数据合并。在山东 L 高校的教学计划中，某些课程每学期开放，因此可能存在学生重修情况，在两学期中学生唯一识别编码和课程号重复。为避免出现此类状况导致两学期数据无法合并的问题，需在两学期的学生唯一识别编码前分别增加各自学期的年份标识，即当某学生在 2018—2019 年第一学期和 2019—2020 年第二学期的唯一识别编码都是"123456"，在合并数据前会分别为该学生增加"2018123456"和"2020123456"。由此，合并过程中，不管是否为同一学生，只要参与的课程不同或参与课程的开设时间不同，即视为不同的数据样本；第二步，删除成绩缺失学生的在线学习行为数据。D_{2018} 和 D_{2020} 中均存在部分学生由于缓考、缺考等原因没有成绩的情况，因此，需要将缺失成绩学生的在线学习行为数据、学术属性数据等全部删除；第三步，

按学生的唯一识别编号将 D_{2018} 和 D_{2020} 两部分数据合并到一起；第四步，使用最大最小值归一化方法去除学生在线学习行为数据量纲；第五步，分析学生所属学院指标下的变量是否需要纳入预测变量；第六步，使用学习成绩五级分类，按 A/B/C/D/F 对百分制的数值化学习成绩进行定类转化。

在第五步中，由于在两学期间学生所属学院发生了变化，在数据合并后每个学院中包含的学生数量和学生成绩均值也发生变化。需重新分析学生所属学院是否应该纳入预测变量当中。为分析数据合并后样本量变化是否会影响学生所属学院作为预测变量与学习成绩的关系，需分析学院中学生成绩均值的差异。表 6-2 中展示了数据合并为 $D_{2018-2020}$ 后，所有院系学生成绩均值和学生数量占比。

表 6-2 $D_{2018-2020}$ 不同院系学生成绩均值及学生人数占比表

学院名称	平均成绩（分）	学生占比（%）
交通与车辆工程学院	77.19	5.76
体育学院	81.63	3.90
农业工程与食品科学学院	80.22	4.04
创新创业学院	86.65	1.48
化学化工学院	79.61	6.57
化学系	83.65	0.02
历史系	81.13	0.12
图书馆、档案馆（挂靠）	85.17	0.82
外国语学院	77.94	6.79
工商管理系	69.54	0.02
建筑工程学院	78.08	5.69
数学与统计学院	79.29	4.24
文学与新闻传播学院	84.54	3.16
机械工程学院	79.05	6.36
材料科学与工程学院	80.93	3.28
法学院	84.49	3.58
物理与光电工程学院	76.43	2.36
生命科学学院	80.82	2.87
电气与电子工程学院	77.38	7.93
管理学院	82.47	6.13
经济学院	82.50	4.50
美术学院	82.83	1.43

续表

学院名称	平均成绩（分）	学生占比（%）
计算机科学与技术学院	77.82	10.07
资源与环境工程学院	80.33	2.80
音乐学院	79.34	1.36
马克思主义学院	77.74	3.50
鲁泰纺织服装学院	83.70	1.09
齐文化研究院	81.02	0.10

根据表 6-2 可知，$D_{2018-2020}$ 相比 D_{2018}，28 个学院学生成绩均值最低值为 69.54，最高值为 86.65，学生人数占比最低值为 0.02%，最高值为 10.07%。对比表 5-3 可知，$D_{2018-2020}$ 相比 D_{2018} 每个学院的人数占比没有太大变化。通过方差检验发现，$D_{2018-2020}$ 中 28 个学院的学生成绩仍然没有通过方差齐性检验。因此对 28 个学院的学生成绩进行 welch 检验，发现 $D_{2018-2020}$ 中 28 个学院的学生成绩与 D_{2018} 中的学生成绩相似，各学院的学生成绩均值仍然具有显著差异（如表 6-3 所示）。因此在 $D_{2018-2020}$ 中仍然需将学生所属学院作为预测变量之一。

表 6-3　$D_{2018-2020}$ 中各学院学生成绩均值差异检验结果表

检验方法	统计量（T）	Df1	Df2	显著性水平
方差齐性检验	269.15	27	261245	0
Welch 方差检验	815.96	27	12965.237	0

6.1.2　数据合并后的混合课程分类

由于两学期中学生在各在线学习行为指标中产生的频次/时长数据并不相同，在将数据合并后，通过最大最小值归一化方法去除量纲时，D_{2018} 中原有的学生在数值上会有变化。因此通过去除量纲操作后，每位学生在 $D_{2018-2020}$ 有可能呈现与 D_{2018} 不同的在线学习行为特征。为分析 D_{2018} 中使用的混合课程分类方法对 $D_{2018-2020}$ 是否依然适用，首先分析两学期合并后的混合课程中学生在线学习行为数据的特征聚类，判断数据合并是否会对学生在线学习行为的聚类特征带来影响。为实施两学期合并后的混合课程中学生在线学习行为数据的特征聚类，同样需对所有学生的在线学习行为进行多元高斯分布检验，确定数据合并后对学生学习行为开展聚类分析应使用的聚类算法。

经过多元高斯分布检验后发现,两学期数据合并后各项学生在线学习行为符合多元高斯分布(见表6-4)。因此可直接使用带有GMM模型复合的EM算法对学生在线学习行为进行聚类分析,无须如D_{2018}再进行对数变换。从4.2.1对学生在线学习行为数据的聚类算法选择过程可知,没有一种通用的聚类算法适应所有数据集。因此,对于$D_{2018-2020}$中包含的学生在线学习行为数据,需同样使用四种聚类算法分别在不同聚类个数条件下进行聚类,通过聚类结果评价确定应选择的聚类。

表6-4　$D_{2018-2020}$ 学生在线学习行为指标多元高斯分布检验表

	样本数量	变量数量	H-Z统计量	p 值
学生在线学习行为数据	374809	20	192.49	0.1013

表6-4 表示了$D_{2018-2020}$ 中学生在线学习行为指标多元高斯分布检验结果,观察可知,通过数据合并,在$D_{2018-2020}$ 中共包含了学生在线学习行为数据样本量374809条,包含了20种学生在线学习行为变量。而Henze-Zirkler检验的统计量相比D_{2018} 略有提高。这是因为相比D_{2018} , $D_{2018-2020}$ 中的样本量有显著增加,与卡方检验相似,Henze-Zirkler统计量也会随样本量增加而增加,所以在检验结果中应重点关注Henze-Zirkler检验的 p 值。在表6-4中,$D_{2018-2020}$ 的检验结果 p 值为0.101,因此接受了Henze-Zirkler检验的原假设结果,判定$D_{2018-2020}$ 的各项学生在线学习行为数据与多元高斯分布没有显著差异。

经上述预处理和统计检验后,使用四种机器学习聚类算法,参数设定同4.2.1,分别设定聚类个数为2~10时的聚类结果评价指标(见表6-5)。从表6-5可知,在评估四种机器学习聚类算法的聚类结果时,虽然聚类个数为5时,结果评价指标已经最优,但再进一步增加聚类数量,当聚类个数为8时结果评价指标高于聚类个数为7的结果评价。为避免陷入局部最优,同时分析聚类评价结果是否呈非线性变化,相比对D_{2018} 中学生在线学习行为聚类数量的设定,需进一步增加了设定的聚类数量。然而当聚类设定为9和10时各算法得到的聚类结果评价指标急速下降,说明再增加聚类数量也无法进一步获取更优的聚类结果。因此在数据合并后学生在线学习行为仍然被分为5类。另外,数据合并后四种机器学习聚类算法均得到了具有比较性的结果,虽然层次聚类的结果在最终比较时仍然没有被采用,但数据合并对学生在线学习行为聚类起到了积极作用。比较表6-5中的各聚类方法的聚类评价指标,可发现表 6-5 中聚类数量为 5 时各评价指标结果数值最高。

表 6-5　数据合并后学生在线学习行为聚类结果评价表

聚类算法	SI	CH	DBI	Hopkins Statics Index
KM2	0.693	12228.447	6.099	0.001
EM2	0.503	13223.281	5.909	0.001
DBSCAN2	0.591	11231.874	5.040	0.001
Hierarchical2	0.605	13502.564	6.135	0.001
KM3	0.712	15172.532	5.012	0.314
EM3	0.765	15615.612	6.103	0.414
DBSCAN3	0.742	14351.238	5.433	0.351
Hierarchical3	0.723	15753.365	6.254	0.323
KM4	0.732	17193.510	4.131	0.692
EM4	0.741	17813.370	4.010	0.715
DBSCAN4	0.705	16814.192	5.191	0.653
Hierarchical4	0.715	17051.813	4.891	0.681
KM5	**0.823**	**20815.191**	**1.811**	**0.885**
EM5	0.820	19157.865	1.928	0.881
DBSCAN5	0.781	18514.128	2.415	0.801
Hierarchical5	0.791	19810.391	2.087	0.821
KM6	0.795	19210.926	2.095	0.852
EM6	0.809	19105.001	2.001	0.861
DBSCAN6	0.702	18197.221	3.912	0.706
Hierarchical6	0.751	18925.365	2.541	0.729
KM7	0.518	12190.353	6.158	0.556
EM7	0.535	13519.921	6.027	0.591
DBSCAN7	0.481	10141.069	9.569	0.523
Hierarchical7	0.499	11851.195	7.110	0.543
KM8	0.751	18059.260	5.411	0.693
EM8	0.735	17591.951	5.319	0.674
DBSCAN8	0.690	16812.158	6.951	0.607
Hierarchical8	0.681	16013.540	7.351	0.592
KM9	0.391	10201.307	8.115	0.531
EM9	0.401	10851.951	7.935	0.554

续表

聚类算法	SI	CH	DBI	Hopkins Statics Index
DBSCAN9	0.358	8812.158	9.159	0.522
Hierarchical9	0.361	8013.540	12.981	0.518
KM10	0.091	5059.101	15.193	0.509
EM10	0.095	5130.019	14.918	0.509
DBSCAN10	0.071	4812.158	18.005	0.507
Hierarchical10	0.102	5505.981	13.251	0.510

与表 4-4 相同,表 6-5 表示了四种聚类算法在不同聚类个数时的聚类评价结果,其中第一列表示采用的聚类算法及当前设定的聚类数量。KM2 所在的行表示采用 K-means 算法对学生在线学习行为数据集开展聚类分析,在聚类数量被设定为 2 类时,所得聚类结果的评价指标。以此类推,KM3~KM10 所在的行表示采用 K-means 算法对学生在线学习行为数据集开展聚类分析,在聚类数量分别设定为从 3 类到 10 类时,所得聚类结果的评价指标。EM2 所在的行表示采用带有 GMM 模型复合的 EM 算法对学生在线学习行为数据集开展聚类分析,在聚类数量被设定为 2 类并采用了后验概率防止标签漂移后,所得聚类结果的评价指标。EM3~EM10 所在的行表示采用带有 GMM 模型复合的 EM 算法对学生在线学习行为数据集开展聚类分析,在聚类数量分别设定为从 3 类到 10 类时,所得聚类结果的评价指标。DBSCAN2 所在的行表示采用 DBSCAN 算法对学生在线学习行为数据集开展聚类分析,在聚类数量被设定为 2 类时,所得聚类结果的评价指标。DBSCAN3~DBSCAN10 所在的行表示采用 DBSCAN 算法对学生在线学习行为数据集开展聚类分析,在聚类数量分别设定为从 3 类到 10 类时,所得聚类结果的评价指标。Hierarchical2 所在的行表示采用 Hierarchical 算法对学生在线学习行为数据集开展聚类分析,在聚类数量被设定为 2 类时,所得聚类结果的评价指标。Hierarchical3~Hierarchical10 所在的行表示采用 Hierarchical 算法对学生在线学习行为数据集开展聚类分析,在聚类数量分别设定为从 3 类到 10 类时,所得聚类结果的评价指标。

比较表 6-5 中各聚类算法的聚类结果评价可知,应选择聚类数为 5 时 KM 算法得到的学生在线学习行为聚类作为最佳聚类,从而实现了通过 $D_{2018-2020}$ 生成 $CS_{2018-2020}$。从聚类特征可知 $CS_{2018-2020}$ 保持了与 CS_{2018} 一致的主要特征,且在每个聚类中学生特征更为鲜明(见表 6-6)。

表 6-6　数据合并后学生在线学习行为聚类结果（指标均值和标准差）表

聚类编号	聚类编号 0 (0.76)	聚类编号 1 (0.04)	聚类编号 2 (0.14)	聚类编号 3 (0.03)	聚类编号 4 (0.02)
LBS1(Mean)	0.0026	0.0130	0.0115	0.0199	**0.1484**
LBS1(Std. dev)	0.0086	0.0210	0.0184	0.0360	0.0784
LBS2(Mean)	0.0010	0.0069	0.0049	0.0069	**0.0100**
LBS2(Std. dev)	0.0035	0.0103	0.0091	0.0103	0.0116
LBS3(Mean)	0.0001	0.0003	0.0005	0.0004	**0.0009**
LBS3(Std. dev)	0.0049	0.0049	0.0095	0.0048	0.0145
LBS4(Mean)	0	0.0003	0.0002	0.0005	**0.0010**
LBS4(Std. dev)	0.0031	0.0056	0.0041	0.0089	0.0187
LBS5(Mean)	0	0.0016	0.0004	0.0011	**0.0018**
LBS5(Std. dev)	0.0012	0.0135	0.0083	0.0157	0.0197
LBS6(Mean)	0.0002	0.0044	0.0021	**0.0159**	0.0073
LBS6(Std. dev)	0.0030	0.0238	0.0125	0.0325	0.0279
LBS7(Mean)	0.0003	0.0056	0.0026	**0.0169**	0.0087
LBS7(Std. dev)	0.0033	0.0259	0.0139	0.0355	0.0313
LBS8(Mean)	0.0002	0.0050	0.0023	**0.0158**	0.0084
LBS8(Std. dev)	0.0031	0.0236	0.0146	0.0542	0.0334
LBS9(Mean)	0.0092	0.0732	0.0621	0.0681	**0.0912**
LBS9(Std. dev)	0.0232	0.0531	0.0413	0.0351	0.0466
LBS10(Mean)	0.0081	0.0618	0.0539	0.0522	**0.0665**
LBS10(Std. dev)	0.0111	0.0374	0.0300	0.0361	0.0433
LBS11(Mean)	0.0026	0.0261	0.0230	**0.0366**	0.0281
LBS11(Std. dev)	0.0076	0.0390	0.0328	0.0466	0.0418
LBS12(Mean)	0	0.0025	0.0002	**0.0205**	0.0010
LBS12(Std. dev)	0.0011	0.0233	0.0033	0.0467	0.0117
LBS13(Mean)	0.0003	0.0050	0.0010	0.0031	**0.0070**
LBS13(Std. dev)	0.0030	0.0211	0.0066	0.0201	0.0377
LBS14(Mean)	0.0005	0.0084	0.0041	0.0069	**0.0089**
LBS14(Std. dev)	0.0036	0.0197	0.0180	0.0203	0.0240
LBS15(Mean)	0.0005	0.0071	0.0034	0.0140	**0.0169**
LBS15(Std. dev)	0.0039	0.0177	0.0171	0.0181	0.0228
LBS16(Mean)	0.0018	0.1106	0.0061	**0.0255**	0.0219
LBS16(Std. dev)	0.0081	0.0510	0.0136	0.0422	0.0358
LBS17(Mean)	0.0074	0.0506	**0.0993**	0.0645	0.0589
LBS17(Std. dev)	0.0136	0.0438	0.1751	0.0552	0.0430

续表

聚类编号	聚类编号 0 (0.76)	聚类编号 1 (0.04)	聚类编号 2 (0.14)	聚类编号 3 (0.03)	聚类编号 4 (0.02)
LBS18(Mean)	0.0053	0.0311	0.0172	0.0853	**0.1302**
LBS18(Std. dev)	0.0154	0.0354	0.0254	0.073	0.0907
LBS19(Mean)	0	0.0005	0	0.0001	**0.0012**
LBS19(Std. dev)	0.0017	0.0187	0.0024	0.0056	0.0058
LBS20(Mean)	0.0012	0.0131	**0.0156**	0.0083	0.0075
LBS20(Std. dev)	0.0047	0.0299	0.0322	0.0145	0.0165

当表中的数据小于 1×10^{-5} 时，以数字 0 表示。

从表 6-6 可知，对 $D_{2018-2020}$ 中的学生在线学习行为进行聚类后，所得结果 $CS_{2018-2020}$ 的每个聚类编号中学生在线学习行为数据均值和标准差都与 CS_{2018} 截然不同，聚类编号间的学生在线学习行为数据均值差异缩小。但是每个聚类的主要特征更加明显。

$CS_{2018-2020}$ 中属于聚类编号 0 的学生人数占比为 76%，该聚类编号中每项在线学习行为均值仍然最小。但均值为 0 的在线学习行为指标只有 4 项，且所有在线学习行为指标标准差都不为 0。相比 CS_{2018} 中对应的学生聚类编号结果，该聚类学生的人数占比下降了 1 个百分点，均值为 0 的在线学习行为指标个数减少了 13 项，且标准差值为 0 的在线学习行为指标减少了 9 项，说明相比 CS_{2018} 中的数据，CS_{2020} 中的学生在线学习行为更为活跃，虽然在 CS_{2018} 中仍然存在在线学习行为指标都非常少的学生，但这些学生已经在 2019—2020 年第二学期中，开始出现在线学习行为活动。

属于聚类编号 1 的学生人数占比为 4%，该聚类编号中学生的在线学习行为特征与两个学期数据未合并前的 CS_{2018} 相似。相比 CS_{2018} 中对应的学生聚类编号结果，该聚类学生的人数下降了 11 个百分点，学生在线学习行为变量的数据均值小于 0.01 的数量增加 1 项(为 13 项)，但数据均值为 0 的在线学习行为变量减少了 8 项，没有任何一项数据均值为 0。在在线学习行为数据指标的标准差方面，大于 0.01 的在线学习行为变量增加了 5 项，达到 17 项。

属于聚类编号 2 的学生人数占比为 14%，该聚类编号中学生的在线学习行为特征与两个学期数据未合并前的 CS_{2018} 相似。同样在上交课程作业次数和提交在线测试数量等两项学生在线学习行为变量中的均值是所有聚类中最高的，与 CS_{2018} 相同聚类编号学生在线学习行为特征相比，该聚类编号的学生人数占比上升了 8%，学生在线学习行为变量的数据均值都小于 0.01 的数量减少 1 项（为 12 项），但数据均值为 0 的在线学习行为变量增加了 1 项。在在线学习行为数据指标的标准差方面，该聚类编号中学生的在线学习行为特征保持了均值越高，标准差越高的趋势。但是与 CS_{2018} 相比，该聚类编号中，其他与提交作业相关的特征均有所减弱。

属于聚类编号 3 的学生占比 3%，该聚类编号中学生的在线学习行为特征与两个学期数据未合并前的 CS_{2018} 相似。相比 CS_{2018} 中对应的学生聚类编号结果，该聚类学生的人数占比上升了 2 个百分点。该聚类中，学生在线学习行为数据均值在所有聚类编号的在线学习行为均值中最高的项数保持了与 CS_{2018} 中对应在线学习行为相同的数据项个数（均为 6 项），其中 5 项与观看视频相关，另外学习笔记数量均值最高可认为是 2019—2020 年第二学期学生带来的特征。相较于 CS_{2018} 中对应的学生聚类编号结果，该聚类编号中除视频相关的学生在线学习行为明显更加活跃，无论从均值还是从标准差值上看，都有多项数据高于 CS_{2018} 中对应的学生在线学习行为。

属于聚类编号 4 的学生占比为 2%，该聚类编号中学生的在线学习行为特征与两个学期数据未合并前的 CS_{2018} 相似。相比 CS_{2018} 中对应的学生聚类编号结果，该聚类学生的人数占比上升了 1 个百分点。该聚类中，学生在线学习行为数据均值在所有聚类编号的在线学习行为均值中最高的项数保持了与 CS_{2018} 中对应在线学习行为相同的数据项个数（均为 12 项）。在在线学习行为数据指标的标准差方面，该聚类编号中学生的在线学习行为特征仍然与两个学期数据未合并前的 CS_{2018} 相同，有 11 项数据处于最高值。

从聚类后学生在线学习行为的特征可知，在 $CS_{2018-2020}$ 中，每个聚类中学生在线学习行为的主要特征没有发生改变。$CS_{2018-2020}$ 中的学生聚类特征仍可按 CS_{2018} 的聚类特征命名。最后使用课程内具有的学生聚类标签为每门课分别标记，并使用随机森林分类算法计算每门混合课程被聚类标签标记后的准确率，最终得到 5 类混合课程 $CC_{2018-2020}$。两学期学生在线学习行为数据合并后，每类课程标签对应的学生类型为主要群体，但其余学生的构成分布有所变化。每类混合课程中各学生在线学习行为聚类如图 6-2 所示。

在图 6-2 中横坐标分别表示 $CC_{2018-2020}$ 中 5 种不同类型的混合课程，分别是不活跃型课程、低活跃型课程、任务型课程、阅览型课程和高活跃型课程。纵坐标表示学生的人数在该类混合课程中所占总学生人数的百分比，由于没有任何一种类型的学生人数占比超过 90%，因此纵坐标下限为 0，上限为 90%。柱状图的颜色表示不同类型的学生：深蓝色代表不活跃型学

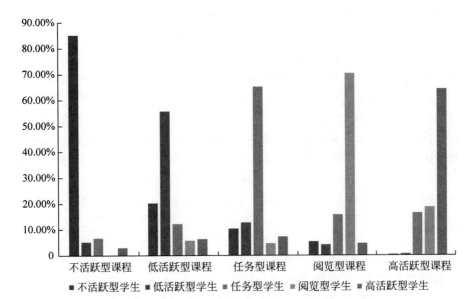

图 6-2　$CC_{2018-2020}$ 中学生群体构成占比图(见文前彩图)

生,橘色代表低活跃型学生,灰色代表任务型学生,黄色代表阅览型学生,浅蓝色代表高活跃型学生。从图 6-2 表示的 $CC_{2018-2020}$ 中各类学生所占总人数百分比可知:

$CC_{2018-2020}$ 的不活跃型课程中,不活跃型学生占 85.12%,低活跃型学生占 5.15%,任务型学生占 6.65%,阅览型学生占 0.13%,高活跃型学生占 2.95%。$CC_{2018-2020}$ 中的不活跃型课程各类型学生相比 CC_{2018} 同类课程同类型学生人数占比,不活跃型学生人数占比上升 1.92 个百分点,任务型学生人数占比降低 9.35 个百分点,剩余分布在低活跃型、阅览型和高活跃型三类学生的人数占比上升 8.43 个百分点。比较 CC_{2018} 与 $CC_{2018-2020}$ 的不活跃型课程可知,说明由于两学期学生在线学习行为数据频次/时长具有不同的数量级分布,在 CC_{2020} 中属于不活跃型的某些学生在 CC_{2018} 中则属于其他类别。

$CC_{2018-2020}$ 的低活跃课程中,低活跃型学生占 55.66%,不活跃学生占 20.23%,任务型学生占 12.13%,阅览型学生占 5.69%,高活跃型学生占 6.29%。$CC_{2018-2020}$ 的低活跃型课程中各类型学生相比 CC_{2018} 同类课程同类型学生人数占比,低活跃型学生人数占比上升 2.44 个百分点,不活跃型学生人数占比下降 8.03 个百分点,任务型学生人数占比上升 4.97 个百分点,阅览型学生人数占比上升 4.26 个百分点,高活跃型学生人数占比下降 4.51 个百分点。由此可知,$CC_{2018-2020}$ 在低活跃型课程中其他类型学生占比上升,说明 $CC_{2018-2020}$ 中低活跃型课程的学生多样性较高,学生特征的内聚性较低,与 CC_{2018} 的低活跃型课程有较大差异。

$CC_{2018-2020}$ 的任务型课程中,任务型学生占 65.12%,低活跃型学生占 12.65%,不活跃型学生占 10.35%,高活跃型学生占 7.23%,阅览型学生占 4.65%。$CC_{2018-2020}$ 中的任务型课程各类型学生相比 CC_{2018} 同类课程同类型学生人数占比,任务型学生人数占比下降 8.58 个百分点,低活跃型学生人数占比上升 7.15 个百分点,不活跃型学生人数占比下降 5.15 个百分点,高活跃型学生人数占比上升 2.93 个百分点,阅览型学生人数占比上升 3.35 个百分点。$CC_{2018-2020}$ 的任务型学生人数占比下降,而其他类型学生人数占比上升是因为不同学期的学生在线学习行为特征合并后,学生的在线学习行为特征聚类发生了变化。而 $CC_{2018-2020}$ 任务型课程分类下任务型学生的其他在线学习行为较多,说明 $CS_{2018-2020}$ 在聚类过程中,原属于 CS_{2018} 任务型学生的聚类特征被计入其他类型当中。同理 $CC_{2018-2020}$ 任务型课程中其他类型学生的占比提高。

$CC_{2018-2020}$ 的阅览型课程中,阅览型学生占比 70.26%,任务型学生占比 15.65%,不活跃型学生占比 5.32%,高活跃型学生占比 4.65%,低活跃型学生占比 4.12%。$CC_{2018-2020}$ 中的阅览型课程各类型学生相比 CC_{2018} 同类课程同类型学生人数占比,阅览型学生人数占比上升 13.56 个百分点,任务型学生人数占比上升 3.45 个百分点,不活跃型学生人数占比上升 4.22 个百分点,高活跃型学生人数占比下降 6.25 个百分点,低活跃型学生人数占比下降 15.08 个百分点。从上述比较可以看出,作为阅览型课程中的主要学生群体,$CC_{2018-2020}$ 阅览型课程中的阅览型学生较 CC_{2018} 中对应课程类型的阅览型学生人数占比提升较大,说明该类课程中学生对在线教学材料的阅览行为更加集中。但 $CC_{2018-2020}$ 的阅览型课程中其他学生的聚类特性发生了改变,因此其他类型学生的占比分布与 CC_{2018} 同类型学生占比的分布不同。

$CC_{2018-2020}$ 的高活跃型课程中,高活跃型学生占 64.21%,阅览型学生占 18.65%,任务型学生占 16.26%,低活跃型学生占 0.56%,不活跃型学生占 0.32%。$CC_{2018-2020}$ 中的高活跃型课程各类型学生相比 CC_{2018} 同类课程同类型学生人数占比,高活跃型学生人数占比下降 8.69 个百分点,阅览型学生人数占比上升 14.77 个百分点,任务型学生人数占比上升 11.76 个百分点,低活跃型学生人数占比下降 15.14 个百分点,不活跃型学生人数占比下降 3.23 个百分点。从上述比较可以看出,作为高活跃型课程中的主要学生群体，$CC_{2018-2020}$ 中高活跃型学生相较 CC_{2018} 高活跃型课程降幅较大，与此同时，$CC_{2018-2020}$ 的高活跃型课程中其他类型的学生群体构成也有较大变化，特别是低活跃型和不活跃型学生的人数占比也有较大降幅。说明在这一类学生中，学生的在线学习行为特征集中度上升，学生在线学习行为的个性化程度增强，因此合并数据有望为高活跃型课程带来更高的成绩预测结果准确率。

6.1.3 数据合并后的学习成绩预测

$D_{2018-2020}$ 经过课程中不同类型学生成绩均值与课程成绩均值独立样本 t 检验，排除独立样本 t 检验未通过的课程中所有学生的数据。进一步排除因缓考、缺考等没有成绩学生的在线学习行为数据后，按 5.2.2 的方法对学生成绩进行 5 级划分。最终获得 1422 门混合课程，359132 条学生在线学习行为与学习成绩数据。

根据课程分类标签，可将 $CC_{2018-2020}$ 的整个学生在线学习行为—成绩数据集划分为 5 个子类课程的子数据集。划分子数据集后每类课程中学生成绩的分布如图 6-3 所示。

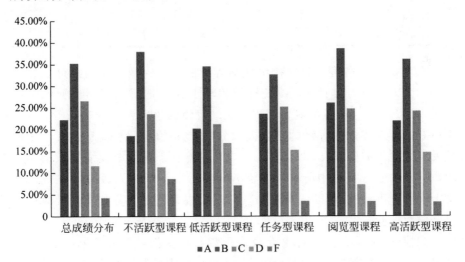

图 6-3 混合课程分类后学生成绩分布图（见文前彩图）

在图 6-3 中，横坐标是分类前后的混合课程类型，包括未进行数据合并的所有混合课程、不活跃型课程、低活跃型课程、任务型课程、阅览型课程和高活跃型课程，纵坐标是学生人数占比，由于各类型课程中没有任何一类学生成绩的人数占比超过 45%，因此坐标轴上限为 45%，下限为 0。柱状图的不同颜色表示不同学生成绩等级划分，A 为深蓝色，B 为橘色，C 为灰色，D 为黄色，F 为浅蓝色。从而通过柱状图的形态可大致描述不同类型混合课程中，各成绩等级中学生人数的占比。

在图 6-3 中，$D_{2019-2020}$ 中的混合课程在基于学生在线学习行为聚类标签分类后与 $D_{2019-2020}$ 中未分类前混合课程的学生成绩分布相似。为定量分析数据合并后每类课程学生成绩的分布，同样采用卡方分布检验。结果发现，$D_{2019-2020}$ 中每类混合课程的成绩分布与 $D_{2019-2020}$ 中未分类前混合课程的学生成绩分布没有显著差异，因此从 $D_{2018-2020}$ 按学生在线学习行为聚类标签分类混合课程的方法生成的 $CC_{2018-2020}$ 中每一类学生的结果变量的分布没有显著性差异（见表 6-7）。

表 6-7　$CC_{2018-2020}$ 中各类混合课程成绩分布与未分类课程成绩分布相似性检验表

课 程 类 型	卡方统计量	双尾检验 p 值
不活跃型课程	290.327	0.161
低活跃型课程	187.621	0.181
任务型课程	322.187	0.187
阅览型课程	247.651	0.126
高活跃型课程	149.932	0.112

在表 6-7 中，各类混合课程中成绩等级的学生人数分布与总体成绩等级的学生人数分布的卡方检验统计量相较于表 5-5 有不同程度的变化，可以发现 $CC_{2018-2020}$ 中各类混合课程中成绩等级的学生人数分布与 $D_{2018-2020}$ 中所有混合课程成绩等级的学生人数分布卡方检验 p 值都大于 0.1，因此接受卡方检验的原假设，即 $CC_{2018-2020}$ 中各类混合课程中成绩等级的学生人数分布与 $D_{2018-2020}$ 中所有混合课程成绩等级的学生人数分布在统计意义上没有显著差异，可以认为对 $D_{2018-2020}$ 中混合课程的分类操作没有产生显著的数据差异。

为检验 $CC_{2018-2020}$ 中每类混合课程数据量变化对预测结果的影响，研究采用 5.3.1 中相同的超参数调试方法重新探索了逻辑回归、多层感知器、随机森林、支持向量机和朴素贝叶斯等 5 种分类预测算法在数据合并后建立成绩预测模型的结果。经超参数调试，笔者发现本次使用多层感知器构建的人工神经网络预测模型与随机森林预测模型取得了相近的预测结果准确率（见表 6-8）。

表 6-8　经超参数调试优化后 $CC_{2018-2020}$ 中各模型的最佳总体预测准确率比较表

算法准确率	不活跃型课程	低活跃型课程	任务型课程	阅览型课程	高活跃型课程
逻辑回归预测结果准确率(%)	33.5	47.1	34.9	48.1	50.1
多层感知器预测结果准确率(%)	34.2	**49.8**	39.1	**51.5**	**75.1**
随机森林预测结果准确率(%)	**34.8**	49.1	**40.5**	50.7	**72.8**
支持向量机预测结果准确率(%)	33.1	46.1	35.1	44.5	47.3
朴素贝叶斯预测结果准确率(%)	31.2	40.1	33.8	41.3	45.7

表 6-8 呈现了 $CC_{2018-2020}$ 中各类型混合课程中学生数据的子样本在经超参数调试优化后所得的各分类预测模型最佳总体预测结果准确率。可以发现，根据超参数调试的结果，不活跃型课程的数据在逻辑回归分类预测算法、多层感知器分类预测算法、随机森林分类预测算法、支持向量机分类预测算法和朴素贝叶斯分类预测算法中所得总体预测结果准确率分别为 33.5%、34.2%、34.8%、33.1%、31.2%。虽然使用随机森林分类预测算法所得结果准确率相较于其他分类预测算法所得结果准确率更高，但没有任何一种分类预测算法的结果准确率超过 50%。低活跃型课程的数据在逻辑回归分类预测算法、多层感知器分类预测算法、随机森林分类预测算法、支持向量机分类预测算法和朴素贝叶斯分类预测算法中所得总体预测结果准确率分别为 47.1%、49.8%、49.1%、46.1%、40.1%。与 CC_{2018} 中低活跃型课程数据产生的结果不同，$CC_{2018-2020}$ 中仍然没有任何一种分类预测算法的结果准确率超过 50%。任务型课程的数据在逻辑回归分类预测算法、多层感知器分类预测算法、随机森林分类预测算法、支持向量机分类预测算法和朴素贝叶斯分类预测算法中所得总体预测结果准确率分别为 34.9%、39.1%、40.5%、35.1%、33.8%。与 CC_{2018} 中的任务型课程数据产生的结果相似，虽然使用随机森林分类预测算法所得结果准确率相较于其他分类预测算法所得结果准确率更高，但没有任何一种分类预测算法的结果准确率超过 50%。阅览型课程的数据在逻辑回归分类预测算法、多层感知器分类预测算法、随机森林分类预测算法、支持向量机分类预测算法和朴素贝叶斯分类预测算法中所得总体预测结果准确率分别为 48.1%、

51.5％、50.7％、44.5％、41.3％。与 CC_{2018} 中的阅览型课程数据产生结果相似，虽然使用多层感知器分类预测算法和随机森林分类预测算法所得结果准确率都超过了 50％，但并没有获得更高的预测结果准确率。最后，高活跃型课程的数据在逻辑回归分类预测算法、多层感知器分类预测算法、随机森林分类预测算法、支持向量机分类预测算法和朴素贝叶斯分类预测算法中所得总体预测结果准确率分别为 50.1％、75.1％、72.8％、47.3％、45.7％。

根据表 6-8 可知多层感知器和随机森林预测算法分别在 $CC_{2018-2020}$ 中的高活跃型混合课程数据调试时取得了 75.1％ 和 72.8％ 的较高准确率，且在除 $CC_{2018-2020}$ 中的高活跃型混合课程以外，2 种算法分别在 4 类课程中各自取得 2 类的最高值。但同时表 6-8 中也反映了除 $CC_{2018-2020}$ 中的高活跃型课程以外其他四类课程仍然没有任何一种算法经超参数调试后取得可被接受的预测准确率。

在 $CC_{2018-2020}$ 中 5 类混合课程中包含的数据量都远大于 1000 条，在采用 K 折交叉检验正式建立预测模型时设定 K 值为 10。而表 6-8 说明在高活跃型混合课程中多层感知器和随机森林预测算法都可取得较高准确率，因此应分别采用两种算法对混合课程构建学习成绩预测模型。采用随机森林预测算法构建预测模型的流程与 5.3.2 中相同。基于多层感知器的神经网络构建步骤如下：

（1）对每种类型的混合课程样本进行层级抽样划分为 10 份，随机选择其中 1 份作为测试集，另外 1 份作为训练集。

（2）根据超参数调试结果，设定神经网络模型的隐藏层为 38 层，将所有预测变量分别作为输入层的神经元，学习成绩作为结果变量作为输出层的神经元。从而获得一个包含 781 个神经元的全连接神经网络。

（3）根据超参数调试结果，为神经网络中的隐藏层采用双曲正切函数（Hyperbolic Tangent，tanh）作为激活函数，对输出层采用 softmax 作为激活函数，学习最大迭代次数按超参数调试结果设定为 915 次。

（4）梯度下降优化算法采用批量梯度下降优化（Batch Gradient Descent，BGD），Wilson 和 Martinez（2003）指出，虽然批量梯度下降优化算法耗费时间，但每次优化时算法会遍历所有输入样本，因此可避免局部最优。

（5）定义神经网络迭代停止条件，包括连续迭代 10 次后损失结果没有变化或结果验证评分没有提升，到达最大迭代次数两个条件。

（6）从输入层执行一次前向传播，并计算输出结果与真实结果之间的损失值，然后根据损失值计算神经元中的参数梯度，并进行反向传播，为防止梯度消失在反向传播时使用梯度下降优化算法，最后更新每个神经节点中的权重。

（7）迭代训练神经网络直到满足停止条件，并记录评价结果。

（8）随机选择其余 9 份样本集中的 1 份作为测试集，另外 3 份与（1）中被选为测试集的样本一起作为样本集，重复上述步骤，直到所有样本集都作为测试集验证过预测模型为止。计算每次得到预测结果、预测变量重要性及评价指标的均值，得出最终预测结果。

基于多层感知器的神经网络预测模型构建流程如图 6-4 所示。

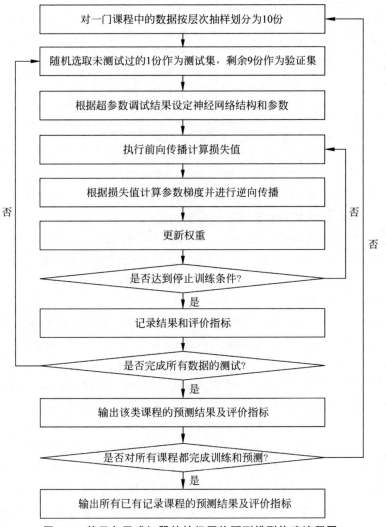

图 6-4　基于多层感知器的神经网络预测模型构建流程图

分别采用两种预测算法对所有课程建立预测模型并进行 10 次交叉检验后,可获得两种预测算法对 $CC_{2018-2020}$ 中的各类混合课程学习成绩预测结果(见表 6-9)。在 5.3.2 中已证实,混合课程分类可以提升预测结果准确率,因此,在本节研究中没有另外加入 $D_{2018-2020}$ 中的未分类的总体混合课程数据。

表 6-9　两种预测算法对 $CC_{2018-2020}$ 中的混合课程成绩的预测结果评价表

混合课程类型	不活跃型课程		低活跃型课程		任务型课程		阅览型课程		高活跃型课程	
预测算法	MLP	RF	MLP	RF	MLP	RF	MLP	RF	MLP	RF
预测准确率(%)	33.9	33.7	50.3	48.7	39.2	41.2	52.3	50.5	77.1	71.5
平均查准率	0.293	0.304	0.467	0.451	0.364	0.388	0.466	0.464	0.724	0.671
权重查准率	0.339	0.337	0.503	0.487	0.392	0.412	0.523	0.505	0.771	0.715
平均查全率	0.312	0.320	0.488	0.475	0.375	0.398	0.508	0.491	0.733	0.693
权重查全率	0.347	0.369	0.511	0.527	0.412	0.442	0.551	0.543	0.792	0.758
宏 F1 值	0.301	0.312	0.477	0.463	0.369	0.393	0.486	0.477	0.728	0.682
权重 F1 值	0.344	0.352	0.508	0.514	0.409	0.435	0.547	0.531	0.786	0.739

表 6-9 表示了 $CC_{2018-2020}$ 中各类型混合课程中的数据在使用多层感知器分类预测算法和随机森林预测算法分别构建学习成绩预测模型后,所获得的总体预测结果评价指标。从表 6-9 可知,在不活跃型混合课程的数据中使用多层感知器分类预测算法构建的学习成绩预测模型,预测结果在预测准确率、平均查准率、权重查准率、平均查全率、权重查全率、宏 F1 值、权重 F1 值等评价指标中分别为 33.9%、0.293、0.339、0.312、0.347、0.301、0.344;使用随机森林分类预测算法构建的学习成绩预测模型,预测结果在预测准确率、平均查准率、权重查准率、平均查全率、权重查全率、宏 F1 值、权重 F1 值等评价指标中分别为 33.7%、0.304、0.337、0.320、0.369、0.312、0.352。在低活跃型混合课程的数据中使用多层感知器分类预测算法构建的学习成绩预测模型,预测结果在预测准确率、平均查准率、权重查准率、平均查全率、权重查全率、宏 F1 值、权重 F1 值等评价指标中分别为 50.3%、0.467、0.503、0.488、0.511、0.477、0.508;使用随机森林分类预测算法构建的学习成绩预测模型,预测结果在预测准确率、平均查准率、权重查准率、平均查全率、权重查全率、宏 F1 值、权重 F1 值等评价指标中分别为 48.7%、0.451、0.487、0.475、0.527、0.463、0.514。在任务型混合课程的数据中使用多层感知器分类预测算法构建的学习成绩预测模型,预测结果在预测准确率、平

均查准率、权重查准率、平均查全率、权重查全率、宏 F1 值、权重 F1 值等评价指标中分别为 39.2%、0.364、0.392、0.375、0.412、0.369、0.409；使用随机森林分类预测算法构建的学习成绩预测模型，预测结果在预测准确率、平均查准率、权重查准率、平均查全率、权重查全率、宏 F1 值、权重 F1 值等评价指标中分别为 41.2%、0.388、0.412、0.398、0.442、0.393、0.435。在阅览型混合课程的数据中使用多层感知器分类预测算法构建的学习成绩预测模型，预测结果在预测准确率、平均查准率、权重查准率、平均查全率、权重查全率、宏 F1 值、权重 F1 值等评价指标中分别为 52.3%、0.466、0.523、0.508、0.551、0.486、0.547；使用随机森林分类预测算法构建的学习成绩预测模型，预测结果在预测准确率、平均查准率、权重查准率、平均查全率、权重查全率、宏 F1 值、权重 F1 值等评价指标中分别为 50.5%、0.464、0.505、0.491、0.543、0.477、0.531。在高活跃型混合课程的数据中使用多层感知器分类预测算法构建的学习成绩预测模型，预测结果在预测准确率、平均查准率、权重查准率、平均查全率、权重查全率、宏 F1 值、权重 F1 值等评价指标中分别为 77.1%、0.724、0.771、0.733、0.792、0.728、0.786；使用随机森林分类预测算法构建的学习成绩预测模型，预测结果在预测准确率、平均查准率、权重查准率、平均查全率、权重查全率、宏 F1 值、权重 F1 值等评价指标中分别为 71.5%、0.671、0.715、0.693、0.758、0.682、0.739。

从表 6-9 的结果中可知，$CC_{2018-2020}$ 中的高活跃型课程分别使用随机森林和多层感知器预测算法都取得了较高的预测准确率，但是多层感知器预测算法的准确率更高，综合预测准确率达到 77.1%。而其他 4 类课程的预测准确率最高只有 52.3%，仍没有达到可接受的范围。

为分析使用多层感知器预测算法在 $CC_{2018-2020}$ 每类混合课程中所得预测结果的构成，研究进一步记录了 $CC_{2018-2020}$ 每类混合课程中不同成绩的预测结果评价（见表 6-10）。据表 5-7 的计算方法，在二分类情况下，在表 6-10 中的各类型成绩的预测结果查准率就是模型对当前成绩等级预测结果的准确率。从表 6-10 中可知，$CC_{2018-2020}$ 中使用多层感知器分类预测算法对高活跃型课程数据构建的成绩预测模型结果准确率较高是因为该模型对高活跃型课程中成绩分别为 A、B 和 C 的预测准确率都较高，分别达到了 78.1%、82.1% 和 72.8%。而且相对在 CC_{2018} 采用随机森林分类预测算法对高活跃型课程数据构建的成绩预测模型的结果，$CC_{2018-2020}$ 中对成绩为 D 和 F 的预测准确率也有所提高，分别达到 67.4% 和 59.1%。说明在数据量增加后，多层感知器建立的神经网络模型对不同成绩等级的学生在线学习行为特征识别效果较好。

表 6-10　$CC_{2018-2020}$ 中各类混合课程中各级成绩学生预测结果评价表
（多层感知器预测算法）

混合课程类型	不活跃型课程	低活跃型课程	任务型课程	阅览型课程	高活跃型课程
成绩 A 的查准率	0.154	0.198	0.247	0.492	**0.781**
成绩 B 的查准率	0.392	0.621	0.545	0.668	**0.821**
成绩 C 的查准率	0.376	0.582	0.481	0.405	**0.728**
成绩 D 的查准率	0.251	0.621	0.126	0.381	0.674
成绩 F 的查准率	0.241	0.282	0.167	0.265	0.591
成绩 A 的查全率	0.175	0.211	0.278	0.527	0.806
成绩 B 的查全率	0.432	0.641	0.561	0.681	0.835
成绩 C 的查全率	0.417	0.618	0.503	0.436	0.759
成绩 D 的查全率	0.278	0.653	0.142	0.406	0.712
成绩 F 的查全率	0.271	0.318	0.191	0.297	0.632
成绩 A 的权重 F1 值	0.171	0.206	0.262	0.518	0.797
成绩 B 的权重 F1 值	0.427	0.637	0.547	0.669	0.831
成绩 C 的权重 F1 值	0.404	0.602	0.493	0.427	0.742
成绩 D 的权重 F1 值	0.267	0.641	0.137	0.394	0.698
成绩 F 的权重 F1 值	0.265	0.304	0.184	0.284	0.617

6.2　增量学习方法构建混合课程学习成绩预测模型的效果

5.3 和 6.1 均采用批量学习方法的机器学习分类预测算法构建混合课程中学生在线学习行为对学习成绩的预测模型。在构建成绩预测模型时，除采用批量输入数据的方法以外，还可采用增量输入数据的方法。一方面，增量学习通过逐条输入数据训练预测模型，在应对大量混合课程数据时可获得与批量学习接近的预测结果准确率；另一方面，增量学习能够持续输入混合课程中的数据，实现具体混合课程预测模型的迭代更新（Gepperth，Hammer，2016）。然而增量学习方式的分类预测算法也存在各种局限，本节将对比采用增量学习方式时不同机器学习分类预测算法构建的预测模型结果准确率。

6.2.1 数据准备及预处理

为分析采用增量学习方式的机器学习分类预测算法构建的成绩预测模型是否可获得与批量学习方式相似的预测结果准确率。本研究以增量学习方法的机器学习分类预测算法训练了 D_{2018} 分类的混合课程数据，并进一步使用 D_{2020} 的各类混合课程数据迭代训练。为保证上述过程实现，需首先分析 D_{2020} 中的预测变量和结果变量。

在所有预测变量中需要探讨的是学生所属学院。D_{2018} 中每个学院中的学生成绩均值具有显著差异，因此将学生所属学院纳入了预测变量当中。D_{2020} 中同样需要判断学生所属学院变量是否影响学生成绩，对 D_{2020} 中各学院学生的平均成绩和学生人数占比描述统计分析可得表 6-11。

表 6-11　D_{2020} 中各学院学生平均成绩与学生占比表

学 院 名 称	平均成绩（分）	学生占比（%）
交通与车辆工程学院	78.87	6.52
体育学院	81.23	2.72
农业工程与食品科学学院	80.60	5.48
化学化工学院	80.64	7.52
外国语学院	82.42	3.56
建筑工程学院	79.71	6.56
数学与统计学院	80.57	3.30
文学与新闻传播学院	84.98	3.41
机械工程学院	79.88	8.72
材料科学与工程学院	81.29	4.40
法学院	84.58	3.89
物理与光电工程学院	80.95	1.50
生命科学学院	81.21	3.53
电气与电子工程学院	79.59	9.03
管理学院	83.60	7.01
经济学院	83.76	5.75
美术学院	82.83	1.82
计算机科学与技术学院	79.14	8.75
资源与环境工程学院	80.49	3.58
音乐学院	80.79	1.57
鲁泰纺织服装学院	84.10	1.36

从表 5-3 中展示的 D_{2018} 学生平均成绩和学生人数占比看，各学院的成绩均值最低值为 72.14 分，最高值为 86.65 分，学生人数占比最低值为 0.06%，最高值为 12.21%。而从表 6-10 中可知，D_{2020} 中开课的学院为 21 个，学生成绩均值最低值为 78.87 分，相比 D_{2018} 学生成绩均值最低值上升了 6.73 分。学生成绩均值最高值为 84.98 分，相比 D_{2018} 学生成绩均值最高值下降了 1.67 分。学生人数占比最低值为 1.36%，相比 D_{2018} 学生人数占比最低值上升了 1.3 个百分点，最高值为 9.03%，相比 D_{2018} 学生人数占比最高值上升了 3.18 个百分点。由此可知，相比 D_{2018}，D_{2020} 中各学院的平均成绩变动区间变小，学生占比变动也变小。对 D_{2020} 中各学院学生成绩进行方差检验发现各学院学生成绩方差不齐，因此使用 Welch 方差检验各学院成绩的差异。根据表 6-12 的检验结果可知分属不同学院的学生成绩具有显著性差异。

表 6-12　D_{2020} 中各学院学生成绩差异检验结果表

检验方法	统计量(T)	Df1	Df2	显著性水平
方差齐性检验	81.754	20	300565	0
Welch 方差检验	260.186	20	59086.568	0

6.2.2　2019—2020 年第二学期的混合课程分类

按照与 4.1.2 相同的方法，首先需使用最大最小值归一化方法对所有学生在线学习行为去量纲，然后分析在线学习行为数据是否符合多元高斯分布，如不符合多元高斯分布则进行对数转换，同样以 5 种聚类算法分析学生在线学习行为聚类，观察学生在线学习行为聚类的评价结果，选取评价指标最好的结果作为学生聚类结果。最后根据学生在线学习行为聚类标签对每门混合课程进行分类。验证流程详细步骤分别是：

(1) 从 D_{2020} 中抽取所有学生的在线学习行为数据。

(2) 使用最大最小值归一化方法对所有在线学习行为数据去除量纲，形成学生在各项在线学习行为变量中的排名结果。

(3) 使用 Henze-Zirkler 检验方法分析当前数据集中的所有学生在线学习行为指标是否符合多元高斯分布。

(4) 当学生的在线学习行为指标不符合多元高斯分布时，对所有数据进行对数变换。

(5) 分别采用 K-means 算法、使用 GMM 模型实现的 EM 算法、DBSCAN 算法和层次聚类法对学生在线学习行为进行聚类，并记录聚类结果评价指标。

(6) 根据评价指标的对比,选择最优聚类结果。

(7) 将分类后的每类学生在线学习行为数据进行指数变换,从而将所有学生在线学习行为数据恢复为对数变换之前的状态。

(8) 采用随机森林算法,将学生的聚类特征标签依此作为每门课程的标签,并对每门课程进行分类,合并标签相同的混合课程数据。

(9) 当学生的在线学习行为指标符合多元高斯分布时,直接进行(5)~(8)操作,并跳过(7)。

上述验证流程如图 6-5 所示。

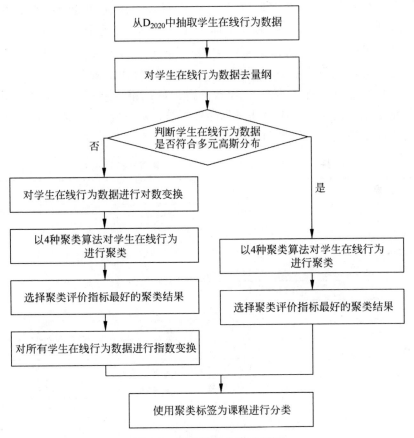

图 6-5　混合课程分类流程图

经多元高斯分布检验发现,D_{2020} 中的学生在线学习行为数据不符合多元高斯分布。对学生在线学习行为数据进行对数转换后通过多元高斯分布检验,可使用 GMM 模型实现的 EM 算法进行聚类。在对 D_{2020} 在线学生学习行为数据分别采用 5 种聚类算法进行聚类时,每种方法按 4.2.2 的所述操作流程调试各聚类方法的参数。手动设置了从 2~8 的聚类个数,比较聚类算法在不同聚类个数下的聚类结果评价指标后可知(见表 6-13)。聚类趋势指标 Hopkins 统计系数显示在聚类设定数量逐步上升时,学生在线学习行为数据集逐渐从均匀分布向良好聚类趋近,而当聚类数量超过 6 后,学生在线学习行为数据集则从良好聚类向随机分布趋近,说明在聚类为 5 和 6 时数据聚类倾向最为明显。而聚类数量为 5 时(霍普金斯统计量为 0.854),聚类趋势指标较聚类数量为 6 时(霍普金斯统计量为 0.841)更接近 1,且当聚类数量为 5 时,使用 KM 算法所得结果的各指标均好于其他聚类算法。另外,在使用各聚类算法对 D_{2020} 学生在线学习行为聚类时发现,层次聚类算法在聚类过程中采用的距离阈值仍然无法划分 D_{2020} 中样本点之间数据特征差异过大的聚类,导致其得到的结果各项指标都远低于其他聚类结果。采用层次聚类算法所得的聚类结果被排除,因此表 6-13 中没有列出层次聚类法所得结果的相关指标。

表 6-13　D_{2020} 学生在线学习行为数据聚类评价表

聚类算法	SI	CH	DBI	Hopkins Statics Index
KM2	0.602	12228.447	3.699	0.03
EM2	0.513	11539.196	4.219	0.021
DBSCAN2	0.421	10572.860	4.141	0.042
KM3	0.673	12627.151	3.211	0.722
EM3	0.661	12521.512	3.233	0.761
DBSCAN3	0.662	12471.226	3.322	0.741
KM4	0.723	12717.327	2.932	0.743
EM4	0.713	12662.325	3.019	0.801
DBSCAN4	0.711	12558.818	3.022	0.712
KM5	**0.821**	**16221.412**	**2.221**	**0.854**
EM5	0.781	16019.543	2.381	0.823
DBSCAN5	0.775	15715.621	2.321	0.831
KM6	0.801	15890.881	2.813	0.821
EM6	0.761	15971.242	3.023	**0.841**
DBSCAN6	0.781	15095.226	2.919	0.819

续表

聚类算法	SI	CH	DBI	Hopkins Statics Index
KM7	0.514	11344.261	5.477	0.684
EM7	0.508	11405.316	7.227	0.674
DBSCAN7	0.504	9552.118	6.512	0.665
KM8	0.387	7541.211	6.121	0.554
EM8	0.391	8123.454	5.416	0.531
DBSCAN8	0.367	7104.124	8.131	0.511

表 6-13 表示了 3 种聚类算法在不同聚类个数时的 4 项聚类评价结果，其中第一列表示采用的聚类算法及当前设定的聚类数量。因此，KM2 所在的行表示采用 K-means 算法对学生在线学习行为数据集开展聚类分析，在聚类数量被设定为 2 类时，所得聚类结果的评价指标。依此类推，KM3～KM8 所在的行表示采用 K-means 算法对学生在线学习行为数据集开展聚类分析，在聚类数量分别设定为从 3 类到 8 类时，所得聚类结果的评价指标。EM2 所在的行表示采用带有 GMM 模型复合的 EM 算法对学生在线学习行为数据集开展聚类分析，在聚类数量被设定为 2 类并采用了后验概率防止标签漂移后，所得聚类结果的评价指标。EM3～EM8 所在的行表示采用带有 GMM 模型复合的 EM 算法对学生在线学习行为数据集开展聚类分析，在聚类数量分别设定为从 3 类到 8 类时，所得聚类结果的评价指标。DBSCAN2 所在的行表示采用 DBSCAN 算法对学生在线学习行为数据集开展聚类分析，在聚类数量被设定为 2 类时，所得聚类结果的评价指标。DBSCAN3～DBSCAN8 所在的行表示采用 DBSCAN 算法对学生在线学习行为数据集开展聚类分析，在聚类数量分别设定为从 3 类到 8 类时，所得聚类结果的评价指标。

比较表 6-13 中各聚类算法的聚类结果评价可知，应选择聚类数为 5 时 KM 算法得到的学生在线学习行为聚类作为最佳聚类，将使用 KM 算法在 5 个聚类的结果按标签分离后，实现了从 D_{2020} 聚类得到 CS_{2020} 的过程，进一步使用描述统计方法分析 CS_{2020} 各聚类标签下学生在线学习行为频次/时长的均值和标准差，并对比 CS_{2020} 中各聚类标签下学生在线学习行为与 CS_{2018} 中各聚类标签下学生在线学习行为的均值和标准差可知，两个学期的学生在线学习行为特征相似，但每个聚类中人数有所改变（见表 6-14）。

表 6-14 CS_{2018} 与 CS_{2020} 中学生在线学习行为聚类对比表

聚类编号	Cluster0		Cluster1		Cluster2		Cluster3		Cluster4	
学期	2018	2020	2018	2020	2018	2020	2018	2020	2018	2020
学生占比	0.770	0.6800	0.150	0.1900	0.060	0.0300	0.010	0.0600	0.010	0.0500
LBS1(Mean)	0	0.0022	0.011	0.0178	0.039	**0.0329**	0.039	0.0268	**0.088**	0.0231
LBS1(Std. dev.)	0.002	0.0066	0.021	0.0337	0.058	**0.0655**	0.051	0.0587	0.128	0.0455
LBS2(Mean)	0	0.0006	0.009	0.0047	0.024	0.0092	0.020	0.0072	**0.038**	**0.0096**
LBS2(Std. dev.)	0.003	0.0016	0.016	0.0059	0.038	0.0117	0.025	0.0104	0.059	**0.0177**
LBS3(Mean)	**0**	**0**	0	0	**0**	0.0020	0	0	**0.011**	**0.0007**
LBS3(Std. dev.)	0.007	0	0.002	0.0005	0	0.0203	0.004	0.0013	0.057	0.0057
LBS4(Mean)	**0**	**0**	0	0	**0**	0.0001	0	0.0002	**0.008**	**0.0012**
LBS4(Std. dev.)	0	0.0044	0.001	0.0013	0.005	0.0018	0.001	0.0051	0.041	**0.0197**
LBS5(Mean)	**0**	**0**	**0**	0.0001	0	**0.0038**	0.023	0.0001	0.003	0
LBS5(Std. dev.)	0	0.0058	0.005	0.0013	0.001	0.0328	0.052	0.0015	0.011	0.0002
LBS6(Mean)	**0**	**0**	**0**	0.0020	0	0.0069	0.002	**0.0163**	**0.019**	0.0012
LBS6(Std. dev.)	0.010	0.0004	0	0.0066	0.002	0.0199	0.016	**0.0427**	0.075	0.0054
LBS7(Mean)	**0**	0.0001	**0**	0.0025	0.001	0.0084	**0.061**	**0.0185**	0.011	0.0014
LBS7(Std. dev.)	0	0.0006	0.012	0.0081	0.004	0.0234	0.108	**0.0463**	0.033	0.0061
LBS8(Mean)	**0**	**0**	**0**	0.0019	**0**	0.0068	**0.042**	**0.0184**	0.001	0.0008
LBS8(Std. dev.)	0	0.0003	0.009	0.0074	0.009	0.0221	0.091	**0.0463**	0.005	0.0050
LBS9(Mean)	0.002	0.0122	0.023	0.0526	0.054	0.0712	0.075	0.0751	**0.100**	**0.0912**
LBS9(Std. dev)	0.004	0.0116	0.021	0.0312	0.043	0.0426	0.051	0.0435	0.091	**0.0511**
LBS10(Mean)	0.001	0.0091	0.025	0.0449	0.063	0.0609	0.086	0.0678	**0.099**	**0.0844**
LBS10(Std. dev)	0.003	0.0102	0.019	0.0208	0.036	0.0364	0.054	0.0398	0.072	**0.0421**
LBS11(Mean)	**0**	0.0021	0.017	0.0181	**0.076**	**0.0507**	0.063	0.0329	0.059	0.0425
LBS11(Std. dev.)	0.002	0.0049	0.020	0.0214	0.060	0.0606	0.075	0.0441	**0.067**	0.0581
LBS12(Mean)	**0**	**0**	**0**	0.0004	0	0.0016	**0.027**	**0.0062**	0	0.0002
LBS12(Std. dev.)	0	0.0001	0.007	0.0019	0.007	0.0066	0.072	**0.0218**	0.003	0.0012
LBS13(Mean)	**0**	0.0001	0.004	0.0004	0	0.0035	0.033	0.0077	**0.036**	**0.0118**
LBS13(Std. dev.)	0	0.0008	0.014	0.0016	0.001	0.0163	0.060	0.0373	0.064	0.0079
LBS14(Mean)	**0**	0.0002	0.006	0.0026	0.002	0.0083	0.018	0.0104	**0.045**	**0.0164**
LBS14(Std. dev.)	0	0.0011	0.015	0.0056	0.007	0.0168	0.022	0.0224	0.066	**0.043**
LBS15(mean)	**0**	0.0002	0.003	0.0021	0	0.0040	0.011	0.0081	**0.033**	**0.0139**
LBS15(std. dev.)	0	0.0010	0.009	0.0052	0.001	0.0104	0.019	0.0209	0.054	**0.0405**
LBS16(Mean)	**0**	0.0026	0.012	0.0111	0.011	0.0395	0.051	**0.1081**	**0.061**	0.0116
LBS16(Std. dev.)	0.020	0.0104	0.028	0.0204	0.021	0.0513	0.050	0.0640	0.101	0.0217

续表

聚类编号	Cluster0		Cluster1		Cluster2		Cluster3		Cluster4	
学期	2018	2020	2018	2020	2018	2020	2018	2020	2018	2020
学生占比	0.770	0.6800	0.150	0.1900	0.060	0.0300	0.010	0.0600	0.010	0.0500
LBS17(Mean)	0.001	0.0094	0.043	0.0637	**0.134**	**0.2728**	0.072	0.059	0.087	0.1433
LBS17(Std. dev.)	0.005	0.0160	0.045	0.0392	0.091	**0.1551**	0.048	0.0501	0.083	0.0927
LBS18(Mean)	0	0.0076	0	0.0324	0	**0.2134**	0	0.0311	0	0.0277
LBS18(Std. dev.)	0	0.0183	0	0.0444	0	**0.0804**	0	0.0416	0	0.0395
LBS19(Mean)	**0**	**0**	0.012	0	0.007	0	**0.225**	0	**0.072**	**0.0016**
LBS19(Std. dev.)	0.033	0.0058	0.037	0.0058	0.023	0.0058	0.166	0.0058	0.103	**0.0269**
LBS20(Mean)	**0**	0.0011	0.006	0.0055	0.004	0.0088	**0.066**	0.0114	0.023	**0.0128**
LBS20(Std. dev.)	0.001	0.0034	0.013	0.0096	0.009	0.0136	0.129	0.0163	0.029	**0.0228**

当表中的数据小于 1×10^{-5} 时,以数字 0 表示。

对比 CS_{2018} 与 CS_{2020} 中年各聚类编号中学生在线学习行为的特征可发现:

CS_{2020} 中属于聚类编号 0 的学生人数占比为 68%,该聚类编号中每项在线学习行为均值仍然最小。虽然均值中为 0 的在线学习行为指标只有 8 项,且标准差超过 0.01 的在线学习行为指标有 5 项。相比 CS_{2018} 中对应的学生聚类编号结果,该聚类学生的人数占比下降了 6%,均值为 0 的在线学习行为指标个数减少了 3 项,但仍然有 5 项在线学习行为均值低于 0.001;该聚类编号中标准差值为 0 的在线学习行为指标减少了 9 项,且有 5 项超过了 0.01。但与 CS_{2020} 中其他聚类编号的学生相比聚类编号 0 的学生仍然不活跃,且这些学生的在线学习行为差异或模式也欠缺个性化。

CS_{2020} 中属于聚类编号 1 的学生人数占比为 19%,该聚类编号中的学生与 CS_{2018} 中相同聚类编号的学生在线学习行为特征相似,没有任意一项在线学习行为均值和标准差高于其他聚类。相比 CS_{2018} 中对应的学生聚类编号结果,该聚类学生的人数上升了 4%。学生在线学习行为变量的数据均值都小于 0.01 的数量减少 2 项(为 10 项),数据均值为 0 的在线学习行为变量减少了 5 项(还有 3 项为 0)。在在线学习行为数据指标的标准差方面,超过 0.01 的在线学习行为指标增加 2 项(为 14 项)。说明在该聚类编号中,学生在线学习行为活跃度稍微增加,但仍缺失部分在线学习活动,在线学习行为个性化水平也有上升,但相较于除不活跃型学生以外的其他类型学生,CS_{2020} 中属于聚类编号 1 的学生在线学习行为个性化水平仍然较低。

CS_{2020} 中属于聚类编号 2 的学生人数占比为 3%，该聚类编号中的学生与 CS_{2018} 中相同聚类编号的学生在线学习行为特征相似，同样在阅读课程通知、提交作业、参与课程调查、在线时长、进入研究型教学主题次数等 5 个在线学习行为指标均值上高于其他聚类。相比 CS_{2018} 中对应的学生聚类编号结果，该聚类学生的人数占比下降了 3 个百分点。学生在线学习行为变量的数据均值为 0 的数量下降 4 项（为 1 项），在在线学习行为数据指标的标准差方面，超过 0.01 的在线学习行为指标增加 2 项（为 9 项），且大部分该聚类中学生的在线学习行为指标标准差高于 CS_{2018} 中对应的学生在线学习行为指标标准差。另外 CS_{2020} 中该聚类学生不再关注试卷库和试题库中的教学材料，说明 CS_{2020} 中属于聚类编号 2 的学生在线学习过程任务化的倾向更高。

CS_{2020} 中属于聚类编号 3 的学生人数占比为 6%，该聚类编号中的学生与 CS_{2018} 中相同聚类编号的学生在线学习行为特征相似，学生的在线行为主要集中在学习笔记数量、进入播课个数、学习播课视频次数、学习播课视频时长分钟，且这四项在线行为指标的均值高于其他聚类。相比 CS_{2018} 中对应的学生聚类编号结果，该聚类学生的人数上升了 5%。学生在线学习行为变量的数据均值为 0 的数量增加 1 项（为 2 项），相同聚类编号下的学生在线学习行为指标的频次均值有所增加，与观看视频相关的四项在线行为指标标准差也是所有聚类中最高的。但与 CS_{2018} 中相比不同的是，该聚类编号下其他的在线学习行为数据均值相对减少，与观看视频相关性较差的其他在线行为指标没有任意一项达到所有聚类的最高值。说明 CS_{2020} 中该聚类学生在阅览型在线学习特征上更加集中。

CS_{2020} 中属于聚类编号 4 的学生人数占比为 5%，该聚类编号中的学生与 CS_{2018} 中相同聚类编号的学生在线学习行为特征相似。相比 CS_{2018} 中对应的学生聚类编号结果，该聚类学生的人数占比上升了 4 个百分点。所有聚类中在线学习行为指标均值最高的数量下降 2 项（为 10 项），标准差值最高的数量下降 3 项（为 8 项），但该聚类的学生仍然具有最多数量的均值最高在线学习行为指标，因此可认为 CS_{2020} 中属于聚类编号 4 的学生与 CS_{2018} 中相同聚类编号学生在线行为特征较为相似。另外，该聚类编号中大多数学生的在线学习行为指标标准差相对于 CS_{2018} 中相同聚类编号对应在线学习行为指标标准差有所提升，说明 CS_{2020} 中属于聚类编号 4 的在线学习行为个性化程度有所增强。

从每个聚类的学生在线行为特征可知，虽然本学期 5 个聚类的学生在线学习行为特征与 CS_{2018} 的 5 个聚类相似，但在每种聚类内部有所差异，如属于聚类编号0的学生在线行为种类已经大幅上升,且该聚类学生占比有所下降。因此在本学期中没有将学生全部属于聚类编号0的课程删除。最后,在课程分类时同样使用课程内具有的全部学生聚类标签为每门课分别逐次标记,并使用随机森林分类算法计算每门课被聚类标签标记后的结果准确率,最终得到5类混合课程CC_{2020}。CC_{2020}与CC_{2018}相比,仍然以每类课程标签对应的学生聚类特性为主要群体。

每种混合课程中各聚类学生在线学习行为类型占比分布如图6-6所示。

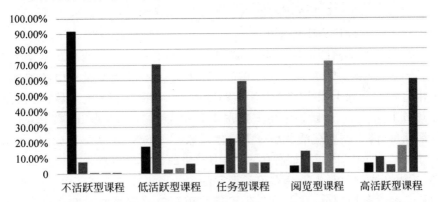

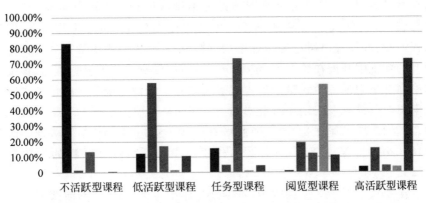

图6-6 混合课程中学生构成占比图(见文前彩图)

(a) 2020年;(b) 2018年

图 6-6(a)标记了 CC_{2020} 混合课程的学生人数构成占比图,图 6-6(b)标记了 CC_{2018} 混合课程的学生人数构成占比图,横坐标分别表示了 5 种不同类型的课程,分别是不活跃型课程、低活跃型课程、任务型课程、阅览型课程和高活跃型课程。纵坐标表示学生的人数在该类混合课程中所占总学生人数的百分比,由于两学年中学生人数构成占比有所差异,为统一量纲,纵坐标下限为 0,上限为 100%,柱状图的颜色表示不同类型的学生,分别是深蓝色代表不活跃型学生,橘色代表低活跃型学生,灰色代表任务型学生,黄色代表阅览型学生,浅蓝色代表高活跃型学生。从图 6-6 表示的课程中各类学生所占总人数百分比可发现 CC_{2020} 与 CC_{2018} 学生占比有所不同。

在 CC_{2020} 不活跃型课程中,不活跃型学生占 91.65%,低活跃型学生占 7.57%,而剩余 3 类学生总共占 0.77%。CC_{2020} 不活跃型课程中各类型学生相比 CC_{2018} 同类课程同类型学生人数占比,不活跃型学生人数占比上升 8.45 个百分点,低活跃型学生人数占比上升 7.93 个百分点,而剩余分布在低活跃型、阅览型和高活跃型 3 类学生人数占比下降 0.53 个百分点。由此可知,CC_{2020} 的不活跃型课程中,各类型学生的在线学习行为特征分离度更高,学生在线学习行为特征在该类课程的中的聚集程度更高。由于 2020 年的特殊教学阶段划分,这部分学生可能是由于家庭网络原因无法接入网络教学平台,也有可能是因为有的混合课程在线上教学中设计了大量直播授课,或通过微信群、QQ 群、钉钉等其他在线学习管理工具发布和管理学生的在线学习过程,在网络学习管理系统中没有记录学生的其他学习行为。结合表 6-4 可知,CC_{2020} 中不活跃的学生在学习笔记、参与问卷调查、阅读课程通知、参加线上讨论等指标中均有在线行为,说明学生尝试过在网络学习管理系统中开展在线学习,但基于各种原因没有持续下去。最后,该类课程中高度集中的不活跃型学生也代表网络学习管理系统记录的该类课程在线学习部分没有表现出个性化差异。与 2018—2019 年第一学期的情况相似,不活跃型课程在每个学院中均有出现,主要集中在体育学院。而与 2018—2019 年第一学期不同的是,外国语学院不活跃型课程的占比显著下降。

在 CC_{2020} 低活跃型课程中,低活跃型学生占 70.36%,不活跃型学生占 17.42%,高活跃型学生占 6.2%,阅览型学生占 3.46%,任务型学生占 2.53%。CC_{2020} 低活跃型课程中各类型学生相比 CC_{2018} 同类课程同类型学生人数占比,低活跃型学生人数占比上升 12.26 个百分点,不活跃型学生人数占比上升 5.22 个百分点,高活跃型学生人数占比下降 4.6 个百分点,阅览型学生人数占比上升 1.76 个百分点,任务型学生人数占比下降 14.57 个百分点。与 2018—2019 年第一学期相比,CC_{2020} 中低活跃型课程的学生在线学习行为特征一样表现出较高的集中程度,而且在低活跃型课程中没有明显在线学习个性化差异的学生类型(低活跃型和不活跃型)共占课程学生 87.78%,其他 3 类学生共占该课程类型学生的 12.22%。说明在 CC_{2020} 中有较多学生感知到网络学习管理系统中建设的混合课程在线内容,但是在该类课程中仍然缺乏对学生参与网络学习管理系统中在线学习活动的全面支持或要求。与 2018—2019 年第一学期相比不同的是,该类课程较为平均地分布在每个学院中。

在 CC_{2020} 任务型课程中,任务型学生占 59.13%,低活跃型学生占 22.17%,阅览型学生占 6.74%,高活跃型学生占 6.52%,不活跃型学生占 5.43%。CC_{2020} 任务型课程中各类型学生相比 CC_{2018} 同类课程同类型人数占比,任务型学生人数占比下降 14.57 个百分点,低活跃型学生人数占比上升 17.07 个百分点。阅览型学生人数占比上升 5.44 个百分点,高活跃型学生人数占比上升 2.22 个百分点,不活跃型学生人数占比下降 10.07 个百分点。由此可见,在 CC_{2020} 任务型课程中相比 CC_{2018} 同类课程学生的在线学习行为特征内聚性有所减弱。该类课程中低活跃型的学生相比除低活跃型课程以外的其他类型课程占比更高,说明该类型课程中除任务取向的学生较多,而另外部分学生只完成了教师在线教学设计的最基本教学任务。但是 CC_{2020} 任务型课程中各学生类型的内聚性减弱,除了任务型学生以外,其他学生类型在该混合课程类型中也占有一定比例。说明 CC_{2020} 中学生并没有完全放弃网络学习管理系统中的在线学习部分,在该类课程中,学生的在线学习行为与 CC_{2018} 的在线学习行为有所不同,有关注除了固定在线学习任务以外的其他在线学习活动。该类课程在所属学院的集中情况与 2018—2019 年第一学期相似,同样分布于计算机科学与技术学院。

在 CC_{2020} 阅览型课程中,有 72.06% 为阅览型学生,有 14.22% 为低活跃型学生,有 6.61% 为任务型学生,有 4.43% 为不活跃型学生,只有 2.64% 为高活跃型学生。CC_{2020} 阅览型课程中各类型学生相比 CC_{2018} 同类课程同类型学生人数占比,阅览型学生人数占比上升 15.36 个百分点,低活跃型学生人数占比下降 4.98 个百分点,任务型学生人数占比下降 5.59 个百分点,不活跃型学生人数占比上升 3.33 个百分点,高活跃型学生人数占比下降 8.26 个百分点。由此可见,在 CC_{2020} 阅览型课程中相比 CC_{2018} 同类课程学生的在线学习行为特征内聚程度更高。该课程的包含的其他类型学生分布表明,与 CC_{2018} 相同类型课程中学生的在线学习行为偏好不同,除了学生在网络学习管理系统中参与在线学习材料的学习以外,还在其他在线学习活动中表现出个性化倾向。与 2018—2019 年第一学期相比,该类课程除集中在建筑工程学院外,还集中在材料科学与工程学院及交通与车辆工程学院开设的课程中。

在 CC_{2020} 高活跃型课程中,有 60.65% 为高活跃型学生,有 17.5% 为阅览型学生,有 10.48% 为低活跃型学生,有 6.4% 为不活跃型学生,有 5% 为任务型学生。CC_{2020} 任务型课程中各类型学生相比 CC_{2018} 同类课程同类型学生人数占比,高活跃型学生人数占比下降 12.25 个百分点,阅览型学生人数占比上升 13.92 个百分点,低活跃型学生人数占比下降 5.22 个百分点,不活跃型学生人数占比上升 2.85 个百分点,任务型学生人数占比上升 0.5 个百分点。相比 CC_{2018} 的同类课程,CC_{2020} 高活跃型课程中其他类型的学生有所增加,说明 CC_{2020} 高活跃型课程的学生在线学习个性化差异增大。另外,在 CC_{2020} 高活跃课程中有接近 1/4(22.5%)的学生偏好完成某种学习活动(任务型学生和阅览型学生),有 16.9%(不活跃型学生和低活跃型学生)的学生参与在线学习较少,有可能影响 CC_{2018} 对应课程类型的成绩预测模型在 CC_{2020} 中的预测结果准确率。该类课程除集中在 2018—2019 年第一学期的三个学院外,还新增了管理学院和数学与统计学院。

6.2.3 使用增量学习方法基于学生在线行为预测混合课程的学习成绩

根据 5.1.2,当同一课程中存在不同类型学生,但学生成绩没有显著差异时,该课程的数据应被排除。通过探索 CC_{2020} 的混合课程中学生聚类标签与成绩的关系,发现其中仍然存在全班相同得分及不同类型学生得分差异过小的情况。因此,对 CC_{2020} 包含的不同类型学生的所有课程得分需进行各类型学生成绩均值与课程全部学生成绩均值的独立样本 t 检验,并删除课程内多种类型学生成绩均值与课程整体成绩均值没有显著性差异的数据。删除混合课程中学生的类型与成绩如图 6-7 所示。

图 6-7 展示了 D_{2020} 中一门包含多种类型学生,但所有学生的成绩均相同的课程,该课程是没有通过各类型学生成绩均值与课程所有学生成绩均值的 t 检验,而被删除的典型示例课程。图 6-7(a)的横坐标表示学生人数,纵坐标表示学生的聚类编号,因此图 6-7(a)表示了该门课程包含了 5 类学生,分别是不活跃型学生、低活跃型学生、任务型学生、阅览型学生和高活跃

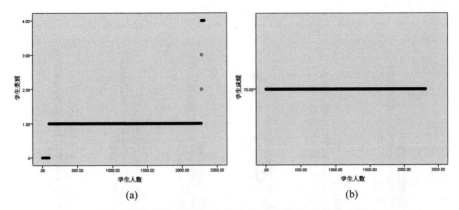

图 6-7 被删除的课程中学生类型及学生成绩散点图
(a) 某课程中学生类型散点图；(b) 某课程中学生成绩散点图

型学生。其中不活跃型学生对应的聚类标签为 cluster0，低活跃型学生对应的聚类标签为 cluster1，任务型学生对应的聚类标签为 cluster2，阅览型学生对应的聚类标签为 cluster3，高活跃型学生对应的聚类标签为 cluster4；图 6-7(b) 的横坐标表示学生人数，纵坐标表示学生成绩，图 6-7(b) 的含义是，该课程中所有学生的最终成绩均为 70 分。据此可知，图 6-7 表示的含义是，该课程中虽然包含了在线学习行为模式差异较大的五类学生，但他们的最终成绩没有任何差异，均为 70 分。根据查找对应课程的分类结果可知，图 5-2 中的示例课程属于低活跃型课程。从图 6-7 中可知，CC_{2020} 中仍然存在某些课程，其在线教学活动与学习成绩不存在相关性。为排除这些课程对预测结果准确率的干扰，本研究从数据集中删除这些数据。经过对所有混合课程的检查，本次处理涉及 429 门课程的 13321 条数据。

在 CC_{2020} 中因缓考、缺考等问题，最终成绩没有被记录的学生在线数据也会被删除。经过上述处理，最终获得 1422 门混合课程中的 231322 条学生在线学习行为与学习成绩数据。

根据课程分类标签，可将 CC_{2020} 的学生在线学习行为—成绩数据集划分为 5 个子类课程的子数据集。为分析混合课程分类对原始数据集的影响，与 5.2.2 相同，研究比较了 CC_{2020} 的各类型课程包含的学生成绩的分布与未分类前所有课程包含学生成绩的分布相似程度，如图 6-8 所示。

在图 6-8 中，横坐标是 CC_{2020} 分类前后的混合课程类型，包括未进行分类的 CC_{2020} 所有混合课程，以及 CC_{2020} 包含的不活跃型课程、低活跃型课程、任务型课程、阅览型课程和高活跃型课程，纵坐标是学生人数占比，由于

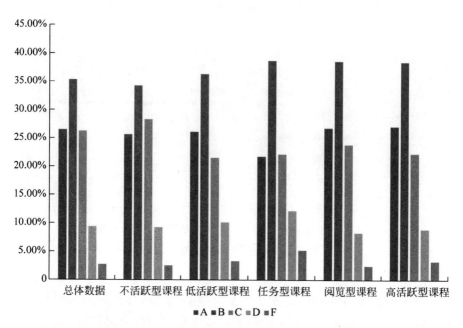

图 6-8 分类前后 CC_{2020} 各类课程中不同成绩人数占比分布图（见文前彩图）

各类型课程中没有任何一类学生成绩的人数占比超过 45%，因此坐标轴上限为 45%，下限为 0，柱状图的不同颜色表示不同学生成绩等级划分，A 为深蓝色，B 为橘色，C 为灰色，D 为黄色，F 为浅蓝色。从而通过柱状图的形态可大致描述不同类型混合课程中，各成绩等级中学生人数的占比。

从图 6-8 中可看出，在按学生在线学习行为聚类标签将课程分类后，每类课程的学生成绩与未分类前的总体学生成绩分布相似。为进一步定量分析混合课程分类对学生成绩人数分布造成的扰动。使用卡方检验每类课程的成绩分布与总体学生成绩分布的相似度。卡方检验结果如表 6-15 所示。

表 6-15 CC_{2020} 各类混合课程学生成绩分布与总体学生成绩分布卡方检验结果表

课程类型	卡方统计量	双尾检验 p 值
不活跃型课程	247.458	0.189
低活跃型课程	198.851	0.112
任务型课程	305.961	0.112
阅览型课程	235.189	0.192
高活跃型课程	164.228	0.242

第 6 章　混合课程分类方法验证和学习成绩预测模型优化

在表 6-15 中各类混合课程中成绩等级的学生人数分布与总体成绩等级的学生人数分布卡方检验统计量相较于表 5-5 有不同程度的变化,可以发现 CC_{2020} 中各类混合课程中成绩等级的学生人数分布与 D_{2020} 中所有混合课程各类成绩等级的学生人数分布的卡方检验结果 p 值都大于 0.1,因此接受卡方检验的原假设,即 CC_{2020} 中各类混合课程中成绩等级的学生人数分布与 D_{2020} 中所有混合课程成绩等级的学生人数分布在统计意义上没有显著差异,可以认为对 D_{2020} 中混合课程的分类操作没有产生显著的数据差异。

在增量学习时,5 类混合课程中的数据逐条输入到机器学习分类预测算法中,现有增量学习算法主要采用随机森林和神经网络算法实现(何海波等,2016)。本研究选择了这两种方法训练 CC_{2018} 和 CC_{2020} 中混合课程的数据。在 CC_{2020} 的数据中,最少的一类混合课程中包含 461 个学生。根据前人研究(Vabalas et al.,2019[11-15])的结果,预测模型对每一类混合课程的数据进行检验时仍然使用 5 次交叉检验,预测模型构建流程如下:

(1) 在 CC_{2018} 和 CC_{2020} 中顺序选择其中一学期混合课程中的数据。

(2) 在选中的混合课程中选择一类混合课程中的数据。

(3) 使用层次划分法将选中的混合课程数据层次随机采样为 5 个子样本。

(4) 选定子样本中之前未被检验的 1 份数据作为验证集,剩余 4 份作为训练集。

(5) 选择一种使用增量学习方法训练数据的机器学习分类预测算法。

(6) 当采用随机森林机器学习分类预测算法时,通过超调试方法决定预测模型构建的参数,首先构建决策树模型,不断使用子训练集重复,构建包含所有训练集数据的决策树。每棵决策树的预测结果由决策树中存储的预测变量重要性得出,每棵决策树中存储的预测变量重要性都作为可调整的参数,进入下一轮随机森林整体迭代的参数,直到决策树的预测结果收敛。

(7) 使用验证集中的数据检验预测模型及预测结果,并记录。

(8) 判断是否完成 5 次交叉检验,若未完成,则返回(4),并一直重复(4)~(7)直到所有数据都被检验,计算由随机森林预测分类算法构建的预测模型和预测结果的各评价指标均值。

(9) 判断是否选中的学期中的每类混合课程数据都经由随机森林分类预测算法构建出预测模型,得到预测结果及相关评价指标。若没有,则返回(2),并重复(2)~(7)直到所有类型的混合课程数据都被训练。

(10) 当采用多层感知器机器学习分类预测算法时,通过超调试方法决定预测模型构建的参数,包括设定神经网络模型的隐藏层数量,将所有预测变量分别作为输入层的神经元,学习成绩作为结果变量作为输出层的神经元,构建全连接神经网络。为神经网络中的隐藏层采用超参数调试结果的激活函数,对输出层采用超参数调试结果的激活函数,学习最大迭代次数按超参数调试结果设定。定义神经网络迭代停止条件,包括连续迭代10次后损失结果没有变化或结果验证评分没有提升,到达最大迭代次数两个条件。从输入层执行一次前向传播,并计算输出结果与真实结果之间的损失值,然后根据损失值计算神经元中的参数梯度,并进行反向传播,为防止梯度消失在反向传播时使用梯度下降优化算法,最后更新每个神经节点中的权重。迭代训练神经网络直到满足停止条件,并记录评价结果。

(11) 使用验证集中的数据检验预测模型及预测结果,并记录。

(12) 判断是否完成5次交叉检验,若未完成,则返回(4),并一直重复(4)~(11)[跳过(6)~(9)]直到所有数据都被检验,计算由多层感知器预测分类算法构建的预测模型和预测结果的各评价指标均值。

(13) 判断是否选中的学期中的每类混合课程数据都经由多层感知器分类预测算法构建出预测模型,得到预测结果及相关评价指标。若没有,则返回(2),并重复(2)~(11)[跳过(6)~(9)]直到所有类型的混合课程数据都被训练。

(14) 判断两学期的所有类型混合课程数据是否都输入到两种分类预测算法中进行训练,若没有则返回(1),选择另外一学期的数据,并重复(2)~(13)一次。

预测模型构建流程如图6-9所示。

在图6-9中,通过增量学习训练了CC_{2018}的各类混合课程数据,然后进一步采用CC_{2020}各类混合课程数据增量学习。在算法选择时采用随机森林和多层感知器的增量学习版本,并通过超参数调试确定算法相关参数。最后得到的预测结果评价指标如表6-16所示。

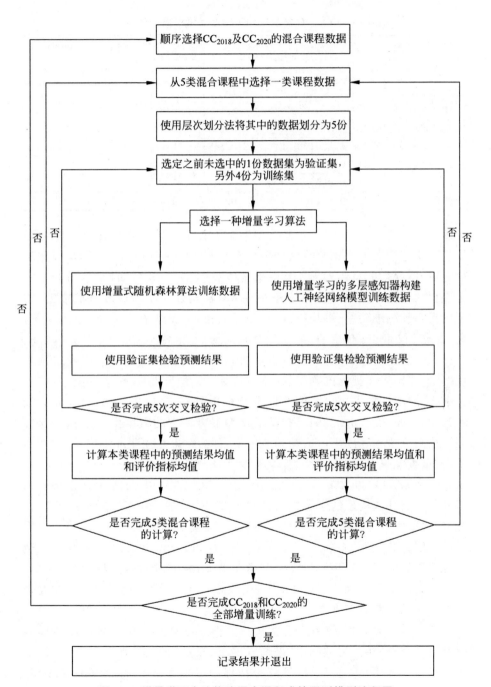

图 6-9 增量学习方法构建混合课程成绩预测模型流程图

表 6-16　CC_{2020} 各类混合课程增量学习预测结果评价表

混合课程类型	不活跃型课程		低活跃型课程		任务型课程		阅览型课程		高活跃型课程	
使用算法	RF	MLP	RF	MLP	RF	MLP	RF	MLP	RF	MLP
预测准确率(%)	32.3	30.2	38.8	37.3	36.1	34.8	35.1	32.8	**70.7**	58.8
平均查准率	0.263	0.244	0.359	0.343	0.322	0.302	0.295	0.279	0.612	0.539
权重查准率	0.323	0.302	0.388	0.373	0.361	0.348	0.351	0.328	0.707	0.588
平均查全率	0.268	0.250	0.312	0.362	0.347	0.312	0.316	0.298	0.663	0.548
权重查全率	0.313	0.298	0.352	0.365	0.373	0.333	0.365	0.312	0.731	0.605
宏 F1 值	0.264	0.265	0.334	0.352	0.349	0.307	0.305	0.288	0.636	0.543
权重 F1 值	0.317	0.301	0.367	0.369	0.334	0.342	0.355	0.323	0.719	0.591

表 6-16 表示了 CC_{2020} 中各类型混合课程中的数据在使用增量学习方式的多层感知器分类预测算法和随机森林预测算法分别构建学习成绩预测模型后，所获得的总体预测结果评价指标。从表 6-16 可知，在不活跃型混合课程的数据中使用随机森林分类预测算法构建的学习成绩预测模型，预测结果在预测准确率、平均查准率、权重查准率、平均查全率、权重查全率、宏 F1 值、权重 F1 值等评价指标中分别为 32.3%、0.263、0.323、0.268、0.313、0.264、0.317；使用多层感知器分类预测算法构建的学习成绩预测模型，预测结果在预测准确率、平均查准率、权重查准率、平均查全率、权重查全率、宏 F1 值、权重 F1 值等评价指标中分别为 30.2%、0.244、0.302、0.250、0.298、0.265、0.301。在低活跃型混合课程的数据中使用随机森林分类预测算法构建的学习成绩预测模型，预测结果在预测准确率、平均查准率、权重查准率、平均查全率、权重查全率、宏 F1 值、权重 F1 值等评价指标中分别为 38.8%、0.359、0.388、0.312、0.352、0.334、0.367；使用多层感知器分类预测算法构建的学习成绩预测模型，预测结果在预测准确率、平均查准率、权重查准率、平均查全率、权重查全率、宏 F1 值、权重 F1 值等评价指标中分别为 37.3%、0.343、0.373、0.362、0.365、0.352、0.369。在任务型混合课程的数据中使用随机森林分类预测算法构建的学习成绩预测模型，预测结果在预测准确率、平均查准率、权重查准率、平均查全率、权重查全率、宏 F1 值、权重 F1 值等评价指标中分别为 36.1%、0.322、0.361、0.347、0.373、0.349、0.334；使用多层感知器分类预测算法构建的学习成绩预测模型，预测结果在预测准确率、平均查准率、权重查准率、平均查全率、权重查全率、宏 F1 值、权重 F1 值等评价指标中分别为 34.8%、0.302、0.348、0.312、0.333、0.307、0.342。在阅览型混合课程的数据中使用随机森林分

类预测算法构建的学习成绩预测模型,预测结果在预测准确率、平均查准率、权重查准率、平均查全率、权重查全率、宏 F1 值、权重 F1 值等评价指标中分别为 35.1%、0.295、0.351、0.316、0.365、0.305、0.355；使用多层感知器分类预测算法构建的学习成绩预测模型,预测结果在预测准确率、平均查准率、权重查准率、平均查全率、权重查全率、宏 F1 值、权重 F1 值等评价指标中分别为 32.8%、0.279、0.328、0.298、0.312、0.288、0.323。在高活跃型混合课程的数据中使用随机森林分类预测算法构建的学习成绩预测模型,预测结果在预测准确率、平均查准率、权重查准率、平均查全率、权重查全率、宏 F1 值、权重 F1 值等评价指标中分别为 70.7%、0.612、0.707、0.663、0.731、0.636、0.719；使用多层感知器分类预测算法构建的学习成绩预测模型,预测结果在预测准确率、平均查准率、权重查准率、平均查全率、权重查全率、宏 F1 值、权重 F1 值等评价指标中分别为 58.8%、0.539、0.588、0.548、0.605、0.543、0.591。

从表 6-16 的结果可知,使用增量学习随机森林算法建立的学习成绩预测模型在持续训练了 CC_{2018} 的高活跃型课程和 CC_{2020} 的高活跃型课程后,研究得到了最佳预测结果准确率,达到 70.7%。但是在低活跃型课程中预测结果准确率只达到了 38.8%。任务型课程的预测结果准确率为 36.1%,阅览型课程的预测准确率为 35.1%,不活跃型课程的预测结果准确率为 32.3%。

从表 6-16 还可发现,在采用增量学习方法时多层感知器分类预测算法所得到的预测结果准确率仍然不如随机森林分类预测得到的结果准确率高。进一步提取 CC_{2020} 的混合课程中学生成绩预测结果中预测变量对结果变量信息的增益率,可获得 CC_{2020} 的混合课程中学生在线学习行为的指标重要性(如表 6-17 所示),表 6-17 表示以增量学习方式迭代训练学生在线学习行为与学习成绩数据后,所有预测变量对结果变量的重要性标准化系数。从表 6-17 中可知在使用 CC_{2020} 不活跃型混合课程中的数据构建预测模型过程中,所有预测变量对结果变量的重要性标准化系数最大为 0.75,最小为 0,最大差异为 0.75；在使用 CC_{2020} 低活跃型混合课程中的数据构建预测模型过程中,所有预测变量对结果变量的重要性标准化系数最大为 0.59,最小为 0,最大差异为 0.59；在使用任务型混合课程中的数据构建预测模型过程中,所有预测变量对结果变量的重要性标准化系数最大为 0.61,最小为 0,最大差异为 0.61；在使用阅览型混合课程中的数据构建预测模型过程中,所有预测变量对结果变量的重要性标准化系数最大为

0.55，最小为0，最大差异为0.55；在使用高活跃型混合课程中的数据构建预测模型过程中，所有预测变量对结果变量的重要性标准化系数最大为0.55，最小为0.36，最大差异为0.19。

表6-17 增量训练所得结果中预测变量重要性列表（按重要性降序排列）

不活跃型课程		低活跃型课程		任务型课程		阅览型课程		高活跃型课程	
变量编码	重要性	变量编码	重要性	变量编码	重要性	变量编码	重要性	变量编码	重要性
LBS21	0.75	LBS1	0.59	LBS11	0.61	LBS9	0.55	LBS10	0.55
LBS9	0.60	LBS11	0.52	LBS21	0.57	LBS2	0.52	LBS9	0.53
LBS2	0.56	LBS10	0.50	LBS9	0.52	LBS14	0.50	LBS2	0.53
LBS10	0.50	LBS13	0.48	LBS2	0.49	LBS13	0.50	LBS14	0.50
LBS11	0.48	LBS16	0.47	LBS1	0.43	LBS10	0.49	LBS15	0.50
LBS14	0.45	LBS2	0.43	LBS10	0.42	LBS16	0.44	LBS13	0.49
LBS15	0.42	LBS9	0.42	LBS17	0.42	LBS11	0.42	LBS1	0.48
LBS5	0.40	LBS21	0.42	LBS14	0.37	LBS18	0.42	LBS4	0.48
LBS18	0.35	LBS18	0.42	LBS20	0.37	LBS19	0.42	LBS11	0.47
LBS12	0.34	LBS7	0.41	LBS15	0.37	LBS17	0.41	LBS3	0.46
LBS8	0.32	LBS15	0.40	LBS13	0.35	LBS7	0.39	LBS20	0.43
LBS6	0.30	LBS17	0.39	LBS16	0.35	LBS21	0.39	LBS12	0.43
LBS19	0.25	LBS14	0.35	LBS18	0.34	LBS12	0.38	LBS21	0.42
LBS16	0.22	LBS4	0.32	LBS8	0.31	LBS8	0.38	LBS16	0.42
LBS17	0.15	LBS12	0.28	LBS3	0.30	LBS20	0.38	LBS18	0.42
LBS1	0.13	LBS6	0.25	LBS12	0.28	LBS5	0.37	LBS17	0.41
LBS13	0.12	LBS20	0.15	LBS6	0.26	LBS15	0.35	LBS19	0.41
LBS7	0.12	LBS8	0.15	LBS4	0.26	LBS6	0.25	LBS8	0.39
LBS20	0	LBS3	0.12	LBS7	0.23	LBS3	0.23	LBS5	0.38
LBS4	0	LBS5	0.10	LBS19	0.21	LBS4	0.15	LBS7	0.37
LBS3	0	LBS19	0	LBS5	0	LBS1	0	LBS6	0.36

CC_{2020} 高活跃型课程的预测变量重要性分布虽然有所变化，但仍然保持了各预测变量差异较小的特征。但是其他类型的混合课程中，各预测变量的重要性排序和重要性标准化指数值都有较大变动。

根据表6-17可作5类混合课程预测变量重要性折线图，如图6-10所示。图6-10表示了使用CC_{2020}各类型混合课程中的数据构建预测模型过程中，所有预测变量对结果变量的重要性标准化系数构成的折线分布，横坐标表示编码后的预测变量，从LBS1～LBS21，纵坐标表示经标准化后的预测变量的重要性。而不同颜色表示了不同类型的混合课程,其中深蓝色代表高活跃型课程,橘色代表阅览型课程,灰色代表任务型课程,黄色代表低活跃型课程,浅蓝色代表不活跃型课程,绿色代表未分类的所有混合课程。

从图 6-10 可知,使用 CC_{2018} 和 CC_{2020} 的混合课程数据增量学习成绩预测模型后,高活跃型课程的折线更加平滑,而不活跃型课程的折线波动更大。结合表 6-17 的预测变量重要性列表,说明通过增量学习方式在 CC_{2018} 和 CC_{2020} 的高活跃型混合课程数据迭代训练后同样可以获得较高准确率,但在其他类型的混合课程中迭代式的增量学习并没有进一步提升预测结果准确率。

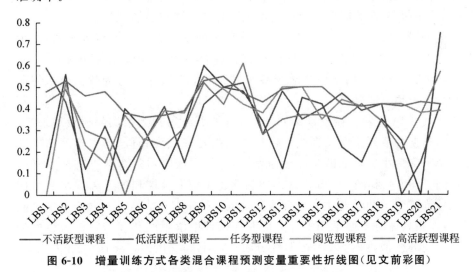

图 6-10　增量训练方式各类混合课程预测变量重要性折线图(见文前彩图)

6.3　不同情境下的预测结果讨论

6.3.1　通过增量学习迁移应用学习成绩预测模型的讨论

通过对 D_{2020} 的学生在线学习行为数据聚类分析后发现,所得聚类结果 CS_{2020} 中的学生在线学习行为仍然可被分为 5 类。虽然 5 类学生在线学习行为的基本特征与 CS_{2018} 中的 5 类学生相似,但每一类学生的在线学习行为特征都发生了变化。这可能是因为 2019—2020 年第二学期进行了半学期的完全在线教学。在完全在线教学时间段,学生接入网络学习管理系统开展在线学习的参与程度受到多方面的影响,如学生的接入设备限制、网络环境限制、教师采用多个平台开展在线教学等。但使用网络学习管理系统中的学生在线学习行为数据对混合课程分类后发现，混合课程中各类学生的在线学习行为数据的内聚程度相对提高，据此分类混合课程，各类课程之间差异性更加明显（详见图6-6）。使用CC_{2020}中各类型混合课程中的学生在线学习行为数据，增量学习CC_{2018}中各类型混合课程的学习成绩预测模型后发现，在高活跃型课程中取得的预测准确率仍然最高。结合5.4.1随机森林分类预测算法对CC_{2018}中各混合课程中数据的拟合情况分析可知，除高活跃型课程以外，其他分类的混合课程出现了欠拟合（不活跃型课程）和过拟合（低活跃型课程、任务型课程及阅览型课程）的情况。因此使用CC_{2020}同类课程数据训练模型时出现准确率下降较多的现象。

为研究使用CC_{2020}的高活跃型课程中的学生在线学习行为数据，增量学习CC_{2018}同类课程学习成绩预测模型同样获得了较高结果准确率的原因，本研究分析了两学期高活跃型课程的学生在线学习行为数据分布特征和学习成绩分布特征。

表6-14说明了两学期不同类型学生在线学习行为数据的比较结果，可见两学期高活跃型学生在线学习行为数据特征较为相似，而以预测结果准确率下降最小的低活跃型课程为例，学生的在线学习行为数据特征则有所不同。图6-8和图5-4却反映出两学期各类型混合课程的学生成绩分布特征较为相似。两学期中的混合课程学生在线学习行为数据是两个高维离散矩阵，在具体分析两学期中各类型混合课程中学生的在线学习行为数据分布之间的相似性时，采用相似性分析（Analysis of Similarities, ANOSIM）方法计算各类型课程中学生在线学习行为数据分布的差异显著性。ANOSIM是一种基于秩和检验和置换检验的矩阵相似性计算方法，可计算两个矩阵中对应样本的变量间距离的排名，根据距离计算对应样本的组间距离秩与组内距离秩的差，得到ANOSIM的统计量（Clarke, 1993）。计算公式如式（6-1）所示。

$$R = \frac{r_b - r_w}{[n(n-1)] \times 0.25} \tag{6-1}$$

式（6-1）中，r_b表示组间距离排名秩的平均值，r_w表示组内距离排名秩的平均值，n表示总样本数量。从式（6-1）中可以看出ANOSIM的统计量范围是$-1\sim1$，当统计量R大于0时说明组间差异大于组内差异，当R小于0时组间差异小于组内差异。为了分辨组间差异和组内差异是否显著，ANOSIM还可通过计算置换检验差异达成。在置换检验时，将所有样本放在同一组中，随机划分样本为两组并计算当前组的秩和检验统计量，即式(6-1)的 R 值。重复这个步骤 N 次，将获得的所有 R 值与原始 R 值排序，原始 R 值的排名除以 N（总样本数量）的结果就是原始分组是否具有组间显著性差异的 p 值（即原始 R 值是否处于所有组间相似可能性的95%置信区间内）。因此，当 p 小于0.05时，原始分组具有显著的组间差异(Amruthnath,Gupta,2019)。使用 ANOSIM 相似度检验分析两个学期中各类型混合课程中所有学生的在线学习行为数据相似度可得表 6-18，使用卡方检验分析两个学期中各类型混合课程的学生成绩分布相似度可得表 6-19。

表 6-18 表示了两学期各类型学生在线行为和学习成绩分布相似性检验结果。两学期高活跃型课程学生在线行为数据分布相似度的 R 值为 -0.152，说明两学期数据的组间差异小于组内差异，且 p 值为 0.281，说明两学期高活跃型课程学生在线行为数据分布没有显著差异；两学期阅览型课程学生在线行为数据分布相似度的 R 值为 0.012，说明两学期数据的组间差异大于组内差异，且 p 值为 0，说明两学期阅览型课程学生在线行为数据分布有显著差异；两学期任务型课程学生在线行为数据分布相似度的 R 值为 0.135，说明两学期数据的组间差异大于组内差异，且 p 值为 0，说明两学期任务型课程学生在线行为数据分布有显著差异；两学期低活跃型课程学生在线行为数据分布相似度的 R 值为 0.144，说明两学期数据的组间差异大于组内差异，且 p 值为 0，说明两学期低活跃型课程学生在线行为数据分布有显著差异；两学期不活跃型课程学生在线行为数据分布相似度的 R 值为 0.141，说明两学期数据的组间差异大于组内差异，且 p 值为 0，说明两学期不活跃型课程学生在线行为数据分布有显著差异。

表 6-19 表示了两学期各类型学生学习成绩分布的卡方检验结果。两学期高活跃型课程学生成绩分布相似度经卡方检验，卡方统计量为 173.927，双尾检验 p 值为 0.314，说明两学期高活跃型课程学生成绩分布不具有显著差异；两学期阅览型课程学生成绩分布相似度经卡方检验，卡方统计量为 1018.832，双尾检验 p 值为 0，说明两学期阅览型课程学生成绩分布具有显著差异；两学期任务型课程学生成绩分布相似度经卡方检验，卡方统计量为 375.187，双尾检验 p 值为 0.091，说明两学期任务型课程学生成绩分布不具有显著差异；两学期低活跃型课程学生成绩分布相似度经卡方检验，卡方统计量为 2187.317，双尾检验 p 值为 0，说明两学期低活跃型课程学生成绩分布具有显著差异；两学期不活跃型课程学生成绩分布相似度经卡方检验，卡方统计量为 3159.671，双尾检验 p 值为 0，说明两学期低活跃型

课程学生成绩分布具有显著差异。

通过比较表 6-18 和表 6-19 中的检验结果可知,只有高活跃型课程中的学生在线学习行为数据分布与学习成绩分布相似。两学期的不活跃型、低活跃型、任务型和阅览型课程中学生的在线学习行为分布数据与学习成绩分布均存在显著差异,任务型课程中的学习成绩分布虽然不存在显著差异,但学生在线学习行为数据分布存在显著差异。说明两学期的预测结果准确率相似是由于预测变量分布特征和结果变量分布都较为接近得到的。当不满足上述条件时,预测模型通过迭代训练也无法获得较高的预测结果准确率。

表 6-18　两学期各类型学生在线行为和学习成绩分布相似性检验结果表

ANOSIM 检验统计值	R 值	p 值
两学期高活跃型课程学生在线行为分布相似度	−0.152	0.281
两学期阅览型课程学生在线行为分布相似度	0.012	0
两学期任务型课程学生在线行为分布相似度	0.135	0
两学期低活跃型课程学生在线行为分布相似度	0.144	0
两学期不活跃型课程学生在线行为分布相似度	0.141	0

当 p 值小于 1×10^{-4} 时,以 0 表示结果。

表 6-19　两学期各类型学生学习成绩分布卡方检验结果表

卡方检验统计值	卡方统计量	双尾检验 p 值
两学期高活跃型课程学生成绩分布相似度	173.927	0.314
两学期阅览型课程学生成绩分布相似度	1018.832	0
两学期任务型课程学生成绩分布相似度	375.187	0.091
两学期低活跃型课程学生成绩分布相似度	2187.317	0
两学期不活跃型课程学生成绩分布相似度	3159.671	0

当 p 值小于 1×10^{-4} 时,以 0 表示结果。

Gitinabard 等(2019[196])在其研究中发现基于学生在线学习行为的成绩预测模型可以跨学期迁移应用的条件是,混合课程的教学内容、教师、教学方式等必须相同。Moreno-Marcos 等(2019[14-19])则指出在混合课程的教学内容、教师、教学方式等条件相似的混合课程之间,基于学生在线学习行为的成绩预测模型可以跨学生群体迁移应用。但上述研究都没有对成绩预测模型迁移应用的定量条件进行详细说明。本研究通过增量学习方式构建的 CC_{2018} 高活跃型课程中学生在线学习行为对学习成绩的预测模型,在 CC_{2020} 高活跃型混合课程的增量训练中取得了相似的预测结果准确率。本研究的结果进一步说明了当混合课程中的学生在线学习行为数据分布与高活跃型混合课程相似时,成绩预测模型可以通过增量学习的方式迁移应用。这种迁移应用不仅是跨课程的、跨学生群体的、跨学期的,而且还跨越了院校和专业。另外,采用增量学习方式可将使用大量混合课程数据训练的学生在线学习行为对学习成绩的预测模型迁移应用到具体课程中,且根据课程每学期的学生数据同步更新和优化预测模型,实现学习成绩模型在具体课程中的个性化适配。

6.3.2 数据合并后预测变量特征的讨论

从表6-14可知,虽然D_{2018}和D_{2020}的学生在线学习行为数据的频次/时长有所不同,但两学期数据合并后通过最大值/最小值归一化,将不同量纲下的频次/时长数据转换学生在线学习行为的排名,再进行聚类后,发现每个聚类的主要特征没有变化。说明在山东L高等院校中,参与混合课程学生的在线学习活动主要特征是聚类结果呈现的五类特征。第一类是在网络学习管理系统中不参与在线学习的学生,这些学生可能因为技术条件、在线教学内容缺失、评价方式不完善、教师没有管理和帮助、通过其他平台参与在线学习等原因,在网络学习管理系统中几乎没有任何在线学习活动记录,以D_{2018}的学生命名方法将其认定为不活跃型学生;第二类是相较于全校那些几乎不参与网络学习管理系统中在线学习的学生,某些参与混合课程的学生不重视参与网络学习管理系统中的在线学习,但仍尝试过登入系统中阅览教学材料、发表话题、提交作业或观看视频,以D_{2018}的学生命名方法将其认定为低活跃型学生;第三类是某些参与混合课程的学生在网络学习管理系统中开展了在线学习,但相较于全校学生的在线学习参与类型和参与活跃度,在线学习重点参与的是任务型相关的相关活动,除此以外,该类学生参与其他在线学习活动的频次和时长仍然较低;第四类是某些参与混合课程的学生在网络学习管理系统中开展了在线学习,但相较于全校学生的在线学习参与类型和参与活跃度,在线学习重点参与的是阅览型相关的相关活动,除此以外,该类学生还参与了相对较多的其他的在线学习活动,但由于该类学生的在线学习行为中,与浏览教学材料和观看视频等相关的行为过于突出,导致该类型学生的其他在线学习行为模式未能被聚类识别;第五类是当两学期数据合并后,仍然只有少部分学生积极全面地参与了网络学习管理系统中所有的在线学习活动。以上现象说明要让学生感知到混合课程中在线学习带来的收益还十分困难,师生双方都需付出较大努力才能保证在线学习的参与度与线下学习的参与度相似,从而为提升混合课程教学质量打下基础。

使用层次聚类法对合并后的学生在线行为分析得到了与之前不同的结果,虽然聚类结果评价指标没有超越 K 均值聚类法,但是层次聚类法成功分离数据说明合并后数据中的极值变少。D_{2020} 中的学生在线学习行为数据分布更为平滑,学生的在线学习活动更加连续。同样从表 6-14 也可看出,各聚类学生的在线学习行为变量中除主要特征变量以外,其他变量的差异都较 D_{2018} 更小。说明 D_{2018} 的学生在线学习行为数据与 D_{2020} 的学生在线学习行为数据合并后形成的新数据集 $D_{2018-2020}$ 中学生在线学习行为的极值变少。训练数据中的极值通常会影响机器学习算法的稳定性和结果准确率,一般采用移除的处理方法(John,1995)。本研究聚焦混合课程中的学生在线学习行为对学习成绩的预测关系,在数据预处理时,移除了和学习成绩没有相关性的变量或数据,这种删除操作虽然降低了预测模型的迁移应用能力,但保证了预测模型聚焦于在设计、实施、评价各环节都真正开展了混合教学的课程,而非只是部分建设了在线学习资源而在成绩评价时完全未曾考虑过学生在线学习过程的课程。另外,本研究中选择的案例在删除不相关课程后,仍然存在大量极值,但经过学生在线学习行为聚类和混合课程分类后可发现,这些极值数据代表了某部分学生在一学期混合课程中的在线学习行为特征是真实存在的,在大量混合课程中有此现象是正常的,本研究不仅要为大部分学习者提供准确的特征描述并预测他们的成绩,同时也不应放弃这类产生极值的学生,无论是这些学生的在线学习行为参与量极少或极多,他们是构成全部参与混合课程学生的重要组成部分。因此在数据处理过程中,没有将其移除。数据合并后在同类课程中增加了更多在线学习行为与成绩的对应模式,对提升预测结果准确率起到了积极作用。

6.3.3 数据合并后批量学习所得预测结果的讨论

从表 6-9 可看出,在 $CC_{2018-2020}$ 的高活跃型混合课程中,相比随机森林分类预测算法,多层感知器分类预测算法构建的成绩预测模型获得了更高的结果准确率。在 5.4.3 中解释了使用一个学期数据时,随机森林算法分类预测结果准确率较高,多层感知器分类预测算法准确率较低的原因。合并数据后,每类课程中的数据量都有所上升,但根据前人在数据科学领域中研究可知,数据量的上升并非无条件地提升预测结果的准确率,当样本数据量增加的同时,样本中数据的复杂程度也可能随之上升,对非神经网络的机器学习算法,会产生预测结果准确率下降的现象(Tsangaratos,Ilia,2016)。为分析在 $CC_{2018-2020}$ 中多层感知器分类预测算法取得较高准确率的原因,本研究分析了 $CC_{2018-2020}$ 中使用多层感知器分类预测算法建立的人工神经网络模型。

在 $CC_{2018-2020}$ 中采用的多层感知器建立的人工神经网络模型是一种全连接的神经网络模型,通过计算前向传播输出的结果与真实结果误差得到反向传播的参数梯度,再根据梯度修正神经网络中各神经元的参数。不断迭代上述过程直到满足停止条件,在本研究中建立的人工神经网络模型如图 6-11 所示。

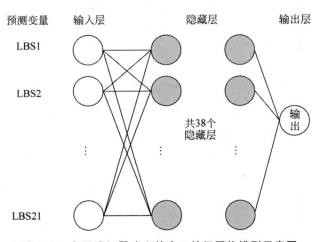

图 6-11 多层感知器建立的人工神经网络模型示意图

从图 6-11 可知,在 $CC_{2018-2020}$ 数据集中,通过超参数调试后为人工神经网络模型的输入层设定了 21 个在线学习行为指标作为预测变量,在输入层与输出层之间构建了 38 个隐藏层。在这些隐藏层的每个神经元中选择了相应的优化算法,从而让每个样本输入的 21 个预测变量最终与结果变量产生映射关系。为解释这种映射关系,参考 Montavon,Samek 和 Müller(2018)提出的对具有多个隐藏层神经网络的解释方法,结合本研究的数据特征,将图 6-11 中的人工神经网络模型转化为数学模型。由此可知,在图 6-11 的模型中所有预测变量被看作一个 21 维的向量空间。预测结果则是一个包含 5 种字符的数组空间。神经网络模型的目标是寻找在 21 维向量空间中对应数组空间中结果的不同映射模式。在隐藏层中的神经元包含对输入数据的非线性变换函数(激活函数),从而实现每个向量空间中预测变量对任意函数的逼近。简单说来是通过图 6-12 的人工神经网络实现每个成绩等级对应的在线学习行为变量组合。

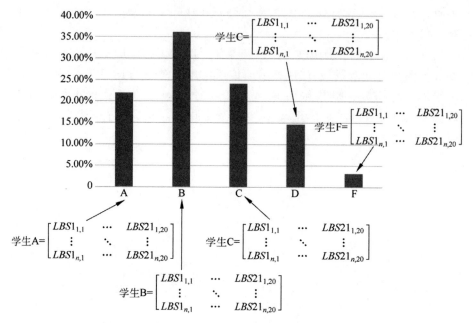

图 6-12 多层感知器人工神经网络预测结果示意图

图 6-12 在总体成绩分布的每个柱形图中表示了这类学生的成绩矩阵，如在学习成绩为 A 时，作为预测变量的各在线学习行为指标和学生所属学院共同构成了映射学习成绩 A 的矩阵。人工神经网络模型就是构建的区分在学习成绩不同时，这些在线学习行为指标和所属学院指标矩阵的对应模式，从而在对新的学生进行预测时，可通过发现新学生的预测变量矩阵模式而预测其成绩等级。考虑最简化的情况，当每一类成绩中学生只有一个时，每个成绩等级对应的预测变量矩阵就被简化为一个向量，当有两个或两个以上学生具有相同的预测变量组合但成绩不同时，神经网络模型就无法给出正确预测了。这也是在使用单个学期数据时多层感知器分类预测算法建立的神经预测网络模型预测结果准确率较低的原因。在生成 $CC_{2018-2020}$ 时，数据量增加，数据复杂性增加。随机森林算法必须创建复杂性更高、数量更多的决策树，而决策树构成的森林在进行多数表决时由于数量增加，可能代入错误的判断同步增加，导致相比数据合并前，随机森林分类预测算法所得预测结果较低，但是两学期的数据合并减少了数据中包含的极值。因

此,采用多层感知器分类预测算法建立的人工网络模型取得了较高的预测结果准确率。

为进一步解释多层感知器分类预测算法建立人工神经网络模型获得预测结果的过程,本研究拆分了人工神经网络的一次训练。此次训练的目标是识别所有成绩为 A 学生的预测变量特征,因此设定所有成绩为 A 的学生真实结果为 1,所有非 A 成绩的学生真实结果为 0。

(1) 前向传播过程如图 6-13 所示。图 6-13 中 $W_{i,j}$ 表示隐藏层输入时预测变量的权重,$B_{i,j}$ 表示隐藏层输入时预测变量的偏置。因此隐藏层的输入是输入层的预测变量乘以权重再加上偏置。然后使用 tanh 激活函数对隐藏层中的预测变量进行非线性变换。每个隐藏层都根据上述步骤逐次计算隐藏层中神经元的预测变量值。在最后输出时对最后一个隐藏层中的值采用 softmax 激活函数进行线性变换得到预测值。比较预测值和真实值的误差(在图 6-13 中用 E 表示)。

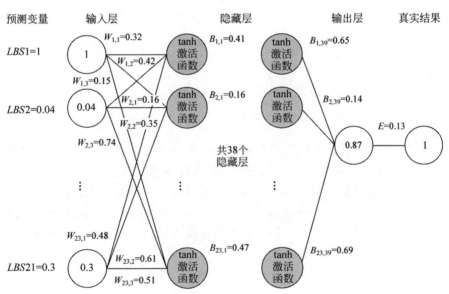

图 6-13　多层感知器神经网络模型前向传播示意图

(2) 反向传播过程如图 6-14 所示,使用激活函数的导数计算前向传播中隐藏层神经元存储的值(即隐藏层中神经元的梯度)及输出层的值(即输出层的梯度)。使用前向传播中输出结果和真实结果的误差乘以输出层的梯度计算误差的变化速度。将输出层的误差传播速度和输出层前的权重相乘计算隐藏层中产生的误差。将隐藏层中产生的误差与隐藏层中神经元的梯度相乘计算隐藏层中的误差传播速度。根据隐藏层中的误差和误差传播速度重新计算各层的权重。根据神经网络中的总误差重新计算各层的偏置。

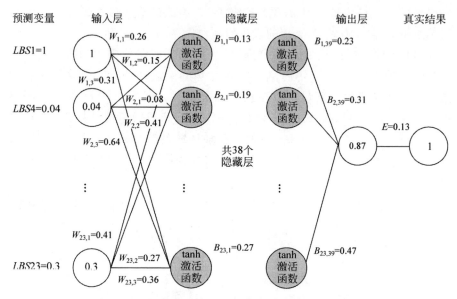

图 6-14　多层感知器神经网络模型反向传播示意图

（3）迭代过程。重复迭代前向传播和反向传播过程，直到误差减小到停止条件、误差变化速度减小到停止条件或达到最大迭代次数为止。

最后对每条数据都执行上述步骤完成神经网络模型的训练。

通过上述训练过程可获得学生成绩被分为 5 个等级的不同在线学习行为、学生所属学院变量组合模式，在新数据输入后按最接近的模式预测学生成绩等级。

6.4　本章小结

本章采集了同一所高等院校，即山东 L 高等院校 2019—2020 年第二学期全部 1851 门混合课程中学生参与在线学习的行为日志数据，验证了第 4 章提出的混合课程分类方法的有效性，并对已构建的学习成绩预测模型进行了优化。验证采用了两种方式，一种是基于 2019—2020 年第二学期的学生在线学习行为数据来对混合课程进行分类,另一种是基于2019—2020年第二学期与2018—2019年第一学期的所有数据合并后的学生在线学习行为数据来对混合课程进行分类。结果发现:(1)两种方式下的所有混合课程同样也呈现出前述的5种类型,分别是不活跃型课程、低活跃型课程、任务型课程、阅览型课程和高活跃型课程;(2)每种类型课程中主要学生群体的在线学习行为聚类特征类似,且数据合并后通过分类所得的5种混合课程中,每种课程类型内的主要学生群体的在线学习行为聚类特征相似度更高。

为强化预测模型持续优化混合课程,动态改进教学方法的能力,本章分别探索了基于批量学习方法的机器学习分类预测算法与基于增量学习方法的机器学习分类预测算法在两学期混合课程数据合并后,对学习成绩预测的建模差异和预测结果差异。由此发现:(1)采用批量学习方式时,在"高活跃型混合课程"中使用多层感知器分类预测算法构建的人工神经网络模型可获得更高的预测结果准确率;(2)使用增量学习方法逐条添加两学期各类混合课程的数据时随机森林算法的预测准确率更高;(3)经对比所有混合课程类型中的学生在线学习行为数据分布,发现不同学期中只有"高活跃型混合课程"的学生在线学习行为分布相似。由此可知当混合课程学生在线学习行为分布与"高活跃型混合课程"的学生在线学习行为分布相似时,可迁移应用本研究所提出的模型预测学习成绩。

第 7 章　学习成绩预测模型的跨课程迁移应用

从前面章节结果可知，使用山东 L 高等院校 2018—2019 年第一学期混合课程数据、2019—2020 年第二学期混合课程数据及 2018—2019 年第一学期和 2019—2020 年第二学期混合课程合并后的数据分别基于学生在线学习行为分类，都可获得 5 类具有鲜明特征的混合课程，其中只有使用被分类为"高活跃型混合课程"的数据而构建的学习成绩预测模型，才具有较高的预测结果准确率，且无论采用增量学习方式还是批量学习方式的机器学习分类预测算法，使用"高活跃型混合课程"中学生的学习过程数据而构建的学习成绩预测模型，都具有较高的预测结果准确率。而通过对机器学习分类预测算法的比较、学生学习过程产生的数据分布比较和学生的学习成绩分布比较中，发现采用增量学习方式的机器学习分类预测算法构建的模型可以得出与批量学习方式相差无几的预测结果准确率，但这种结果以具有同类课程中学生的在线学习行为数据分布相似的前提条件。在进一步的分布相似性统计检验中发现，在上述 3 类数据集中"高活跃型混合课程"中学生的在线学习行为数据分布和学习成绩分布都没有统计学意义上的显著差异。通过对学习成绩预测模型迁移应用条件的探寻，继而提升基于学生在线学习行为构建的混合课程学习成绩预测模型的通用性，是本研究关注的一个重要方面。为验证前文所述条件，并区分学生在线学习行为数据分布相似性、学习成绩分布相似性等条件对成绩预测模型迁移应用的影响，本章以其他高等院校中的公共基础课和专业基础课为案例课程，分析预测模型跨课程迁移应用时，在预测学生学习成绩方面的结果差异，并验证前文提出的预测模型迁移应用的关键条件。

本章的研究思路是：(1)分别收集河南 J 高等院校和山东 Q 高等院校的两门混合课程数据，分析每门课程与"高活跃型混合课程"中学生在线学习行为分布的相似性；(2)对每门混合课程迁移应用"高活跃型混合课程"的学习成绩预测模型；(3)分析预测结果并讨论模型迁移应用条件、预测结果准确率及模型稳定性。

为简略描述前面章节建立的各预测模型及结果,本章首先对前述章节采用不同数据集及不同方法建立的预测模型及预测结果进行了标记,如表 7-1 所示。

表 7-1　山东 L 高等院校各学期混合课程学习成绩预测模型及预测结果编码表

标记内容	标记代码		
	2018—2019 年第一学期批量学习	2019—2020 年第二学期增量学习	2018—2019 年第一学期和 2019—2020 年第二学期数据合并后批量学习
使用山东 L 高等院校不活跃型混合课程数据建立的预测模型及结果	M_{2018-I}, R_{2018-I}	IM_{2020-I}, IR_{2020-I}	$M_{2018-2020-I}$, $R_{2018-2020-I}$
使用山东 L 高等院校低活跃型混合课程数据建立的预测模型及结果	M_{2018-L}, R_{2018-L}	IM_{2020-L}, IR_{2020-L}	$M_{2018-2020-L}$, $R_{2018-2020-L}$
使用山东 L 高等院校任务型混合课程数据建立的预测模型及结果	M_{2018-T}, R_{2018-T}	IM_{2020-T}, IR_{2020-T}	$M_{2018-2020-T}$, $R_{2018-2020-T}$
使用山东 L 高等院校阅览型混合课程数据建立的预测模型及结果	M_{2018-R}, R_{2018-R}	IM_{2020-R}, IR_{2020-R}	$M_{2018-2020-R}$, $R_{2018-2020-R}$
使用山东 L 高等院校高活跃型混合课程数据建立的预测模型及结果	M_{2018-H}, R_{2018-H}	IM_{2020-H}, IR_{2020-H}	$M_{2018-2020-H}$, $R_{2018-2020-H}$

7.1　公共基础课教学场景的预测模型迁移应用

7.1.1　研究案例的数据收集与预处理

在第一个案例中,研究选取了河南 J 高等院校 2019—2020 年第一学期大学英语课程作为研究对象。该课程是由一个混合教学团队开设,团队共计 5 名教师,为保证团队在各课程班中开展的教学具有相同的教学质量,团队教师开展了集体备课,共同建设了在线学习资源,开展了课程教学设计,制定了课程的实施流程、教学策略和支持帮助方法。该课程团队在混合课程设计和混合教学实施方面具有较为丰富的经验，在2018年度河南J高等院校所属的地方高等教育教学成果奖评选中，该课程教学团队主导的大学英语课程获得了特等奖。在2019—2020年第一学期的教学中，该课程教学团队主导的团队开展教学覆盖了890名学生。整个在线课程授课时间15周，教学过程分为明确的课前、课中、课后。在课前，教学团队在网络学习管理系统中提供了在线教学资源，布置了课程作业，并设计了多种类型的在线测试，以及要求学生参加在线讨论，包括有主题的讨论和无主题的讨论；要求学生充分预习每节课的教材、教学视频等资源，并开展课前测试，了解学生的英语基础、学习现状和面临挑战，将学生进行分类。在课中，教学团队通过课前学生在网络学习管理系统中反馈的信息进行有针对性的讲授和答疑，对不同基础的学生制定分类教学目标，确保每位学生在课中学习时不掉队，同时课中教学又保证具有一定的挑战性。在课后，教学团队要求学生回到网络学习管理系统，开展讨论、提交作业、调查和反思，并思考自己学习的问题、遇到的挑战，以及如何解决，接受课中教学的收获，希望教师提供的进一步帮助以及下一阶段的目标。不断重复上述教学过程直至学生完成所有学时。在最终成绩评定中，该教学团队也统一了评定方法，对不同基础的学生制定了相应的评价观测点。从整体上看，学生课前和课后在网络学习管理系统中参与的在线学习频次、时长和提交讨论、作业的质量属于在线学习过程成绩部分，在最终成绩评价中该部分占40%；学生在课中对教师提问、分组讨论和教学反馈中的质量属于面授学习过程成绩部分，在最终评价中该部分占20%；最后学生在课程结束时要参加期末闭卷测试，教师团队通过评卷结果评价学生在闭卷测试中反映出的知识建构水平，在最终评价中该部分占40%。汇总之后获得百分制的最终学习成绩。

通过混合课程设计指导、教学支持和服务指导等方式与该门课程的课程组组长沟通合作，可以帮助提升该门混合课程的教学质量，提出混合课程教学过程中的改进方法，并对该门课程中较有代表性的问题进行研究，从而全方位地观察该门课程的教学进展。在此过程中，本研究有机会接触到该门课程的所有教师，并收集教学过程中产生的数据。对该门课程的数据收集包括从网络学习管理系统中收集的学生在线学习行为日志数据及从教务平台中收集的学生成绩数据。该门混合课程使用的网络学习管理系统与山东L高等院校相同，可采用前述相同方式进行数据导出和连接方法。首先，按学号将学生的在线学习行为日志导出。其次，将学生在线学习行为与学生成绩连接后，对学生姓名和学号脱敏，从系统中提取并另外增加单个学生的唯一识别编号,并按唯一识别编号将每个学生的在线学习行为指标累积,构建以频次/时长表征的学生在线学习行为。最后,将学生在线行为表、学习成绩表、学生学术属性表按学生的唯一识别编号连接,形成以学生在线学习行为、学生所属学院为基础的预测变量,以学生最终学习成绩为基础的结果变量。

为保证从案例课程中收集的数据可以输入利用山东 L 高等院校混合课程数据建立的学习成绩预测模型,需将最终学习成绩转换为 5 级定类数据。由此案例课程中每位学生的百分制成绩,按照 90 分到 100 分(包含 90 分)转换为 A,80 分到 90 分(包含 80 分不包含 90 分)转换为 B,70 分到 80 分(包含 70 分不包含 80 分)转换为 C,60 分到 70 分(包含 60 分不包含 70 分)转换为 D,60 分以下(不包含 60 分)转换为 F,共转换为 5 级成绩。另外,在该案例课程中同样出现了缺考、缓考等情形,截至当学前期末有 24 位学生的最终成绩没有录入,导致从案例课程中收集到的数据包含 24 位学生的最终成绩为空值。为排除无成绩的学生数据对预测模型的影响,删除了这些数据,因此最终学生成绩表中共包含 866 名学生。

对预测变量的预处理包含以下步骤:首先使用最大最小值归一化方法将学生在线学习行为数据去除量纲。然后比对各项学生学习行为数据的分布,分别与山东 L 高等院校中 CC_{2018} 高活跃型混合课程以及 $CC_{2018-2020}$ 高活跃型混合课程中学生在线学习行为数据的分布。最后分别采用增量学习、批量学习的方法将山东 L 高等院校构建的学习成绩预测模型迁移应用到案例课程中,比较预测结果准确率。在采用增量学习方法迁移应用到案例课程中时,是将案例课程数据加入 3 个学期中分布相似的混合课程数据之中,形成新的数据集,并按先输入山东 L 高等院校数据,后输入案例课程数据的顺序逐条输入数据构建模型。在批量学习方法迁移应用到案例课程中时,主要有两种方法,一是将案例课程数据与训练模型的数据合并,形成全新的学生在线学习行为—成绩表,重新使用机器学习分类预测算法对新表中的数据进行一次批量学习;二是直接将案例课程数据输入到批量学习所获得的训练模型中,获取预测结果(张良均,2016)。

为分别检验 3 种方法所得预测结果的差异,本研究选择了将案例课程数据分别加入 CC_{2018}、CC_{2020} 和 $CC_{2018-2020}$ 对应混合课程类别的数据中,形成合并的新数据集,并分析案例课程中学生学习成绩分布及学生在线学习行为数据分布分别与 3 个学期各类型课程的对应分布相似性。然后分别采用 3 种预测模型的迁移应用方法构建预测模型(在批量学习第 2 种方式的迁移应用方法中可直接检验预测结果的各项评价指标),检验预测结果准确率的各项评价指标。

操作流程如图 7-1 所示：

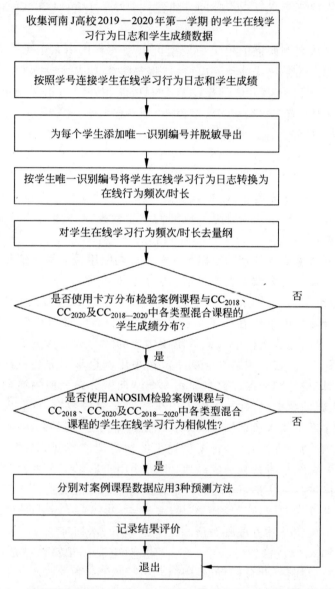

图 7-1 案例课程学生在线学习行为数据构建学习成绩预测模型流程图

为检验河南 J 高等院校中案例课程的数据应加入到哪种对应的混合课程数据中,并采用对应课程中构建的预测模型分析。本研究分析了案例课程中学生在线学习行为数据与 CC_{2018}、CC_{2020} 以及 $CC_{2018-2020}$ 中,各类型混合课程学生在线学习行为数据的分布相似程度。在相似性分析中,研究采用了 ANOSIM 检验分析案例课程的学生在线学习行为数据矩阵与每类课程在线学习行为数据矩阵相似性的显著程度(见表 7-2)。

表 7-2 案例课程学生在线学习行为在 3 次预测建模前与各类混合课程学生在线学习行为分布的相似性检验表

类　　别	ANOSIM 检验统计值					
	CC_{2018}		CC_{2020}		$CC_{2018-2020}$	
	R 值	p 值	R 值	p 值	R 值	p 值
案例课程与高活跃型课程学生在线学习行为数据相似度	−0.047	0.495	−0.098	0.418	−0.084	0.371
案例课程与阅览型课程学生在线学习行为数据相似度	0.155	0	0.161	0	0.118	0
案例课程与任务型课程学生在线学习行为数据相似度	0.112	0	0.114	0	0.116	0
案例课程与低活跃型课程学生在线学习行为数据相似度	0.093	0	0.067	0	0.072	0
案例课程与不活跃型课程学生在线学习行为数据相似度	0.183	0	0.193	0	0.162	0

表 7-2 表示了案例课程中学生在线学习行为数据与 CC_{2018}、CC_{2020} 以及 $CC_{2018-2020}$ 中各类型混合课程中学生在线学习行为数据分布的 ANOSIM 检验统计结果。其中案例课程与 CC_{2018}、CC_{2020} 及 $CC_{2018-2020}$ 的高活跃型课程学生在线学习行为数据相似度检验 R 值分别为−0.047、−0.098 和−0.084,说明案例课程数据分布与 3 类数据集中的高活跃型课程学生在线学习行为数据分布都是组内差异小于组间差异,p 值分别为 0.495、0.418 和 0.371,说明案例课程数据分布分别与 3 类数据集中的高活跃型课程学生在线学习行为数据分布相似,没有显著差异;案例课程与 CC_{2018}、CC_{2020} 及 $CC_{2018-2020}$ 的阅览型课程学生在线学习行为数据相似度检验 R 值分别为 0.155、0.161 和 0.118,说明案例课程数据分布与 3 类数据集中的阅览型课程学生在线学习行为数据分布都是组内差异大于组间差异,p 值都为 0,说明案例课程数据分布分别与 3 类数据集中的阅览型课程学生在线学习行为

数据分布具有显著差异；案例课程与 CC_{2018}、CC_{2020} 及 $CC_{2018-2020}$ 的任务型课程学生在线学习行为数据相似度检验 R 值分别为 0.112、0.114 和 0.116，说明案例课程数据分布与 3 类数据集中的任务型课程学生在线学习行为数据分布都是组内差异大于组间差异，p 值都为 0，表明说明案例课程数据分布分别与 3 类数据集中的任务型课程学生在线学习行为数据分布具有显著差异；案例课程与 CC_{2018}、CC_{2020} 及 $CC_{2018-2020}$ 的低活跃型课程学生在线学习行为数据相似度检验 R 值分别为 0.093、0.067 和 0.072，说明案例课程数据分布与 3 类数据集中的低活跃型课程学生在线学习行为数据分布都是组内差异大于组间差异，p 值都为 0，说明案例课程数据分布分别与 3 类数据集中的低活跃型课程学生在线学习行为数据分布具有显著差异；案例课程与 CC_{2018}、CC_{2020} 及 $CC_{2018-2020}$ 的不活跃型课程学生在线学习行为数据相似度检验 R 值分别为 0.093、0.067 和 0.072，说明案例课程数据分布与 3 类数据集中的不活跃型课程学生在线学习行为数据分布都是组内差异大于组间差异，p 值都为 0，说明案例课程数据分布分别与 3 类数据集中的不活跃型课程学生在线学习行为数据分布具有显著差异。

从上述结果可知，案例课程的学生在线学习行为数据分布只与 CC_{2018}、CC_{2020} 以及 $CC_{2018-2020}$ 的高活跃型混合课程的在线学习行为分布相似，且与 CC_{2018} 的高活跃型课程中学生在线学习行为分布相似度更高。

同时，笔者还分析了案例课程的学生成绩与 CC_{2018}、CC_{2020} 以及 $CC_{2018-2020}$ 的各类课程学生成绩分布的相似性，采用卡方分布执行成绩分布相似性检验。经卡方分布检验发现，案例课程的学生成绩分布与任何一学期的任何类型课程学生成绩分布都具有显著性差异（见表 7-3）。

表 7-3 案例课程学生在线行为与 3 次预测建模时各类混合课程学生成绩分布的相似性检验表

类 别	CC_{2018}		CC_{2020}		$CC_{2018-2020}$	
	卡方统计量	双尾检验 p 值	卡方统计量	双尾检验 p 值	卡方统计量	双尾检验 p 值
案例课程与不活跃型课程学习成绩分布相似度	2513.32	0	2813.02	0	3314.11	0
案例课程与低活跃型课程学习成绩分布相似度	2715.65	0	2951.03	0	3755.13	0
案例课程与任务型课程学习成绩分布相似度	2697.36	0	2912.03	0	3431.87	0

续表

类　别	CC_{2018}		CC_{2020}		$CC_{2018-2020}$	
	卡方统计量	双尾检验 p 值	卡方统计量	双尾检验 p 值	卡方统计量	双尾检验 p 值
案例课程与阅览型课程学习成绩分布相似度	2991.34	0	2991.75	0	3512.64	0
案例课程与高活跃型课程学习成绩分布相似度	2871.64	0	2745.17	0	3715.35	0

7.1.2　预测模型的三种迁移应用方式

从 6.1.3 的预测结果可知，采用批量数据训练的方法中，只采用 CC_{2018} 高活跃型混合课程数据建立的随机森林模型 M_{2018-H} 所得结果 R_{2018-H} 准确率也较高，且训练时数据量较小。因此，在采用批量学习第一种方式，将案例课程数据与训练已有模型的数据合并，重新训练模型并获取预测结果的流程中，将案例课程数据加入 CC_{2018} 高活跃型混合课程数据中重新训练预测模型，获取案例课程成绩预测结果。使用多层感知器分类预测算法构建的人工神经网络模型获得的结果 $R_{2018-2020-H}$ 比使用随机森林分类预测算法构建的随机森林模型所得的结果 R_{2018-H}、R_{2020-H} 及 $R_{2018-2020-H}$ 结果准确率都高。因此，在采用批量学习第二种方式，直接将案例课程数据输入已有模型中获取预测结果的流程中，使用河南 J 高等院校案例课程数据输入该预测模型中，获取案例课程成绩预测结果。最后在增量学习方法训练数据时，采用增量学习的方法将案例课程数据输入 IM_{2020-H} 中进一步训练，获取案例课程的成绩预测结果。具体操作流程如下：

(1) 将案例混合课程学生在线学习行为—成绩数据按层次随机抽样的方法拆分成 6 份。

(2) 在(1)中随机选取 1 份数据作为验证集，另外 5 份作为训练集和测试集。

(3) 将作为训练集和测试集的数据按 5 次交叉检验的方式分别输入机器学习分类预测算法当中，实现模型的训练和结果的检验。

(4) 从 3 种迁移应用方法中选择一种执行后续操作。

(5) 当采用批量学习的第一种方法，将案例课程数据与已有数据合并，再输入到机器学习分类预测算法中重新训练预测模型中时，选取 CC_{2018} 高活跃型混合课程数据建立预测模型的随机森林分类预测算法和多层感知器分类预测算法分别训练合并后的数据，从而获取更新后的预测结果及相应评价指标。

（6）判断是否 5 份数据都完成了交叉检验，如果没有完成则返回（2），并重复执行（2）～（5）步骤。

（7）当采用批量学习的第二种方法时，将案例课程数据直接输入到已构建的预测模型中时，选取 $CC_{2018-2020}$ 高活跃型混合课程采用随机森林分类预测算法和多层感知器分类预测算法构建的预测模型中，并分别记录每一份数据经过预测模型计算后获得的预测结果，及对应的每项评价指标。

（8）判断是否 5 份数据都完成了交叉检验，如果没有完成则返回（2），并重复执行（2）～（7）步骤（跳过（5）、（6）步）。

（9）当采用增量学习的方法时，将案例课程数据逐条输入到已构建的预测模型 IM_{2020-H} 中，进一步增量训练该预测模型，并分别记录每一份数据加入训练后所获的预测模型、预测结果和所有数据加入训练后所获的预测模型、预测结果的评价指标。

（10）判断是否 5 份数据都完成了交叉检验，如果没有完成则返回（2），并重复执行（2）～（10）步骤（跳过（5）～（8）步）。

（11）采用剩余留下的 1 份验证集数据对预测模型和预测结果进行验证，并计算预测结果准确率。

流程如图 7-2 所示：

根据上述步骤可知，在图 7-2 中，验证混合课程学生在线学习行为—成绩预测模型的迁移应用效果采用了留一法的验证方式。留一法是在完成预测模型构建后，测试预测模型迁移应用效果研究中较为常见的验证方法，通过在目标样本中层次随机采样留出 1 份数据不进入训练集和测试集，直接用于训练模型的预测结果检验，可以获得预测模型对新数据的预测结果准确率和模型稳定性检验结果。在上述案例中，收集到有效的参与混合课程中在线学习的学生数据量为 866 条，小于 1000 条数据样本。应使用 5 次交叉检验重新训练模型预测结果的偏误，因此在案例课程数据划分时采用了层次抽样法划分为 6 份，留出 1 份作为验证数据，剩余 5 份作为交叉检验数据。通过交叉检验获得稳定的增量学习预测模型后使用验证数据分析预测结果的准确率。

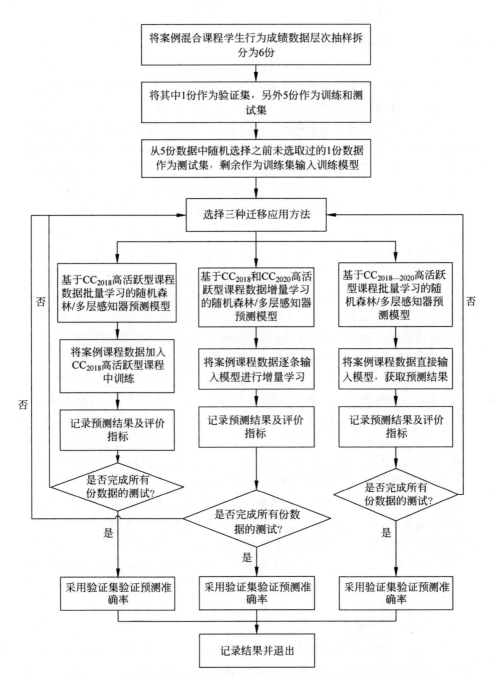

图 7-2 混合课程学生在线学习行为—成绩预测模型的迁移应用流程图

7.1.3 预测结果

使用三种迁移应用方式将高活跃型课程预测模型迁移应用到案例课程中后,通过检验,可得到如表 7-4 所示的预测结果。表 7-4 表示了以不同迁移应用方式获得的预测结果评价表,在所有迁移应用方式中都分别选择了多层感知器分类预测算法和随机森林分类预测算法,以及他们训练的预测模型。检验批量学习的第一种迁移应用方法时,将案例课程数据加入到训练 M_{2018-H} 的数据集中重新训练模型,使用多层感知器分类预测算法重新训练的模型其结果的预测准确率、平均查准率、权重查准率、平均查全率、权重查全率、宏 F1 值、权重 F1 值等评价指标分别为 32.2%、0.305、0.322、0.319、0.359、0.312、0.341;使用随机森林分类预测算法重新训练的模型其结果的预测准确率、平均查准率、权重查准率、平均查全率、权重查全率、宏 F1 值、权重 F1 值等评价指标分别为 61.7%、0.579、0.617、0.582、0.624、0.320、0.352。检验批量学习的第二种迁移应用方法时,将案例课程数据直接加入使用 $M_{2018-2020-H}$ 构建的成绩预测模型中直接获取预测结果,使用多层感知器分类预测算法构建的模型其预测结果的预测准确率、平均查准率、权重查准率、平均查全率、权重查全率、宏 F1 值、权重 F1 值等评价指标分别为 63.3%、0.612、0.633、0.628、0.691、0.620;使用随机森林分类预测算法构建的模型其预测结果的预测准确率、平均查准率、权重查准率、平均查全率、权重查全率、宏 F1 值、权重 F1 值等评价指标分别为 62.4%、0.608、0.624、0.617、0.672、0.612、0.658。检验增量学习方式迁移应用预测模型时,将案例数据逐条输入到使用 CC_{2018} 的高活跃型混合课程数据和 CC_{2020} 的高活跃型混合课程数据增量学习构建的 IM_{2020-H} 中,进一步增量训练模型,使用多层感知器分类预测算法的增量方式构建的模型其预测结果的预测准确率、平均查准率、权重查准率、平均查全率、权重查全率、宏 F1 值、权重 F1 值等评价指标分别为 48.3%、0.467、0.483、0.472、0.511、0.470、0.509;使用随机森林分类预测算法的增量学习方式构建的模型其预测结果的预测准确率、平均查准率、权重查准率、平均查全率、权重查全率、宏 F1 值、权重 F1 值等评价指标分别为 71.2%、0.681、0.712、0.698、0.738、0.690、0.727。

从表 7-4 中的结果可知,采用高活跃型混合课程数据构建的成绩预测模型,通过三种迁移应用到案例课程数据,所得结果产生了较大的差异,其中使用 IM_{2020-H} 进行增量学习(采用随机森林分类预测算法)得到了最高的预测结果准确率(达到 71.2%),而批量学习方式得到的 R_{2018-H}(随机森林分类预测算法)和 $R_{2018-2020-H}$(多层感知器分类预测算法和随机森林分类预测算法)预测准确率也较高(分别为 61.7%、63.3% 和 62.4%)。但将案例课程数据加入到 M_{2018-H} 的数据集中重新训练预测模型所得结果并未能达到最高的准确率。同样,将案例课程数据直接输入到使用批量学习建立的预测模型 $M_{2018-2020-H}$ 中,直接预测学习成绩也未能获得最高的结果准确率。

表 7-4　在案例课程数据中采用 3 种迁移应用方法获取的预测结果评价表

训练模型方式	加入 M_{2018-H} 重新训练		IM_{2020-H} 增量学习		使用 $M_{2018-2020-H}$ 直接预测	
预测算法	MLP	RF	MLP	RF	MLP	RF
预测准确率(%)	32.2	61.7	48.3	71.2	63.3	62.4
平均查准率	0.305	0.579	0.467	0.681	0.612	0.608
权重查准率	0.322	0.617	0.483	0.712	0.633	0.624
平均查全率	0.319	0.582	0.472	0.698	0.628	0.617
权重查全率	0.359	0.624	0.511	0.738	0.691	0.672
宏 F1 值	0.312	0.320	0.470	0.690	0.620	0.612
权重 F1 值	0.341	0.352	0.509	0.727	0.677	0.658

为进一步分析使用增量学习方式将案例课程数据加入 IM_{2020-H} 预测模型后,增量学习构建的预测模型对案例课程的验证数据集预测结果的构成,研究记录了案例课程验证数据集中每一类成绩学生的预测结果(见表 7-5)。表 7-5 表示了案例混合课程中各级成绩学生预测结果评价指标,在各成绩等级的评价指标中,成绩为 A 的预测结果查准率、查全率、权重 F1 值分别是 0.792、0.817、0.809;成绩为 B 的预测结果查准率、查全率、权重 F1 值分别是 0.802、0.819、0.811;成绩为 C 的预测结果查准率、查全率、权重 F1 值分别是 0.604、0.631、0.622;成绩为 D 的预测结果查准率、查全率、权重 F1 值分别是 0.318、0.426、0.388;成绩为 F 的预测结果查准率、查全率、权重 F1 值分别是 0.295、0.329、0.317。

从表 7-5 中可知,经过案例课程数据增量学习并重新训练 IM_{2020-H} 后,预测模型迁移应用到案例课程中,并对验证数据集中学生成绩为 A 和 B 的样本预测结果准确率较高,分别达到了 79.2% 和 80.2%。说明在案例课程中,经过增量学习后的 IM_{2020-H} 预测模型保持了之前预测结果的稳定性。

表 7-5 案例混合课程中各级成绩学生预测结果评价表

分成绩等级预测结果评价指标	评价结果
成绩 A 的查准率	**0.792**
成绩 B 的查准率	**0.802**
成绩 C 的查准率	0.604
成绩 D 的查准率	0.318
成绩 F 的查准率	0.295
成绩 A 的查全率	0.817
成绩 B 的查全率	0.819
成绩 C 的查全率	0.631
成绩 D 的查全率	0.426
成绩 F 的查全率	0.329
成绩 A 的权重 F1 值	0.809
成绩 B 的权重 F1 值	0.811
成绩 C 的权重 F1 值	0.622
成绩 D 的权重 F1 值	0.388
成绩 F 的权重 F1 值	0.317

7.2 专业基础课教学场景的预测模型迁移应用

在 7.1 中说明，当一门混合课程中学生参与在线学习产生的日志，按在线学习行为指标转换为累积的历史行为频次和保持时长后，由于各指标量纲不同，进一步采用最大最小值归一化转换，形成学生在各在线学习行为指标上的排名。通过将该混合课程中的学生在线学习行为指标排名数据分布与山东 L 高等院校 CC_{2018} 及 $CC_{2018-2020}$ 中高活跃型课程学生的在线学习行为指标排名数据分布比较发现，当两者数据分布相似时，采用 $IM_{2018-2020-H}$ 通过增量学习的方式进一步训练该混合课程中的数据，能够建立预测该混合课程学生成绩准确率较高的预测模型。

为验证该结论，研究选取了另外一门在不同高等院校、不同学期中开展的混合课程重复上述研究。另外一门混合课程来自山东的 Q 高等院校。该院校与山东 L 高等院校相似，是一所普通高等教育院校。山东 Q 高等院校中的该混合课程是学校支持的教学改革项目，自 2017 年启动以来，每学年第一学期开设，是一门面向本学院的专业课程，由一名教师主讲，每学期从学生中挑选若干名作为助教，辅助学生讨论、分组和教学管理。在将该课程从传统教学模式向混合教学模式改革过程中,主讲教师于 2017 年开始尝试逐步将面授教学内容转移至线上,压缩面授教学的学时,鼓励学生在线自主学习。笔者作为该教师开展混合教学改革中的外部辅助团队,参与课程内容建设、课程设计、实施过程和结果评价,有机会接触到该课程实施过程中学生的在线学习行为日志数据以及教师的课程设计内容。在该教师进行混合教学改革过程中,笔者跟踪了该课程三个学年,收集了该课程从教师到学生在网络学习管理系统中的所有活动日志。为验证前文总结的混合课程学生成绩预测模型的迁移应用条件,本节分别使用了该课程不同学年学生的在线学习数据与最终学习成绩,增量学习 $IM_{2018-2020-H}$ 预测模型,分析预测结果。同时研究也对比了将案例课程数据加入 M_{2018-H} 中重新训练预测模型的预测结果,以及采用 $M_{2018-2020-H}$ 的预测模型直接迁移应用到案例课程中得到的预测结果。

7.2.1 研究案例的数据收集和预处理

山东 Q 高等院校的混合课程的内容主要分为理论知识和实验技能两个部分。在理论知识部分,该门课程内容要让学生记忆每种常见材料的性质、机理和互相作用原理,掌握材料在外部条件作用(包括力、电、热、光、磁)下的性能和性质,将每种材料的变化规律运用到实验中,在实验条件下分析每种材料随实验操作的性能和性质变化原理。在实验技能部分,该门课程要求学生熟悉每种常见材料性质的实验检验操作,掌握在实验中分析材料的成分、结构及组成的方法,从而培养学生识记、分析、应用、综合材料性能相关知识,掌握材料分析实验基本技能和基本操作,以实验思维的方法对理论知识进行实践验证的能力。该门课程需要分离理论知识的教学设计和实验教学设计,在实施过程中理论教学和实验教学穿插进行,从而促进学生理论知识的掌握和实验技能的训练,激发学生的学习积极性。2017 年以前,该门课程采用传统面授教学方式,学生的学习主动性不强,依赖教师重复的知识点讲授和机械化的习题训练实现理论知识的教学目标,在实验教学过程中,学生相关技能的掌握程度差异较大,只能从学生的实验报告中了解实验方法、操作规程和实验结果的总结情况。同时,在两种教学场景中鼓励学生开展探究型学习和协作型学习的难度都较大。2017 年,该门课程的任课教师以院校对教学环境的信息化改造为契机,尝试通过采用混合教学的模式,改善上述问题,提升课程质量。

2017 年该课程的任课教师开展的混合教学模式改革中包括了以下几

个方面。在网络学习管理系统中上传数字化教材和教学PPT,同时安排课程作业和学生的预分组信息,安排助教帮助解决学生在网络学习管理系统中开展自主学习时遇到的问题。同时在面授教学环节,使用研讨型为基础的教学模式。在课程的所有面授学时中设计了两次研讨,两次研讨的主题分别覆盖了课程理论知识与实验技能结合的学习内容,教师在每周开始课程前在网络教学平台中上传与研讨有关的学习材料,并在研讨课程开始前一周新增研讨主题、张贴研讨组织形式、说明研讨规则以及确定学生分组。学生在每次研讨课前有一周的时间准备研讨报告,并需要在网络教学平台上学习研讨材料、讨论和提问等。在研讨课面授进行课程分组,并向全班进行研讨成果展示。在研讨课以外,教师按正常教学安排开展面授教学和实验操作教学,没有另外新增专门针对实验教学的数字化学习资源,也没有进一步改进实验操作教学的模式。在学期末的课程成绩最终评价中,学生在小组研讨和展示中对成果的贡献、成果的质量和现场展示的表述被纳入评价之中。课程安排中除两次研讨课,还包括实验操作课程、在学期末的一次书面考试作为课程结束的测评,上述三者的最终成绩评价比例分别为研讨课相关评价20%,实验操作及实验报告评价40%,学期末的书面考试成绩40%。

2018年该课程的任课教师在开展的混合教学模式中进行了一些改进。除在网络学习管理系统中上传数字化教材和教学PPT,同时安排课程作业和学生的预分组信息,安排助教帮助解决学生在网络学习管理系统中开展自主学习时遇到的问题,在每周开始课程前任课教师会在网络学习管理系统中更新上传的学习材料,确保教学材料与课程重点教学内容的匹配程度,每周检查一次学生开展的预习讨论,并回答学生提出的问题。按教学设计分别在第2、3、6、7、8章布置学生需要在线完成的课程作业,要求学生在预习后完成作业,教师对作业进行打分,收集学生的预习难点和学习困难,并对学生进行反馈。线下教学根据学生问题和作业完成质量改变重点。在理论与实践结合的研讨课环节,除上传数字教材外,新增上传视频和相关互联网知识链接,帮助学生理解案例课程理论和实践结合的实验操作部分,鼓励学生通过教学材料和互联网知识链接进行深入探索,扩展知识来源。研讨课前一周的线下教学时对学生进行分组,在研讨课周要求全班按组汇报展示研讨内容,并要求学生在第一次汇报后,提交改进版的研讨汇报内容。在研讨课上,教师除对每组学生的研讨成果汇报进行点评以外,在学生提交改进版的研讨汇报内容后,任课教师还在线上新增点评展示内容经学生互评后改进的部分。学生在每次研讨课前有一周的时间准备研讨报告,并需要在网络学习管理系统上学习研讨材料,讨论和提问等。在研讨课面授时在课程中分组,并向全班进行研讨成果展示。教师对每位学生的最终成绩评价分配比例为理论知识考核60%、实验技能考核40%。在理论知识考核部分,各考核环节分别为:学生参与在线活动次数(包括学习教学材料、视频的时长,开展的在线讨论的次数,向教师提问的次数和对展示汇报内容的改进是否提交等)、提交在线学习内容的质量(包括作业得分,探索互联网后新增知识来源的相关程度,讨论的质量,向教师提问的质量和对展示汇报内容改进的质量)等在线学习成绩占30%,面授教学中的专注度、学习积极性等占10%,学生在小组研讨和展示中对成果的贡献、成果质量和现场展示的表述等占20%,学期末的书面考试成绩40%。需要指出的是,2018学年中,教师对学生的实验教学过程仍然没有较大改变,除网络学习管理系统中包含的实验教学数字化资源以外,实验过程的教学模式没有改进,在实验技能考核的40%中,考核内容包括对实验操作规范、实验报告质量等的考核,实验技能考核的子项目权重占比相同。

  2019年该课程的任课教师对该课程的混合教学环节和内容作了进一步改进。在2018年课程的基础上,任课教师将学习管理系统中的数字化课程资源和视频的内容进行重新组织,包括对课程资源的重点、难点、教学资源的指向和视频内容与面授教学的关联,同时专门扩展针对实验操作方面的内容,对实验结论的总结和实验报告的撰写也建立相应的指导子栏目,方便学生快速查阅。另外在学习管理系统中增加了调查问卷,以调查学生在自主学习过程中对教学重点的建议和学习需求的反馈。新增了在线主题讨论内容,在线主题讨论要求所有学生每周参加一次,主题围绕本周教学中关联的学习材料和视频。取消了学生在系统中向教师提问的要求,但保留了在线网络学习系统中学生向教师提问的活动。在理论与实践结合的研讨课环节,在2018年课程教学设计的基础上新增学生互评内容,即在学生的研讨展示结束后,每位学生需记录非自己所属小组的展示成果、汇报过程,并在研讨课程结束后,在网络学习管理系统中提出自己的修正意见。修正意见需引用已经学习的知识点,以及说明其他组中可供学习参考修正自己展示成果的内容。在2018年研讨课的设计基础上,2019年新增了课后反思内容,在反思中每组需汇报根据教师点评和其他小组学生提出的建议,汇报具体修正方案,并提交修正后的汇报内容;在实验教学的部分,采取与研讨课中相同的分组方式,并要求学生互相点评其他小组的实验操作过程、实验报告内容,并将上述点评上传至网络学习管理系统中。在 2019 年教师对每位学生的最终成绩评价中,删除了学生提问参与的评价权重,并将所有新增的活动纳入对应教学内容的评价中(见表 7-6)。

表 7-6 3 年教学设计主要变更内容表

类别	2017 年教学设计	2018 年教学设计	2019 年教学设计
教学活动组织	学生在研讨主题下开展线上讨论	每周一次围绕教学预习内容开展线上讨论	每周一次围绕研讨主题的本周学习材料以及视频开展线上讨论
	—	每个小组必须上传对其他小组展示的评价	每个小组需引用所学评价其他小组展示的优点和局限性
	—	每个小组需根据其他小组的评价改进展示内容	每个小组提交其他小组展示评价的反思及具体修改方案
	—	新增 5 次线上作业	保持不变
	—	—	每周新增对学生学习视频和讨论有用性的调查
	—	积极向教师提问可增加线上得分 1~5 分	可不用专门提问
教学评价	线上成绩占总成绩 20% 期末成绩占总成绩 40% 平时成绩和研讨成绩占总成绩 40%	线上成绩占总成绩 30%,各学习活动成绩占比相同 期末成绩占总成绩 40% 平时成绩占 10%,研讨成绩占 20%	保持不变
教学资源	上传研讨材料	新增 5 个视频和互联网知识链接,分配在第 2、3、6、7、8 章的阅读材料中	每周阅读材料增加 2 个视频内容,每条阅读材料新增 5 条相关互联网知识链接

表 7-6 说明了每年教学设计的变化,笔者每学年收集学生在线学习行为日志和课程的最终成绩数据,其中 2017 年选课学生为 58 名,2018 年选课学生为 62 名,2019 年选课学生为 58 名。

该混合课程的在线教学与前述案例相同,均在网络学习管理系统中开展,学生在线学习行为日志的记录格式相同。学生成绩最终评定仍为百分制,并上传至院校的教务平台中。对该案例课程的数据收集操作,与前述案例课程数据收集过程类似。首先,按照学生学号将学生在线学习行为日志和学生成绩对接后增加学生唯一识别编号,脱敏导出。将在该课程中的所有学生在线学习行为日志转换为学生在线学习行为频次/时长指标,根据学生的唯一识别编号将其与学习成绩连接。将学习成绩作为结果变量,同样按 90 分到 100 分(包含 90 分)转换为 A,80 分到 90 分(包含 80 分不包含 90 分)转换为 B,70 分到 80 分(包含 70 分不包含 80 分)转换为 C,60 分到 70 分(包含 60 分不包含 70 分)转换为 D,60 分以下(不包含 60 分)转换为 F,共 5 级成绩。将学生在线学习行为频次/时长作为预测变量,主要包含两个步骤:使用最大最小值归一化方法对学生在线学习行为数据去除量纲。比较案例课程中各项学生学习行为数据分布与 CC_{2018}、CC_{2020},以及 $CC_{2018-2020}$ 高活跃型混合课程中学生在线学习行为数据和学习成绩的分布相似性。

使用案例课程验证前文所述成绩预测模型结果准确率的具体操作流程包括以下步骤:

(1) 在山东 Q 高等院校的网络学习管理系统中收集案例课程 2017 年、2018 年和 2019 年三个学年的学生在线学习行为日志,从教务管理系统中收集对应课程相同学年的所有成绩记录。

(2) 将学生在线学习行为日志和学生成绩按学生学号连接。

(3) 在(2)的基础上为所有数据添加唯一识别编号,然后使用 K-匿名算法进行脱敏后导出。

(4) 按学生的唯一识别编号将学生的在线学习行为日志转换为按频次/时长累积的各项在线学习行为指标。

(5) 采用最大值最小值归一化方法对所有学生的在线学习指标数据去量纲,并将学生成绩按照五级分类手动转换为定类指标。

(6) 顺序选择每学年的数据开展后续操作。

(7) 在选择 2017 学年案例课程的数据时,使用卡方分布检验案例课程中学生的成绩分布分别与 CC_{2018}、CC_{2020}、$CC_{2018-2020}$ 各类型混合课程的学生成绩分布,分析它们之间的相似性。

(8) 使用 ANOSIM 相似度检验案例课程中学生的在线学习行为数据分布分别与 CC_{2018}、CC_{2020}、$CC_{2018-2020}$ 各类型混合课程的在线学习行为数据分布,分析它们之间的相似性。

(9) 采用前述的三种成绩预测模型迁移应用方法将已构建的学生成绩预测模型迁移应用到案例课程的数据中。

(10) 记录迁移应用后的预测结果和评价指标。

(11) 判断是否完成3学年所有数据的迁移应用和预测结果评价。若没有，则返回(6)并选择案例课程下一学年的数据。

如图 7-3 所示：

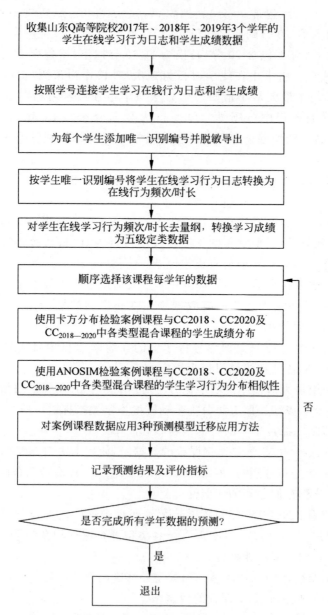

图 7-3 混合课程学生在线行为成绩预测模型验证流程图

为检验案例课程中每学年学生在线学习行为数据与山东 L 高等院校 CC_{2018}、CC_{2020} 以及 $CC_{2018-2020}$ 中各类型混合课程学生在线学习行为数据的分布相似程度。研究采用了 ANOSIM 检验分析案例课程的学生在线学习行为数据分布与每类课程在线学习行为数据分布的相似性显著程度(见表 7-7)。在表 7-7 中展示了案例课程与 CC_{2018}、CC_{2020} 以及 $CC_{2018-2020}$ 中各类型混合课程学生在线学习行为数据的分布经过相似性检验的结果。在案例课程与 CC_{2018} 高活跃型课程学生在线学习行为数据相似度检验结果中，2017 年案例课程数据的检验 R 值为 0.151，p 值为 0，说明案例课程与 CC_{2018} 高活跃型课程学生在线学习行为数据不相似，两者具有显著差异；2018 年案例课程数据的检验 R 值为 0.051，p 值为 0.152，说明案例课程与 CC_{2018} 高活跃型课程学生在线学习行为数据相似，没有显著差异；2019 年案例课程数据的检验 R 值为 0.047，p 值为 0.132，说明案例课程与 CC_{2018} 高活跃型课程学生在线学习行为数据相似，没有显著差异；与上述检验结果相似，案例课程 2017 年的数据与 CC_{2020} 高活跃型课程学生在线学习行为数据，$CC_{2018-2020}$ 高活跃型课程学生在线学习行为数据以及其他 CC_{2018}、CC_{2020}、$CC_{2018-2020}$ 的各类型混合课程中学生的在线学习行为数据分布都没有通过 ANOSIM 检验，说明它们的相似性都具有显著差异。而在 2018 年案例课程与 CC_{2018} 高活跃型课程学生在线学习行为数据相似度检验结果中 R 值为 0.051，p 值为 0.152，与 CC_{2020} 高活跃型课程学生在线学习行为数据相似度检验结果中 R 值为 0.025，p 值为 0.182，与 $CC_{2018-2020}$ 高活跃型课程学生在线学习行为数据相似度检验结果中 R 值为 0.091，p 值为 0.113，说明 2018 年案例课程与所有高活跃型混合课程的学生在线学习行为数据分布相似性没有显著差异。同理，2019 年案例课程的数据也与所有高活跃型混合课程的学生在线学习行为数据分布相似性没有显著差异。然而在 2018 年案例课程与其他类型混合课程的学生在线学习行为数据分布相似性检验结果中可发现，这些结果的 p 值均为 0，说明 2018 年案例课程数据与其他任何一种数据集中的任何非高活跃型课程的学生在线学习行为分布数据都不相似。2019 年案例课程数据也表现出一样的相似性检验结果。

表 7-7　案例课程 3 学年学生在线行为与 3 次预测建模时各类混合课程学生在线行为分布的相似性检验表

案例课程学年 ANOSIM 检验统计值	2017 学年		2018 学年		2019 学年	
	R 值	p 值	R 值	p 值	R 值	p 值
案例课程与 CC_{2018} 高活跃型课程学生在线行为相似度	0.151	0	0.051	0.152	0.047	0.132
案例课程与 CC_{2020} 高活跃型课程学生在线行为相似度	0.143	0	0.025	0.182	0.031	0.161
案例课程与 $CC_{2018-2020}$ 高活跃型课程学生在线行为相似度	0.186	0	0.091	0.113	0.022	0.143
案例课程与 CC_{2018} 阅览型课程学生在线行为相似度	0.127	0	0.112	0	0.108	0
案例课程与 CC_{2020} 阅览型课程学生在线行为相似度	0.191	0	0.156	0	0.121	0
案例课程与 $CC_{2018-2020}$ 阅览型课程学生在线行为相似度	0.171	0	0.131	0	0.162	0
案例课程与 CC_{2018} 任务型课程学生在线行为相似度	0.185	0	0.175	0	0.118	0
案例课程与 CC_{2020} 任务型课程学生在线行为相似度	0.189	0	0.121	0	0.113	0
案例课程与 $CC_{2018-2020}$ 任务型课程学生在线行为相似度	0.113	0	0.161	0	0.157	0
案例课程与 CC_{2018} 低活跃型课程学生在线行为相似度	0.065	0	0.121	0	0.117	0
案例课程与 2020 春低活跃型课程学生在线行为相似度	0.082	0	0.116	0	0.121	0
案例课程与 $CC_{2018-2020}$ 低活跃型课程学生在线行为相似度	0.069	0	0.093	0	0.137	0
案例课程与 CC_{2018} 不活跃型课程学生在线行为相似度	0.117	0	0.127	0	0.183	0
案例课程与 CC_{2020} 不活跃型课程学生在线行为相似度	0.128	0	0.181	0	0.182	0
案例课程与 $CC_{2018-2020}$ 后不活跃型课程学生在线行为相似度	0.152	0	0.132	0	0.171	0

通过上述分析可知，只有 2018 学年和 2019 学年案例课程的学生在线学习行为分布数据分别与 CC_{2018}、CC_{2020} 以及 $CC_{2018—2020}$ 的高活跃型混合课程的在线学习行为分布数据相似，与其他学期的任何其他类型混合课程的在线学习行为分布数据都不相似。

为分析学生成绩分布对成绩预测模型迁移应用的影响，笔者进一步采用了卡方检验分析案例课程 3 年学习成绩与山东 L 高等院校 CC_{2018}、CC_{2020} 以及 $CC_{2018—2020}$ 中学生成绩分布之间的相似性，结果如表 7-8 所示。在表 7-8 中表示的案例课程 3 年学习成绩分布与 3 次预测建模时各类混合课程学生学习成绩分布的卡方分布检验结果中，案例课程 3 年的学生成绩与 3 次预测建模时各类混合课程学生学习成绩经卡方检验，所有检验结果的 p 值均为 0，说明没有任何一年的案例课程学生成绩分布与任何一次建模中任何一类混合课程的学生学习成绩分布相似。

表 7-8　案例课程 3 年学生学习成绩分布与 3 次预测建模时各类混合课程学生学习成绩分布的卡方分布检验表

案例课程学年 卡方检验检验统计值	2017 学年		2018 学年		2019 学年	
	卡方统计值	双尾检验 p 值	卡方统计值	双尾检验 p 值	卡方统计值	双尾检验 p 值
案例课程与 CC_{2018} 高活跃型课程学习成绩分布相似度	1171.31	0	1215.37	0	1015.91	0
案例课程与 CC_{2020} 高活跃型课程学习成绩分布相似度	1287.36	0	1295.15	0	1058.61	0
案例课程与 $CC_{2018—2020}$ 高活跃型课程学习成绩分布相似度	2615.61	0	2951.31	0	2691.32	0
案例课程与 CC_{2018} 阅览型课程学习成绩分布相似度	1358.35	0	1394.15	0	1495.36	0
案例课程与 CC_{2020} 阅览型课程学习成绩分布相似度	1388.31	0	1402.36	0	1501.36	0
案例课程与 $CC_{2018—2020}$ 后阅览型课程学习成绩分布相似度	2368.15	0	2412.13	0	2497.31	0

续表

案例课程学年	2017 学年		2018 学年		2019 学年	
卡方检验检验统计值	卡方统计值	双尾检验 p 值	卡方统计值	双尾检验 p 值	卡方统计值	双尾检验 p 值
案例课程与 CC_{2018} 任务型课程学习成绩分布相似度	1348.14	0	1384.31	0	1395.15	0
案例课程与 CC_{2020} 任务型课程学习成绩分布相似度	1251.41	0	1217.95	0	1267.36	0
案例课程与 $CC_{2018-2020}$ 任务型课程学习成绩分布相似度	2812.16	0	2912.15	0	2703.65	0
案例课程与 CC_{2018} 低活跃型课程学习成绩分布相似度	1052.32	0	1182.74	0	1215.33	0
案例课程与 CC_{2020} 低活跃型课程学习成绩分布相似度	1125.75	0	1055.97	0	1074.38	0
案例课程与 $CC_{2018-2020}$ 低活跃型课程学习成绩分布相似度	2100.65	0	2010.62	0	2087.74	0
案例课程与 CC_{2018} 不活跃型课程学习成绩分布相似度	1688.71	0	1452.35	0	1584.64	0
案例课程与 CC_{2020} 不活跃型课程学习成绩分布相似度	1651.32	0	1485.62	0	1603.81	0
案例课程与 $CC_{2018-2020}$ 后不活跃型课程学习成绩分布相似度	2961.01	0	2801.65	0	2941.36	0

7.2.2 预测模型的 3 种迁移应用方式

从山东 Q 高等院校中选择的案例课程的教学设计(见表 7-5)及教学实施来看,该课程在 2017 年的教学设计中没有建设太多的在线学习资源,也没有对学生参与在线学习提出很多具体要求,只是提醒了学生在网络学习系统中有可以开展自主学习的数字化学习材料。在实验教学环节也没有充分发挥网络学习管理系统的功能。不过教师也通过设置支持和帮助学生使用网络学习管理系统的助教,并通过告知学生成绩评定的各部分构成方式鼓励学生更多地开展自主在线学习。但从结果上看,该课程在2017年的教学过程中,学生参与在线学习产生的行为数据与山东L高等院校中任何学期、任何类型混合课程中产生的在线学习行为数据分布在相似性上均具有显著差异。2018年教师在网络学习系统中新增了教学材料,包括新增教学视频和互联网知识链接,分别安排在第2、3、6、7、8章的阅读材料中;同时增加了更多的学习活动,包括要求学生每周一次围绕教学预习内容开展线上讨论,新增5次线上作业、学生提问等。在研讨课程方面要求学生小组必须上传对其他小组展示的评价,学生小组需根据其他小组的评价改进展示内容等。另外,教师还改进了增加学生开展在线自主学习的激励,比如积极向教师提问可以有额外加分等。这些措施增强了学生参与在线学习的积极性,有效地促进了学生在所有在线活动中产生的行为投入。虽然2018年案例课程的在线学习还没有覆盖到实验教学环节,但从结果上看,2018年该案例课程与山东L高等院校中的高活跃型课程的学生在线学习行为数据分布没有显著差异。2019年该案例课程在2018年的基础上对学生开展在线学习的导航内容进行了改良,为学生在使用数字化学习资源时提供了相应的指引,同时设定了学生的在线讨论焦点、学生互评时的参考引用目标,增加了课程反思和对教学资源有用性与在线学习有用性的调查,为降低学生的在线学习负担,减少了对学生提问的要求。另外,在新增资源时进一步强化了对实验教学环节的指向,在实验教学中开展学生互评和课后反思等。上述改进从结果上看,同样产生了2019年该案例课程与山东L高等院校中的高活跃型课程的学生在线学习行为数据分布相似的现象(见表7-6)。在同时对案例课程3年的学生成绩分布与山东L高等院校CC_{2018}、CC_{2020}及$CC_{2018-2020}$中包含的各类混合课程中学生成绩分布检验后,发现案例课程3个学年的学生成绩分布与山东L高等院校所有学期学生成绩分布具有显著差异。为检验学生在线学习行为数据分布相似性和学生学习成绩分布相似性对3种预测模型迁移应用产生的影响,笔者采用了图7-4所示的实施流程。图7-4的实施流程与图7-2相似,因此对相同的操作和数据处理方式不再赘述,需要注意的操作内容分别是:

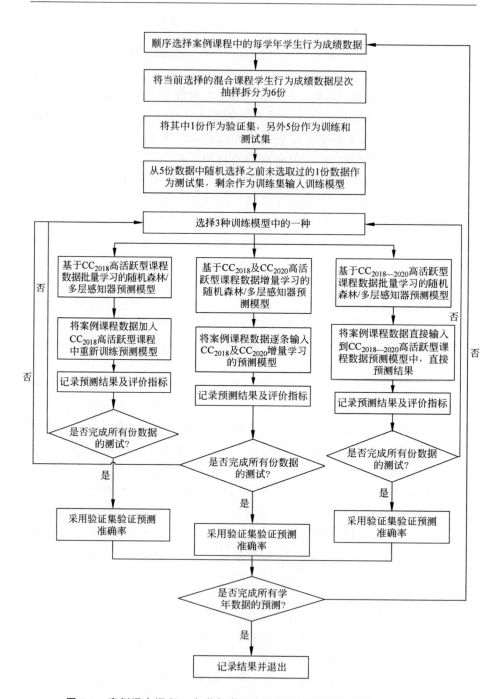

图 7-4 案例混合课程 3 个学年学生在线行为成绩预测模型验证流程图

(1) 与河南 Q 高等院校中的公共基础课不同,山东 Q 高等院校中的专业基础课是 3 个学期的数据,需要顺序输入,分别检验,因此每次操作流程结束后需要判断是否所有数据都经过了 3 种迁移应用方法的建模和预测。

(2) 在对案例课程数据使用批量学习的第一种迁移应用方法过程中,案例课程每学期产生的数据量较河南 Q 高等院校的公共基础课更少(每学期学生数量均不超过一百名),需要注意将案例课程数据加入 CC_{2018} 高活跃型混合课程数据中后,数据特征变化和预测结果的变化。

(3) 在对案例课程数据使用增量学习的方法进行迁移应用过程中,同样需要注意案例课程每学期产生的数据量较小,增量学习构建的模型对成绩预测结果准确率的变化。

(4) 虽然案例课程数据量较少,但为验证 3 种预测模型迁移应用方式在相同的测试条件和验证条件下实施,同样采用留一法对数据进行划分,即将案例课程数据划分为训练集和测试集。但因为案例课程数据量较少,在与其他数据集合并时对原数据集样本量的扰动较小,因此同样采用 5 次交叉检验的方法,另外再留出 1 份数据作为验证集。对每个学年的数据拆分时,采用层次抽样法拆分为 6 份数据。通过交叉检验获得稳定的批量学习和增量学习方式下产生的预测模型后,再使用验证数据分析预测结果的准确率。

7.2.3 预测结果

使用 3 种方法将山东 L 高等院校中使用各类型混合课程数据构建的高活跃型课程成绩预测模型迁移运用到案例课程中后,得到各方法的验证评价指标结果(见表 7-9)。由表 7-9 可知,2017 年案例课程数据、2018 年案例课程数据和 2019 年案例课程数据加入 M_{2018-H} 使用多层感知器分类预测算法重新训练后所得预测结果准确率、平均查准率、权重查准率、平均查全率、权重查全率、宏 F1 值、权重 F1 值分别为:2017 年,29.7%、0.312、0.331、0.317、0.343、0.314、0.339;2018 年,48.3%、0.513、0.535、0.522、0.557、0.517、0.549;2019 年,50.6%、0.531、0.560、0.549、0.587、0.540、0.579;使用 M_{2018-H} 随机森林分类预测算法重新训练后所得预测结果准确率、平均查准率、权重查准率、平均查全率、权重查全率、宏 F1 值、权重 F1 值分别为:2017 年,34.1%、0.372、0.383、0.379、0.405、0.375、0.396;2018 年,49.6%、0.536、0.567、0.540、0.585、0.538、0.578;2019 年,52.1%、0.557、0.582、0.569、0.605、0.573、0.588。2017 年案例课程数据、

2018年案例课程数据和2019年案例课程数据使用IM_{2020-H}多层感知器分类预测算法增量学习后所得预测结果准确率、平均查准率、权重查准率、平均查全率、权重查全率、宏F1值、权重F1值分别为：2017年，32.3%、0.347、0.362、0.358、0.392、0.352、0.385；2018年，55.3%、0.601、0.631、0.619、0.656、0.610、0.650；2018年，55.3%、0.601、0.631、0.619、0.656、0.610、0.650；2019年，62.7%、0.656、0.671、0.689、0.723、0.563、0.708；2019年，62.7%、0.656、0.671、0.689、0.723、0.563、0.708；使用IM_{2020-H}随机森林分类预测算法增量学习后所得预测结果准确率、平均查准率、权重查准率、平均查全率、权重查全率、宏F1值、权重F1值分别为：2017年，34.3%、0.368、0.384、0.371、0.408、0.369、0.388；2018年，69.4%、0.709、0.731、0.718、0.757、0.713、0.746；2019年，72.4%、0.792、0.828、0.811、0.843、0.801、0.836。2017年案例课程数据、2018年案例课程数据和2019年案例课程数据直接输入使用$M_{2018-2020-H}$的多层感知器分类预测算法构建的模型直接预测，经5次交叉检验后所得预测结果准确率、平均查准率、权重查准率、平均查全率、权重查全率、宏F1值、权重F1值分别为：2017年，35.1%、0.389、0.412、0.401、0.435、0.395、0.419；2018年，54.8%、0.585、0.617、0.602、0.633、0.593、0.627；2019年，56.3%、0.586、0.622、0.593、0.657、0.589、0.637；使用$M_{2018-2020-H}$的随机森林分类预测算法构建的模型直接预测，经五次交叉检验后所得预测结果准确率、平均查准率、权重查准率、平均查全率、权重查全率、宏F1值、权重F1值分别为：2017年，33.1%、0.349、0.377、0.361、0.396、0.355、0.389；2018年，52.4%、0.577、0.590、0.582、0.611、0.580、0.602；2019年，54.6%、0.575、0.611、0.586、0.639、0.580、0.627。

表7-9　3种预测模型增量学习案例课程数据后的预测结果评价表

	训练模型方式	加入M_{2018-H}重新训练		使用IM_{2020-H}增量学习		使用$M_{2018-2020-H}$直接预测	
	预测算法	MLP	RF	MLP	RF	MLP	RF
2017年案例课程数据	预测准确率(%)	29.7	34.1	32.3	34.3	35.1	33.1
	平均查准率	0.312	0.372	0.347	0.368	0.389	0.349
	权重查准率	0.331	0.383	0.362	0.384	0.412	0.377
	平均查全率	0.317	0.379	0.358	0.371	0.401	0.361
	权重查全率	0.343	0.405	0.392	0.408	0.435	0.396
	宏F1值	0.314	0.375	0.352	0.369	0.395	0.355
	权重F1值	0.339	0.396	0.385	0.388	0.419	0.389

续表

训练模型方式	加入 M_{2018-H} 重新训练		使用 IM_{2020-H} 增量学习		使用 $M_{2018-2020-H}$ 直接预测	
预测算法	MLP	RF	MLP	RF	MLP	RF
2018年案例课程数据 预测准确率(%)	48.3	49.6	55.3	**69.4**	54.8	52.4
平均查准率	0.513	0.536	0.601	0.709	0.585	0.577
权重查准率	0.535	0.567	0.631	0.731	0.617	0.590
平均查全率	0.522	0.540	0.619	0.718	0.602	0.582
权重查全率	0.557	0.585	0.656	0.757	0.633	0.611
宏 F1 值	0.517	0.538	0.610	0.713	0.593	0.580
权重 F1 值	0.549	0.578	0.650	0.746	0.627	0.602
2019年案例课程数据 预测准确率(%)	50.6	52.1	62.7	**72.4**	56.3	54.6
平均查准率	0.531	0.557	0.656	0.792	0.586	0.575
权重查准率	0.560	0.582	0.671	0.828	0.622	0.611
平均查全率	0.549	0.569	0.689	0.811	0.593	0.586
权重查全率	0.587	0.605	0.723	0.843	0.657	0.639
宏 F1 值	0.540	0.573	0.563	0.801	0.589	0.580
权重 F1 值	0.579	0.588	0.708	0.836	0.637	0.627

从表 7-9 中的结果可知，在 3 年的数据中，只有 2018 学年和 2019 学年在使用 IM_{2020-H} 的随机森林分类预测算法使用增量学习构建学生成绩预测模型后取得了较好的结果准确率，分别为 69.4% 和 74.1%。而在使用批量学习方式进行迁移应用时，所有模型中结果准确率最高的只达到 56.3%，未能取得对教学实践较有帮助的预测结果准确率。

为探索 2018 学年和 2019 学年案例课程预测结果的构成，笔者进一步分析了这两年课程数据对不同学习成绩等级的预测结果准确率（见表 7-10）。表 7-10 表示了案例混合课程分别在 2018 年和 2019 年两学年产生数据构建的预测模型中对各等级成绩学生的预测结果评价表，其中 2018 学年案例课程在成绩 A 的结果查准率、查全率和权重 F1 值中分别为：0.833、0.588、0.690；在成绩 B 的结果查准率、查全率和权重 F1 值中分别为：0.880、0.759、0.815；在成绩 C 的结果查准率、查全率和权重 F1 值中分别为：0.6、0.818、0.692；在成绩 D 的结果查准率、查全率和权重 F1 值中分别为：0.125、0.333、0.182；在成绩 F 的结果查准率、查全率和权重 F1 值中分别为：0.5、0.5、0.5；2019 学年案例课程在成绩 A 的结果查准率、查全率和权重 F1 值中分别为：1、0.5、0.667；在成绩 B 的结果查准率、查全率和权重 F1 值中分别为：0.9、0.783、0.837；在成绩 C 的结果查准率、查全率和权重 F1 值中分别为:0.65、0.765、0.703;在成绩 D 的结果查准率、查全率和权重 F1 值中分别为:0.615、0.727、0.667;在成绩 F 的结果查准率、查全率和权重 F1 值中分别为:0.333、0.333、0.333。

按照表据表 5-7 的计算方法,在二分类情况下,在表 7-10 中的各类型成绩的预测结果查准率就是模型对当前成绩等级预测结果的准确率。由此可知,2018 学年和 2019 学年中成绩为 A 和成绩为 B 的预测结果准确率都较高(分别达到 2018 学年的 0.833、0.88;2019 学年的 1、0.9)。而成绩为 B 以下时预测结果准确率开始显著下降。

表 7-10　案例混合课程两学年学生分成绩的预测结果评价表

	2018 学年案例课程	2019 学年案例课程
成绩 A 的查准率	**0.833**	**1.000**
成绩 B 的查准率	**0.880**	**0.900**
成绩 C 的查准率	0.600	0.650
成绩 D 的查准率	0.125	0.615
成绩 F 的查准率	0.500	0.333
成绩 A 的查全率	0.588	0.500
成绩 B 的查全率	0.759	0.783
成绩 C 的查全率	0.818	0.765
成绩 D 的查全率	0.333	0.727
成绩 F 的查全率	0.500	0.333
成绩 A 的权重 F1 值	0.690	0.667
成绩 B 的权重 F1 值	0.815	0.837
成绩 C 的权重 F1 值	0.692	0.703
成绩 D 的权重 F1 值	0.182	0.667
成绩 F 的权重 F1 值	0.500	0.333

7.3　预测模型迁移应用结果的讨论

7.3.1　模型迁移应用条件的讨论

在第 6 章中发现,采用新数据验证从山东 L 高等院校构建的预测模型时,当学生的在线学习行为分布数据相似时,原始模型可以通过增量学习的方式,对新加入的混合课程数据进行再训练,并对新数据中的学习成绩取得了较高的综合预测结果准确率。第 6 章验证了当学生在线学习行为数据分布的相似性有显著差异时,即使学生的成绩分布相似,通过增量学习方式重新训练原始模型,也无法取得较高预测结果准确率。以及在当学生在线学习行为数据分布和学生成绩分布均有显著差异时,无法通过增量学习的方式重新训练原始模型,取得较高预测结果准确率。然而,在第 6 章的模型优化过程中,没有检验新课程中学生在线学习行为数据分布与构建原始模型的学生在线学习行为数据分布相似,但新课程中学生成绩分布与构建原始模型的学生成绩分布具有差异的情况,也没有检验预测模型在跨院校、跨学生群体中的情况。本章使用了两门院校来源不同,参与学生群体规模、属性不同的案例混合课程,进一步探索混合课程成绩预测模型在迁移应用时的条件限制。

在选取第一门案例混合课程时,在数据可得的范围下,选取了河南 J 高等院校中的一门公共基础课,该课程包含了超过 6 个学院的近千名学生参与。且该课程经过数年的改革打磨,已经形成了较为成熟的混合课程教学设计、实施过程、教学策略、支持帮助体系,且该课程由教学团队实施,团队除了在教学实施过程中分别对多个班级授课以外,还在学情分析、课程管理、在线课程建设、教学反思等方面分工合作,由此形成了受到学生和学校较高评价的混合教学模式。在此模式下学生的参与课程积极性和学习成就感较强,每位学生开展在线学习活动时产生的在线学习行为频次/时长的数据量较大。笔者收集了该案例课程 2019—2020 年第一学期授课过程中学生的在线学习行为数据和最终成绩数据,对收集到的数据执行了与山东 L 高等院校数据相同的预处理流程。获得了与山东 L 高等院校数据预处理后,相同的预测变量和结果变量的指标结构。通过对河南 J 高等院校中选择的案例课程预测变量中学生在线学习行为数据分布的相似性检验和学习成绩的卡方检验,发现案例课程中学生在线学习行为数据分布与山东 L 高校 CC_{2018}、CC_{2020} 及 $CC_{2018-2020}$ 中高活跃型混合课程中的学生在线学习行为数据分布相似。在卡方分布检验中发现,案例课程中的学生成绩转化为 5 级定类数据后,与山东 L 高等院校中任何一学期的任何一类混合课程都不相似。

确定上述条件后,笔者分析了山东 L 高等院校 CC_{2018}、CC_{2020} 及 $CC_{2018-2020}$ 中高活跃型混合课程数据构建的混合课程成绩预测模型通过 3 种迁移应用方法,对案例课程成绩预测的模型构建过程和预测结果。发现将案例课程数据加入 CC_{2018}、CC_{2020} 的高活跃型混合课程数据集中,使用随机森林分类预测算法(增量学习方式)构建的预测模型所得预测结果准确率最高(达到71.2%)。而在使用批量学习的两种迁移应用方法时,使用第一种迁移应用方法,将案例课程数据与 CC_{2018} 高活跃型混合课程的数据合并,并重新使用批量学习方式的机器学习分类预测算法训练模型,所得预测结果准确率最高为61.7%;使用第二种迁移应用方法,将案例课程数据输入 $CC_{2018-2020}$ 高活跃型混合课程数据构建的成绩预测模型 $M_{2018-2020-H}$ 直接预测案例课程学生成绩,所得预测结果准确率最高为63.3%。由此可知,说明增量学习方式是混合课程学生在线学习行为数据建立学习成绩预测模型后,迁移应用到新课程中开展预测分析的最佳方法。且在使用增量学习方式时,能够识别在新混合课程中产生的,原成绩预测模型尚未覆盖到的学生在线学习行为与学习成绩关系的映射。从而当案例课程的学生在线行为的分布相似但学习成绩的分布不同时,仍然可获得较高的预测结果准确率。

在选取的第二门案例混合课程时,在数据可得的范围下,选取了山东Q高等院校中的一门专业基础课,参与该课程的学生只有本学院一个专业的学生,每学期选择该课程的学生人数通常为50~70名。与河南J高等院校的案例课程不同,山东Q高等院校中的这门案例课程从2017年开始才逐步从传统面授教学形式转向混合教学形式。另外,山东Q高等院校中的这门案例课程不仅包括理论知识学习的部分,还包括实验技能学习的部分。这意味着山东Q高等院校中的案例课程教学内容和教学目标都包括至少两个部分,且在教学中需要注意理论知识和实验技能之间联结的过渡,在课程中要求学生学习到的理论知识立即在实验操作中应用,因此课程进度更加紧凑。笔者收集了该案例课程2017—2019年3年授课过程中学生的在线学习行为数据和最终成绩数据,对收集到的数据执行了与山东L高等院校数据相同的预处理流程。获得了与山东L高等院校数据预处理后,相同的预测变量和结果变量的指标结构。在2017年的教学中,该门课程有一名任课教师,在课程中挑选了若干名学生作为助教,在整个教学模式的改革中,在理论知识教学部分,在传统面授方式中加入了研讨教学方式。但2017年该案例课程的在线教学内容建设方面还不够完善,在线学习活动的安排也不多,从而导致2017年收集的学生在线学习行为数据分布与山东L高等院校 CC_{2018}、CC_{2020} 及 $CC_{2018-2020}$ 中各类混合课程中的学生在线学习行为数据分布都不相似。除此以外,2017年该案例课程的学生学习成绩在转化为5级定类数据后也与山东L高等院校中任何一学期的任何一类混合课程都不相似。在2018年的教学中,该门课程的任课教师加强了课程在线学习资源的建设。不但加入了数字化教材,还添加了教学视频等多种格式的学习资源,丰富了学生参加在线学习的选项。另外,2018 年任课教师开始对学生的在线学习活动提出较为明确的要求,安排了讨论、作业和提问等多种形式的在线活动,促进了学生在各种在线学习行为指标中的数据增加。虽然 2018 年案例课程在教学模式和在线学习活动中对实验技能教学相关的内容还不够丰富,理论知识与实验技能之间的联结在教学设计中也没有明确的反应。但从学生在网络学习管理系统中参与混合课程在线部分的学习活动日志来看,学生执行各种在线学习行为的数据量已经有了显著提升,通过对 2018 年的案例课程预测变量中学生在线学习行为数据分布的相似性检验和学习成绩的卡方检验,发现案例课程中学生在线学习行为数据分布与山东 L 高等院校 CC_{2018}、CC_{2020} 及 $CC_{2018-2020}$ 中高活跃型混合课程中的学生在线学习行为数据分布相似。在卡方分布检验中发现,案例课程中的学生成绩转化为 5 级定类数据后,与山东 L 高等院校中任何一学期的任何一类混合课程都不相似。在 2019 年的教学中,该门课程的任课教师为课程的在线学习资源添加了更多的学习导航和知识点关联等信息,新增了关于学习视频内容有用性和讨论内容有用性的简单在线调查,同时为了减少学生的学习负担,没有要求学生必须向教师提问,但保留相应教学活动。在课程的在线学习页面下,专门建设了实验教学的指导栏目,并在某些与实验教学关系较为紧密的章节添加了与实验教学栏目互相关联的学习资源。2019 年并没有着力提升学生在线学习投入量的教学设计,而是期望通过上述优化提高学生在线学习的质量。从学生在网络学习管理系统中参与混合课程在线部分的学习活动日志来看,学生在各种在线学习行为指标下产生的数据量与 2018 年没有太大变化,通过对 2019 年的案例课程预测变量中学生在线学习行为数据分布的相似性检验和学习成绩的卡方检验,发现案例课程中学生在线学习行为数据分布与山东 L 高等院校 CC_{2018}、CC_{2020} 及 $CC_{2018-2020}$ 中高活跃型混合课程中的学生在线学习行为数据分布相似。在卡方分布检验中发现,案例课程中的学生成绩转化为 5 级定类数据后,与山东 L 高等院校中任何一学期的任何一类混合课程都不相似。

确定上述条件后,笔者分析了山东 L 高等院校 CC_{2018}、CC_{2020} 及 $CC_{2018-2020}$ 中高活跃型混合课程数据构建的混合课程成绩预测模型通过 3 种迁移应用方法,对山东 Q 高等院校案例课程成绩预测的模型构建过程和预测结果。发现将案例课程数据加入 CC_{2018}、CC_{2020} 的高活跃型混合课程数据集中,使用 2019 年案例课程数据,在随机森林分类预测算法(增量学习方式)构建的预测模型所得预测结果准确率最高(达到72.4%);使用2018年案例课程数据,在随机森林分类预测算法(增量学习方式)构建的预测模型所得预测结果准确率次之(达到69.4%);使用2019年案例课程数据,在多层感知器分类预测算法(增量学习方式)构建的预测模型所得预测结果准确率第三(为62.7%)。此外,其他学年中的课程数据在使用增量学习方式的机器学习分类预测算法时都没有获得可接受的预测结果准确率。而在使用批量学习的两种迁移应用方法时,使用第一种迁移应用方法,将案例课程3年的数据与CC_{2018}高活跃型混合课程的数据合并,并重新使用批量学习方式的机器学习分类预测算法训练模型,所得预测结果准确率最高为52.1%;使用第二种迁移应用方法,将案例课程3年的数据输入$CC_{2018-2020}$高活跃型混合课程数据构建的成绩预测模型$M_{2018-2020-H}$直接预测案例课程学生成绩,所得预测结果准确率最高为56.3%。且该课程2017年的数据在使用任何迁移应用方法时都未能获得可接受的预测结果准确率。

通过将山东L高等院校中构建的混合课程成绩预测迁移应用到上述案例课程中,验证了学生成绩预测模型跨课程、跨学期和跨学生群体迁移应用的条件,即将在山东L高等院校中构建的混合课程成绩预测迁移应用到新课程中时,新课程中学生的在线学习行为数据分布必须与山东L高等院校中高活跃型混合课程中学生的在线学习数据分布相似。课程中学生成绩的分布不影响成绩预测模型迁移应用结果的准确率,也不是预测模型迁移应用的前提条件。通过上述两门案例课程,共计4个学期的混合课程中迁移应用混合课程学习成绩预测模型还发现,增量学习方式的机器学习预测分析方法是最佳方法。使用增量学习方法,不仅能在保留已构建成绩预测模型识别出的在线学习行为特征基础上,增加新课程中出现的在线学习行为数据与学习成绩之间的映射关系,而且能够在预测时识别在新混合课程中产生的、通过增量学习构建预测模型时尚未覆盖到的学生在线学习行为与学习成绩关系的映射。从而当案例课程的学生在线行为的分布相似但学习成绩的分布不同时,仍然可获得较高的预测结果准确率。

此外,在上述案例中使用批量学习方式的迁移应用已构建的成绩预测模型时,在两个案例中都没有获得可接受的预测结果准确率。不仅如此,在包括查准率、查全率、F1值等其他评价指标中,也没有任何一个结果超越增量学习方式迁移应用所得结果的对应指标。从批量学习的原理(图2-1)中可知,相较于增量学习方式,批量学习方式的机器学习分类预测算法缺少灵活构建成绩预测模型的能力。在案例课程中采用的两种批量学习迁移应用方法中,第一种将案例课程的数据加入到训练原成绩预测模型的数据集中,重新构建预测模型,最高只在河南 J 高等院校的案例课程中得到了 61.7% 的预测结果准确率,而在山东 Q 高等院校的案例课程中所得预测结果准确率最高甚至没有超过 55%。有研究指出,在预测模型的迁移应用中,目标群体的训练样本规模(包括样本个体特征差异)对批量学习方式的机器学习分类预测算法构建预测模型的迁移应用效果具有较大影响,当目标群体的训练样本规模远少于原数据集中的训练样本规模时,预测模型在目标群体的迁移应用结果准确率可能产生较大幅度的降低(Sheng et al., $2008^{614-620}$)。比较河南 J 高等院校案例课程中的数据量与山东 L 高等院校 CC_{2018} 高活跃型课程的数据量可知,河南 J 高等院校案例课程相对山东 L 高等院校 CC_{2018} 高活跃型课程的数据量较小(不到 CC_{2018} 高活跃型课程的 1/4),河南 J 高等院校的案例课程数据加入 CC_{2018} 高活跃型课程的数据后,对数据集中包含的在线学习行为模式改变不大,但在检验时是完全针对案例课程中的学生成绩进行预测。新加入的案例课程数据因未能较大幅度改变原模型中学生在线学习行为模式与学习成绩的映射关系而产生较多失准。而对于山东 Q 高等院校的案例课程更是如此,山东 Q 高等院校中的案例课程每年的学生数量甚至不及山东 L 高等院校 CC_{2018} 高活跃型混合课程学生数量的 1/20,与此同时,山东 Q 高等院校案例课程与 CC_{2018} 高活跃型混合课程学生的在线学习行为数据分布又没有显著差异,说明案例课程中每位学生产生的各类型在线学习行为频次/时长在群体中的排名分布相似,但学生成绩分布又具有显著的差异。因此,混合课程成绩预测模型在经由批量学习的第一种方法迁移应用到山东 Q 高等院校的案例课程后,所得预测结果准确率相较于迁移应用到河南 J 高等院校的案例课程中更低。在案例课程中采用的第二种批量学习迁移应用方法,直接使用已构建的成绩预测模型预测案例课程学习成绩,最高只在河南 J 高等院校的案例课程中得到了 63.3% 的预测结果准确率,而在山东 Q 高等院校的案例课程中所得预测结果准确率最高只达到 56.3%。由此可知,直接使用已构建的成绩预测模型预测新课程的学生成绩,即使在学生在线学习行为数据分布相似的前提下仍产生了较大的结果准确率下降现象。虽然在 Moreno-Marcos 等(2019^{4-9})的研究中指出预测模型可在不同学习群体中跨课程迁移应用,但前提是学生群体和课程相似。然而从河南 J 高等院校和山东 Q 高等院校的两门案例课程中反映出的结果来看,学生群体和课程的相似性辨析仍然不够明确,直接使用已构建的成绩预测模型预测新课程的学生成绩并保证预测结果准确率不发生较大变化仍然需要未来进一步探索。

最后,在可接受的预测结果中,研究发现无论是在河南 J 高等院校的公共基础课程中还是在山东 Q 高等院校的专业基础课程中,经增量学习构建的预测模型对学生成绩的分级预测结果仍然是成绩为 A 和 B 的学生准确率最高,当成绩为 B 以下时预测结果准确率降低的幅度较大。其中,在河南 J 高等院校的案例课程中成绩为 C 及以下的学生预测结果准确率从 80% 左右降低到 60% 和 60% 以下,出现了成绩越低,预测结果准确率越低的现象。而在山东 Q 高等院校的案例课程中,2018 年的预测结果在对成绩为 C 及以下的学生准确率也从超过 80% 降低到 60% 及以下,2019 年的预测结果在对成绩为 C 及以下的学生准确率则从超过 90% 降低到 65% 及以下。进一步分析两所高等院校的案例课程中,各级学习成绩学生的在线学习行为数据指标可知,在两门案例课程中出现上述现象的原因与山东 L 高校中 CC_{2018} 中高活跃型课程相同。学生成绩为 C、D、F 时学生的各在线学习行为指标数据维持在相似的水平中,因此这些学生在线学习行为对学习成绩的映射相似,甚至出现相互重叠和交叉的现象。在使用随机森林分类预测算法构建的决策树模型中,会产生多个相互矛盾的学生在线学习行为预测学习成绩的决策树,在投票时学生成绩为 C、D、F 的决策树模型过于相似,导致预测时发生 C、D 和 F 级学生成绩的预测结果准确率下降的现象。

除此以外,山东 Q 高等院校案例课程学生人数较少也一定程度上导致了预测结果准确率在不同成绩分级的学生中出现大幅变化的结果准确率的现象。山东 Q 高等院校案例课程在 2018 年和 2019 年学生成绩为 A 的预测结果准确率分别为 83.3% 和 100%,成绩为 B 的预测结果准确率分别为 88% 和 90%;成绩为 D 的预测结果准确率分别为 12.5% 和 61.5%,成绩为 F 的预测结果准确率分别为 50% 和 33.3%。山东 Q 高等院校案例课程的人数每年在 A 和 F 两个成绩分级的学生都较少,学生成绩在以百分制打分时,分布更加接近偏正态分布。在较为极端的成绩等级中,其中 2018 年成绩为 F 的学生只有 2 人,2019 学年成绩为 A 的学生只有 2 人,而成绩为 F 的学生只有 3 人。在这种情况下,预测结果的准确率变化会十分剧烈。但两学年成绩为 B 的学生数量较多,分别为 25 人和 20 人,预测准确率也较为稳定。

7.3.2 在线学习行为数据分布与预测结果准确率的讨论

从第 6 章使用增量学习方法的机器学习分类预测算法优化混合课程学生成绩预测模型的结果可知，只要混合课程中学生的在线学习行为数据分布与山东 L 高等院校 CC_{2018}、CC_{2020} 及 $CC_{2018-2020}$ 的高活跃型混合课程的在线学习行为数据分布相似，即可使用增量学习的方法，将新课程的学生在线学习行为数据顺序输入已构建的学习成绩预测模型中，经进一步训练学习成绩预测模型后，所得预测结果准确率较原模型不会发生较大幅下降。河南 J 高等院校的案例课程数据在迁移应用 CC_{2018} 和 CC_{2020} 的高活跃型混合课程数据连续增量学习构建的预测模型时验证了该结论。然而在河南 J 高等院校中的案例课程较为特殊。该课程的教师团队有 5 人，虽然他们开展了集体备课，共同建设在线课程资源，共同设计在线学习活动，统一制定成绩评价标准等，但在课程的具体实施时该门课程仍然划分了若干个教学班。这些教学班的学生并非完全随机划分。根据不同学院专业课的排课时间，在每个教学班中学生的来源有不同程度的聚集。对于一所高等院校的众多专业课程来说，很少有如此规模的学生同时参与一门混合课程。另外，对于其他拥有众多教学班的公共基础课程来说，又很少有课程组的教学团队在设计和实施混合课程时，能形成与河南 J 高等院校案例课程中教学团队相似的模式与工作机制。因此该门课程的验证结果只能代表少数获得教育教学成果奖的课程。

为进一步扩大成绩预测模型迁移应用条件结论的适用性，并分析课程整体学生数量规模，各等级学生成绩数量规模对成绩预测模型迁移应用中的影响，进一步选择了山东 Q 高等院校中的一门专业基础课，在跟踪了其 3 年的混合教学改革过程后，分析了将成绩预测模型迁移应用到该课程产生的数据中所得预测结果。山东 Q 高等院校的这门专业基础课程由 1 名任课教师负责课程的设计、实施和评价，每年该课程的选课人数为 60 左右，开设两个课程班。每周开展一次面授教学。教学进度分配为前半学期开展理论知识讲授，后半学期开展理论知识与实验技能教学。该课程的教学主体、学生规模、课程内容符合大部分高等院校中占课程比例较大的专业课程现状，具有一定代表性。而且该课程在 3 年间逐步从传统面授向混合课程改革，也能代表大部分逐步开展混合教学改革的课程。

为验证课程整体学生数量规模和学生成绩分布对成绩预测模型迁移应用到新课程的影响，使用了增量学习方法的机器学习分类预测算法，将山东

L 高等院校中经由 CC_{2018} 和 CC_{2020} 高活跃型课程增量学习构建的成绩预测模型分别迁移应用到山东 Q 高等院校案例课程的各学年数据当中。发现除 2017 年的数据以外，其他两学年的数据都取得了准确率较高的预测结果（分别达到 69.4％ 和 72.4％）。与此同时，山东 Q 高等院校的案例课程 3 学年的学生成绩分布与 CC_{2018} 和 CC_{2020} 的高活跃型混合课程学生成绩分布都不相似。由此可知，课程的学生数量规模不影响通过增量学习方式迁移应用已构建成绩预测模型的预测结果准确率。只要学生的在线学习行为数据分布与 CC_{2018} 和 CC_{2020} 高活跃型课程中的学生在线学习行为数据分布相似，成绩预测模型在迁移应用时，对新课程的预测结果准确率就不会发生大幅下降的现象。案例课程 2017 年的学生在线学习行为数据与山东 L 高等院校的所有高活跃型课程学生在线学习行为数据都不相似，且迁移应用时没有获得超过 40％ 的预测结果准确率，也从反面证明了，学生在线学习行为数据分布的相似性是预测模型迁移应用的前提条件。

另外，虽然在山东 L 高等院校中，CC_{2018} 和 CC_{2020} 高活跃型课程中学生的在线学习行为数据分布与学生的成绩分布都相似，通过增量学习方法构建成绩预测模型预测准确率较高。但在河南 J 高等院校的案例课程和山东 Q 高等院校案例课程 3 年的数据中，没有任何课程中的学习成绩分布与山东 L 高等院校中的任何类型课程学生成绩相似。但从预测模型通过增量学习方法迁移应用到河南 J 高等院校案例课程和山东 Q 高等院校案例课程 3 年的数据中，获得结果的预测准确率并未受到影响。说明学生成绩的分布没有对预测模型迁移应用的结果产生影响，不是预测模型迁移应用的限制条件。

在连续跟踪山东 Q 高等院校案例课程 3 年的课程数据后，发现只有 2017 年课程得到的预测结果准确率较低，同时，在河南 J 高等院校中迁移应用时也使用了增量学习方法的机器学习分类预测算法构建成绩预测模型。由此可知，将混合课程的成绩预测模型迁移应用到新课程时，增量学习的方法能够更好地发现新课程中的学生在线学习行为数据与学习成绩的预测关系。另外随着山东 Q 高等院校案例课程中学生在线学习行为数据分布与高活跃型混合课程相似性的增强，将预测模型迁移应用到 2018 年和 2019 年的案例课程数据后，获得了准确率更高的预测结果。

从课程中包含的学生人数规模来看，在 CC_{2018} 的高活跃型混合课程学生成绩预模型中进一步加入学生人数规模相似的 CC_{2020} 高活跃型混合课程学生在线学习行为和学生成绩数据没有降低该模型对 CC_{2018} 和 CC_{2020}

高活跃型混合课程学生成绩预测结果的准确率(在该部分预测结果检验中使用了交叉检验的方法,对输入模型中的每条数据都进行了至少一次预测检验)。而将此模型迁移应用到河南 J 高等院校的案例课程数据后,虽然其学生人数规模只有 CC_{2018} 高活跃型混合课程学生的 1/4,不到 CC_{2018} 和 CC_{2020} 数据合并后高活跃型混合课程学生的 1/8,但河南 J 高等院校的案例课程学生与高活跃型混合课程学生的在线学习行为数据分布相似,且增量学习后获得的预测结果准确率并无较大幅度下降。说明成绩预测模型迁移到新课程中时,新课程中包含的学生人数规模并不影响预测结果准确率。在成绩预测模型迁移应用到山东 Q 高等院校中的案例课程数据后的预测结果也印证了此项结论。在山东 Q 高等院校的案例课程中,2018 年和 2019 年的学生人数分别为 58 人和 62 人,从学生人数规模上看,甚至不及 CC_{2018} 和 CC_{2020} 数据合并后高活跃型混合课程学生的 1/40,但山东 Q 高等院校案例课程 2018 年和 2019 年的学生都与高活跃型混合课程学生的在线学习行为数据分布相似,且增量学习后获得的预测结果准确率并无较大幅度下降。两个案例课程中的结果均说明,新课程中的学生人数规模并非影响成绩预测模型迁移应用的前提条件。

7.3.3 预测结果稳定性讨论

在本章进行预测模型迁移应用的三种方法过程中,无论对河南 J 高等院校的案例课程还是对山东 Q 高等院校的案例课程(2018 年和 2019 年的数据),都只有采用增量学习方式的随机森林分类预测算法构建的预测模型得到了较高的结果准确率。结合该模型在 CC_{2018} 高活跃型混合课程和 CC_{2020} 高活跃型混合课程中连续增量学习,并预测两学期数据合并后的学生成绩结果准确率表现可知,增量学习方式在样本较多时测结果可表现出较为稳定的特点。在比较不同增量学习方法的机器学习分类预测算法构建成绩预测模型的研究中,Kulkarni 和 Ade(2014)的结果展示出在相同数据集下,无论是朴素贝叶斯、K 星、IBK 和 K 最邻近算法,在检验过程中预测结果的准确率会表现出一种波动性特征,即随输入模型进行增量学习样本数量的增加预测结果的准确率不断上下波动,且没有表现出收敛的趋势。即使在平均结果准确率最高的 K 星增量学习分类预测算法中,预测结果波动的幅度也较其他增量学习算法更大。在 Ade 和 Deshmukh(2014)的研究中同样发现,增量学习分类预测算法构建的预测模型对学习成绩进行预测时,结果准确率会随样本数量的变化而波动,且不会收敛到固定值。虽然上述两个研究都在完全在线课程场景下开展,但两项研究都将预测结果准确率的波动原因归于增量学习方式的分类预测算法构建成绩预测模型的机制。在采用增量学习的分类预测算法接收新数据时,新数据的特征并不总是会被作为模型识别样本的首要特征,当新数据的特征与已有特征较为接近,则新数据的特征会被归于已有特征当中;当新数据的特征更加突出,是以前并未识别出的特征,会将新数据的特征与结果建立预测关系。但上述机制会出现两个问题:一是虽然新数据的特征与模型已识别的特征相似,但新数据的特征与结果的预测关系是不存在的,这将导致预测结果准确率的下降;二是虽然新数据的特征更加突出,预测模型构建出了新的样本数据与结果的预测关系,但由于新数据的数据量较小,预测模型新构建出的预测关系优先级较低,预测结果指向新数据的结果变量,也会带来预测结果准确率的下降。由于增量学习算法不断接收新数据的特征,导致上述问题并非只要出现新数据就一定会产生,从而产生预测结果准确率的波动。由此可见,采用增量学习方式的机器学习算法在构建预测模型时,预测结果的稳定性与样本数据量有关。

然而在上述两项研究中,他们使用的样本量较小(学生数量小于1000),尚未能发现预测结果稳定的样本量阈值。因此,为分析采用$CC_{2018} \sim CC_{2020}$两学期高活跃型混合课程数据增量学习构建的成绩预测模型是否可产生准确率稳定的预测结果,从而奠定迁移应用到案例课程数据产生稳定预测结果的基础。笔者分析了增量学习方式构建模型过程中,不断输入样本数据对结果预测的准确率变化(如图7-5所示)。图7-5表示了将CC_{2018}和CC_{2020}中高活跃型混合课程数据不断输入增量学习方式的随机森林预测算法中,构建模型对成绩预测结果的准确率变化。在图7-5中,横坐标为输入的课程数量,纵坐标为预测结果准确率。为保证图7-5(a)和图7-5(b)在图形上具有可比性,纵坐标的上下限固定为0~90%,纵坐标的刻度为10%。从图7-5(a)中可知,增量学习方式的随机森林分类预测算法在使用CC_{2018}的高活跃型混合课程中学生样本数据构建的预测模型得到的平均预测结果准确率较低(平均结果准确率为65.7%),且对每门课程的预测结果准确率波动较大,直至CC_{2018}中的所有高活跃型混合课程的数据全部输入也未能显示出收敛的趋势(预测准确率标准差为0.104)。而进一步将CC_{2020}中的高活跃型混合课程的学生样本数据输入预测模型中,持续训练后,随着课程数据的输入,预测结果的平均准确率开始提高,直至CC_{2020}中的数据完全输入后,平均预测结果准确率提升到75.1%。且预测结果的准确率波动也开始呈现缩小的趋势(如图 7-5(b)所示),结果发现在持续输入的过程中,包括 CC_{2018} 和 CC_{2020} 的前 40 门高活跃型混合课程数据输入时预测结果准确率标准差为 0.087,后 33 门课程数据输入时预测结果准确率标准差为 0.018。

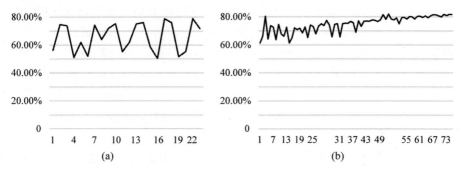

图 7-5 使用 CC_{2018} 和 $CC_{2018-2020}$ 数据结果准确率变化图

(a) 使用 CC_{2018} 数据;(b) 使用 $CC_{2018-2020}$ 数据

由此可知,在将 CC_{2018} 和 CC_{2020} 中高活跃型课程的学生样本数据全部输入增量学习方式的随机森林分类预测算法后,构建出的成绩预测模型已经较为稳定。当使用案例课程数据加入到 CC_{2018} 和 CC_{2020} 高活跃型混合课程数据末尾,进一步增量学习,构建的成绩预测模型是在一个较为稳定的模型中进行的增量学习的模型,所得结果的稳定性也具有保障。

相较之下使用多层感知器分类预测算法构建的人工神经网络模型则在批量学习和增量学习两种方式中都未能得到较为稳定的预测结果。从表 6-9 中可知,多层感知器分类预测算法构建的人工神经网络模型在山东 L 高等院校的 $CC_{2018-2020}$ 高活跃课程中建立的预测模型所得结果准确率较高,达到了 77.1%。但在 $CC_{2018-2020}$ 高活跃课程中的庞大数据量导致人工神经网络的结构复杂度增加。由此,在使用批量学习的第一种方法迁移应用到案例课程中时,案例课程的数据量较小,将案例课程的数据加入 $CC_{2018-2020}$ 高活跃课程数据后,案例课程的在线学习行为特征对结果变量的预测关系优先级较低。而在结果检验时,则只针对案例课程的学生成绩进行预测,因此预测准确率只达到了 61.7%。在使用批量学习的第二种方法迁移应用到案例课程中时,案例课程只有学生在线学习行为数据分布与山东 L 高等院校的高活跃型混合课程数据分布相似,但案例课程的学生成绩分布与山东 L 高等院校任何一学期任何一类课程中学生的成绩分布都不相似。说明案例课程中尚存在 CC_{2018}、CC_{2020} 和 $CC_{2018-2020}$ 高活跃型混合课程构建预测模型未能识别的预测关系。由此,在第二种迁移方法中,直接将案例课程数据输入预测模型进行预测,没有任何一类的原始数据集覆盖到两门案例课程的在线学习行为数据对学习成绩的全部预测关系。因此直接迁移应用多层感知器构建的人工神经网络预测模型预测案例课程都没有取得较好的预测结果准确率(最高只达到 63.3%)。在使用增量学习方法将预测模型迁移应用到案例课程中时,增量学习的人工神经网络无法较好地处理不同样本数量规模构建的预测关系,导致在抛弃与记忆预测变量和结果变量之间的预测关系处理时会因某些预测关系的样本数量较小,预测关系权重降低。在针对案例课程的学生成绩预测时就会产生预测结果准确率的下降。

在使用批量学习方式的随机森林分类预测算法构建成绩预测模型时,也出现了在案例课程中迁移应用时预测结果准确率较大幅下降的问题。在使用批量学习方式的随机森林分类预测算法构建预测时,模型的稳定性与预测结果的选择有关。在使用批量学习方式的第一种方法将成绩预测模型迁移应用到案例课程中,通过将案例课程数据加入到 CC_{2018} 高活跃型混合课程数据后,随机森林分类预测算法构建的预测模型适用范围是数据合并后的所有学生成绩,而案例课程样本数据不是数据合并后的整体样本的完全相同数据子集,在结果预测时,只针对案例课程的学生成绩进行预测,就会出现预测结果准确率的偏差。当案例课程数据量较小时,案例课程的学生样本量较小,加入到 CC_{2018} 高活跃型混合课程中后,使用随机森林分类预测算法构建的决策树数量较少,因此无法估计预测结果准确率偏差的具体范围,说明在只选取样本中的少量数据进行预测时,预测结果的稳定性难以保证。而在使用批量学习方式的第二种方法将成绩预测模型迁移应用到案例课程,直接将案例课程数据输入预测结果准确率最高的模型中获取预测案例课程学生成绩时,由于案例课程相较于构建原预测模型的混合课程跨越了院校、专业、学生群体和学期,只有案例课程的学生在线学习行为数据分布与构建原预测模型的混合课程数据分布相似,而案例课程的学生成绩与原预测模型的混合课程数据分布不同,所以案例课程中一定存在某些学生在线学习行为数据与学习成绩的预测关系没有被原模型覆盖。这些未被覆盖的预测关系是导致预测结果准确率偏差的关键因素,在直接使用原模型进行预测时会导致预测结果准确率的不稳定。因此,在只针对案例课程的学习成绩预测时,没有获得相比增量学习迁移应用方法更高的预测结果准确率。

综上所述,为了将使用大量混合课程学生数据训练得到的学习成绩预测模型迁移应用到新的混合课程中,在关注学习成绩预测模型的预测准确率同时还应关注预测模型的稳定性。在两个案例课程中进行迁移应用的条件研究结果说明,将已构建的成绩预测模型迁移应用到新的混合课程中时,采用增量学习的迁移应用方式重新构建成绩预测模型具有较强的稳定性。且由于增量学习方式可迭代训练新混合课程中增加的学生数据,有助于避免预测模型因数据量变化而出现预测结果准确率的较大偏差。实现一类混合课程学习成绩预测模型迁移应用到一门具体课程,不断迭代优化,从而持续为具体课程反馈教学优化、学习内容调整和学习帮助支持策略改进的决策基础。

7.4 本章小结

与一线教师合作开展混合课程教学改革,不仅有助于混合课程教学质量的提升,也能为研究人员提供混合课程的教学设计、课程建设、教学实施、结果评价和教学反思全过程的数据。本研究即是在这种方式下获得了河南 J 高等院校的一门公共基础课和山东 Q 高等院校的一门专业基础课的课程数据,从而开展混合课程学生成绩预测模型的迁移应用条件检验。检验的内容包括:案例课程中学生在线学习行为数据分布与训练原预测模型的在线学习行为数据分布的相似性;案例课程中学生成绩分布与训练原预测模型的学生成绩数据分布的相似性;案例课程中学生样本数量对成绩预测模型迁移应用结果的影响,不同迁移应用方式下针对案例课程学生成绩预测的结果稳定性。

在预测模型进行迁移应用时,主要采取三种方式:第一种是将案例课程数据放入构建原学习成绩预测模型的数据集中,重新采用批量学习的方法训练模型,对案例课程的学习成绩进行预测;第二种是将案例课程中的数据直接输入到已经构建的成绩预测模型中,采用已构建的成绩预测模型直接预测案例课程的学生成绩;第三种是将案例课程的数据加入到构建原学习成绩预测模型的数据末尾,并采用增量学习的分类预测算法对案例课程的数据进一步训练,构建预测模型,对案例课程中的学习成绩进行预测。结果发现:(1)当案例课程与前述的"高活跃型混合课程"的学生在线学习行为聚类特征分布相似时,将模型迁移应用到案例课程中所得预测结果准确率较高；(2)在三种迁移应用方法中，采用增量学习方式的迁移应用结果准确率较高；(3)在采用增量学习方式将原模型迁移应用到案例课程中时，案例课程中学生的数据量规模，案例课程与训练原模型数据集中包含的学生成绩分布相似性对迁移预测结果准确率没有影响；(4)采用增量学习方式的机器学习分类预测算法构建成绩预测模型并非一开始就可获得稳定的预测结果准确率，需要样本个数超过一定的数量后才可获得较为稳定的预测结果准确率。

第 8 章 研 究 结 论

8.1 研 究 结 论

相较于传统面授课程,混合课程为师生带来了更加灵活的教学过程,为师生教学带来了时空上的扩展。同时,混合课程也为教师对教学过程的管理、学习状态的监测、学习进度的掌握、教学策略的调整及支持帮助方法的优化等方面带来了更大的挑战。当前在混合课程的教学实践中,大多数教师仍然通过面授时期的教学观察、教学过程中的单元测试以及学生的作业质量等传统教学评价方法判断学生的阶段性学习成效。但在完全在线课程的教学实施中,已有教师发现利用网络学习管理系统中记录的数据,对学生学习效果进行动态评价的优势。根据网络学习管理系统中记录的学习过程数据对学生进行动态评价涉及学习成绩预测的问题。与完全在线教学相比,混合课程在实施过程中,学生的学习行为包括线上和线下两个部分,直接采用完全在线课程中的学习成绩预测方法,仅仅依据学生的线上学习行为数据实施成绩预测具有很大挑战性(Bonk,Graham,2012[533—550])。本研究采集了三所普通高等学校中的混合课程数据,包括学生的在线学习行为数据、学生的学术属性数据和每位学生在课程中的最终成绩数据。探讨了混合课程的分类方法,使用机器学习分类预测算法构建了学生成绩预测模型,分析了影响预测结果的因素,解释了学生成绩预测模型的结构和机制,评估了预测结果的精度,讨论了利用该模型进行跨课程学习成绩预测的准确率和迁移应用条件。具体概括为三点:

(1) 提出了基于学生在线学习行为聚类的混合课程分类方法

以往研究发现,在混合课程中基于学生在线学习行为对学习成绩进行预测只在少数典型混合课程中开展过探索,且所得模型中影响预测结果准确率的关键变量在各研究中无法统一,在特定混合课程中构建的成绩预测模型难以迁移应用到其他课程中(Liz-Domínguez et al.,2019[85-99];Baker,2019[4-8])。有学者在分析以往研究的基础上,比较了各机器学习分类预测算法在十余门来自不同学院、不同专业,具有不同学生群体的混合课程中构建成绩预测模型所得结果的评价指标,结果发现,在仅使用学生在线学习行为预测学生成绩时,不可能构建出适应任何混合课程的学习成绩预测模型,需要根据混合课程的特征对其进行分类,然后针对某类混合课程构建学习成绩预测模型(Gašević et al.,2016[80-84];Conijn et al.,2016[28-29])。有研究者根据混合课程的基本属性、技术融合方式、学习活动类型等提出了混合课程的分类方法,如Masie,2002[59]提出了基于混合课程实施的环境差异的分类框架,Bele 和 Rugelj(2007[2-4])提出了基于教学主体和教学时序的分类方法,Bonk 和 Graham(2012[10-20])提出了基于混合教学中技术融合方式的分类方法,Margulieux 等(2014[6-8])提出了基于内容呈现形式和内容属性的分类方法,然而这些方法都未涉及混合课程中的学生学习过程。虽然有研究提出了使用学生在线学习行为聚类的分类方法(Park,Yu,Jo,2016[1]),开辟了应用学生学习过程分类混合课程的先河,但仍未触及根据混合课程分类开展学习成绩预测研究的问题。

本研究采集了一所高等院校网络学习管理系统中 2018—2019 年第一学期全部 2456 门混合课程的学生在线学习日志数据,提出了依据学生在线学习行为聚类特征对混合课程进行分类的方法,并将混合课程分为 5 种类型,即不活跃型课程、低活跃型课程、任务型课程、阅览型课程和高活跃型课程,描述了每种类型混合课程中学生在线学习行为的特征。为验证上述分类方法的稳定性,进一步采集了同一所高校 2019—2020 年第二学期全部 1851 门混合课程的学生在线学习日志数据,在单独采用 2019—2020 年第二学期混合课程的数据和将两个学期混合课程数据合并两种情况下,采用依据学生在线学习行为聚类特征的方法对混合课程进行分类。结果发现都可获得与 2018—2019 年第一学期相同的 5 种课程类型,每种类型课程中的学生在线学习行为的聚类特征类似。该结论表明依据学生在线学习行为的聚类特征对混合课程进行分类的方法具有良好的稳定性。

(2)构建了不同类型混合课程的学习成绩预测模型

2018—2019 年第一学期的各类混合课程中,分别选定了逻辑回归分类预测算法、朴素贝叶斯分类预测算法、支持向量机分类预测算法、随机森林分类预测算法和多层感知器分类预测算法等常用机器学习分类预测算法进行了学习成绩预测建模。另外在加入 2019—2020 年第二学期混合课程的数据后,进一步使用了随机森林分类预测算法和多层感知器分类预测算法的增量学习版本对预测模型进行优化。结果发现:①在同一学校两学期的混合课程中,无论采用批量学习方式或是采用增量学习方式,无论采用上述五种机器学习分类预测算法中的任何一种算法,都只有"高活跃型混合课程"可以得到较高的学习成绩预测结果准确率(每次预测结果准确率均高于70%)。②相对于不进行混合课程分类直接构建全校的学习成绩预测模型,分类后在各类型混合课程中构建的预测模型,其预测结果的准确率都有提升,预测结果准确率最大能够提升39.3%。在"高活跃型混合课程"中,面对不同的学生样本数据量,多层感知器分类预测算法与随机森林分类预测算法互有伯仲,在2018—2019年第一学期的课程数据中,随机森林分类预测算法构建的决策树森林预测模型表现出较高的预测结果准确率;在将两个学期混合课程的数据合并后,使用多层感知器分类预测算法构建的人工神经网络预测模型可获得更高的预测结果准确率;在使用增量学习方式的机器学习分类预测算法优化成绩预测模型时,随机森林分类预测算法构建的增量决策树预测模型表现出较高的预测结果准确率。③在进一步针对"高活跃型混合课程"中每个成绩等级的预测结果分析中,无论对任何学期中的"高活跃型混合课程",课程成绩为A和B两类学生的预测结果准确率较高(在所有预测模型中两类学生的预测结果准确率均高于78%)。该结果说明基于学生在线学习行为数据预测混合课程学习成绩,不仅高活跃型混合课程整体具有较高的预测结果准确率,而且在高活跃型混合课程中,针对成绩较好的学生预测结果准确率更高。④在对各类型混合课程中学生参与在线学习活动的完整性和个性化程度分析中发现,"高活跃型混合课程"中的学生不仅具有最完整的在线学习行为指标,他们的在线学习个性化程度也最高,为"高活跃型混合课程"中构建的预测模型获得较高的成绩预测结果准确率奠定了基础。⑤在通过学生在线学习行为数据预测学习成绩的研究中,寻找影响预测效果的关键变量也是研究者们关注的重要领域。在前人研究中出现了不同类型的关键变量,这些关键变量对学习成绩的预测效果在不同场景中无法重复验证(Nakayama,Mutsuura,Yamamoto,2015[328-330];Akram et al.,2019[102487-102491];Sharma et al.,2020[1565];Van Goidsenhoven et al.,2020[24];Quinn,Gray,2020[16])。然而在本研究的研究中,发现在大量相同类型的混合课程中(无论是对2018—2019年第一学期的高活跃型混合课程还是对2018—2019年第一学期与2019—2020年第二学期数据合并后的高活跃型混合课程中),不存在影响学习成绩预测效果的关键变量,每项预测变量对学习成绩的预测重要性差异很小(在两次建模中,预测变量对预测结果的重要性标准化系数差异均小于0.2)。

上述结果说明,单纯基于学生在线学习行为数据预测混合课程的学习成绩是有限制条件的。某些课程由于学生在线学习行为偏少,因而不适用于直接预测模型;某些课程由于学生参与的在线学习行为不全面或个性化程度较低,因而构建的成绩预测模型结果准确率较低。而"高活跃型混合课程"中不同学习成绩等级的预测准确率差异进一步表明,在获得预测结果后,学生成绩等级低于 B 的预测准确率较低,教师应关注预测结果中成绩较差的学生。

(3) 确定了混合课程学习成绩预测模型的迁移应用条件

在与一线教师合作,共通开展混合课程改革的课程中,选取了两所普通高等院校中两门不同专业、不同学生群体和不同学期的混合课程作为案例,对上述预测模型的迁移应用效果进行了检验,分析了使用一所高等院校全部"高活跃型混合课程"构建的成绩预测模型,通过不同的方式迁移应用到新课程中后,针对新课程学生成绩的预测效果。在此过程中分析了新课程与"高活跃型混合课程"学生在线学习行为数据分布相似度、新课程人数规模、新课程与"高活跃型混合课程"学生成绩分布相似度、迁移应用的方法等四个方面因素对预测模型迁移应用到案例课程后,所得预测结果准确率的影响。迁移应用预测模型采用的数据处理方式包括:①将案例课程数据加入到原预测模型数据集中重新使用批量学习方式的机器学习分类预测算法构建模型,获取成绩预测结果。②将案例课程数据直接输入到经批量学习方式构建的成绩预测模型中,针对案例课程的学生成绩进行预测,这种方法在文献中较为常见,并取得了一些成果(Gitinabard et al., 2019[188-191]; Moreno-Marcos et al., 2019[6-9]);③将案例课程逐条输入到使用增量学习方式构建的机器学习分类预测算法中,进一步训练预测模型,获取成绩预测结果。结果发现:当案例课程数据与前述的"高活跃型混合课程"中学生在线学习行为数据相似时,已构建模型的预测准确率较高;在三种方式中,使用增量学习方式的机器学习分类预测算法构建的模型在迁移应用中可获得最为准确的成绩预测结果,且增量学习方式也有利于学习成绩预测模型在具体混合课程的持续迭代,构建适用于具体混合课程的学习成绩预测模型。④据不同院校、不同专业、不同学期的案例课程验证,学生人数规模和学生成绩分布对成绩预测模型的迁移应用结果准确率没有影响。

该结果说明,将已有成绩预测模型迁移应用到新课程中时,需首先识别新课程中学生在线行为数据的聚类特征,并以此判定新课程归属的课程类别。当新课程的数据与"高活跃型混合课程"学生在线学习行为数据相似时,学生成绩预测结果准确率较高,反之学生成绩预测结果准确率较低。并且,使用增量学习的方式将新课程中的学生在线学习行为数据输入已构建的成绩预测模型中,有助于持续优化学生成绩预测模型,提升学生成绩预测模型在具体课程中的结果准确率,从而更加适应新课程的学生在线学习行为模式,帮助教师持续改进教学设计。

根据以上三项研究结论,基于本研究所述,提出的根据学生在线学习行为数据,使用机器学习分类预测算法构建预测模型开展学习成绩预测的思路是:从网络学习管理系统中获取某门混合课程学生在线学习行为的动态数据,通过机器学习聚类算法,对学生在线学习行为数据进行聚类分析,先识别学生在线学习行为数据的聚类特征,并据此将该混合课程归入某种类型的课程。若该课程不属于"高活跃型混合课程",则说明该课程中学生参与在线学习活动的完整性不足,个性化学习水平不高,不具有直接使用学生在线学习行为预测学习成绩的前提条件;否则就可采用所提出的预测模型对学生最终的学习成绩进行预测,获得不同分数段的学生成绩预测结果,为教师下一步实施差异化教学提供依据。

8.2 创新点和局限性

本研究所述创新主要有以下三点:

(1) 提出了基于学生在线学习行为聚类特征对混合课程进行分类的方法,该方法具有良好的通用性,可以适用于不同院系、不同学科、不同教师、不同规模的课程;同时这种方法不依赖人工事先标注,便于计算机自动化分类。

(2) 首次提出实施混合课程学生成绩预测的判别条件,即在 5 种类型的混合课程中,只有依据学生在线学习行为数据分类为"高活跃型"的混合课程才能进行预测,并取得可接受的预测结果准确率,该判别标准易于操作;且对得分为 A 和 B 学生的成绩预测更加准确。

(3) 分析了混合课程学生成绩预测模型的跨课程迁移应用条件,即新课程中的学生在线学习行为数据分布与"高活跃型混合课程"的学生在线学习行为数据分布相似时,成绩预测模型可跨课程迁移应用。且对新课程数据采用增量学习方式的随机森林分类预测算法构建的学习成绩预测模型最为稳定,预测结果准确率最高。扩展了使用混合课程学生学习过程数据构建学习成绩预测模型的迁移应用实践方法,有利于教师使用学习成绩预测模型对混合课程的设计、开发、实施、评价进行持续优化。

由于时间和条件的限制，本研究所述的结论还存在一定局限性。首先，文中所有案例数据均来自优慕课公司®研发的"综合教学平台 V9"网络学习管理系统，研究结论是否可以跨平台、跨系统应用尚需进一步验证。在使用混合课程的学生学习过程数据构建学习成绩预测模型时，增量学习方式的机器学习分类预测算法构建的模型，其预测结果准确率略低于使用批量学习方式机器学习分类预测算法构建的模型，其原因是增量学习方式的机器学习分类预测算法中，尚存在稳定性—可塑性问题有待进一步解决（Mermillod,2013），提升增量学习方式的机器学习分类预测算法构建成绩预测模型的结果准确率是未来的研究方向。其次，在学习成绩预测模型迁移应用时，由于时间和精力限制，只选取了两门案例课程，未来研究需要采集更多课程进行验证。此外，在成绩预测时，只参考了混合课程中学生参与在线学习部分的学习过程，在技术成熟时，纳入学生参与面授学习部分的学习过程并开展多维数据的融合式成绩预测将是未来的研究方向。最后，在未来的学习成绩预测研究中不仅纳入完全客观记录的学生学习过程数据，增加教师、学生、专家对学习过程的主观评价，形成主客观融合的成绩预测模型，可为学习成绩预测研究带来更多有利于教学实践的成果。

参 考 文 献

艾兴,赵瑞雪.人机协同视域下的智能学习:逻辑起点与表征形态[J].远程教育杂志,2020,38(01):69-75.

埃塞姆·阿培丁.机器学习导论[M].北京:机械工业出版社,2016.

奥拉夫·扎瓦克奇-里克特,维多利亚·艾琳·马林,梅丽莎·邦德,弗兰齐斯卡·古弗尼尔,肖俊洪.高等教育人工智能应用研究综述:教育工作者的角色何在?[J].中国远程教育,2020(06):1-21+76.

陈凯,朱钰.机器学习及其相关算法综述[J].统计与信息论坛,2007(05):105-112.

陈丽.远程教学中交互规律的研究现状述评[J].中国远程教育,2004(01):13-20+78.

陈珂锐,孟小峰.机器学习的可解释性[J].计算机研究与发展,2020,57(09):1971-1986.

丁梦美,吴敏华,尤佳鑫,孙众.基于学业成绩预测的教学干预研究[J].中国远程教育,2017(04):50-56.

杜江,程建钢.数据驱动的高校学生评教实施策略研究[J].中国电化教育,2019(09):112-120.

范逸洲,汪琼.学业成就与学业风险的预测——基于学习分析领域中预测指标的文献综述[J].中国远程教育,2018(01):5-15+44+79.

冯晓英,孙雨薇,曹洁婷."互联网+"时代的混合式学习:学习理论与教法学基础[J].中国远程教育,2019(02):7-16+92.

甘容辉,何高大.大数据时代高等教育改革的价值取向及实现路径[J].中国电化教育,2015(11):70-76+90.

国家开放大学,百度.AI+高等教育发展与应用白皮书[R].北京:国家开放大学,2020.

韩家炜,范明,孟小峰.数据挖掘:概念与技术[M].北京:机械工业出版社,2012.

韩锡斌,王玉萍,张铁道.迎接数字大学:纵论远程,混合与在线学习——翻译,解读与研究.[M].北京:清华大学出版社,2016

韩锡斌,马婧,程建钢.高校混合教学推动策略下师生群体行为关系分析[J].电化教育研究,2017,38(12):37-43.

韩兰灵,时春慧.基于SPOC模式的日语教学评价与学习效果研究[J].外语学刊,2021(05):104-109.

徐莉.SPOC模式下的零起点外语基础课教学改革探索[J].中国俄语教学,2020,39(02):80-86.

何海波,薛建儒,王晓峰.自适应系统与机器智能[M].北京:机械工业出版社,2016.

何克抗.促进个性化学习的理论、技术与方法——对美国《教育传播与技术研究手册(第四版)》的学习与思考之三[J].开放教育研究,2017,23(02):13-21.

贺超凯,吴蒙.ed. X 平台教育大数据的学习行为分析与预测[J].中国远程教育,2016(06):54-59.

胡航,杜爽,梁佳柔,康忠琳.学习绩效预测模型构建:源于学习行为大数据分析[J].中国远程教育,2021(04):8-20+76.

黄月,韩锡斌,程建钢.混合教学改革的阶段性特征与实施效果偏差分析[J].现代远程教育研究,2017(05):69-77.

黄荣怀,汪燕,王欢欢,等.未来教育之教学新形态:弹性教学与主动学习[J].现代远程教育研究,2020,32(3):12.

晋欣泉,姜强,赵蔚.网络学习空间中学业预警及干预研究:态势、关键问题及创新应用[J].现代教育技术,2021,v.31;No.242(06):79-87.

兰国帅,张怡,魏家财,郭倩,孔雪柯,张巍方.未来教育的四种图景——OECD《2020年未来学校教育图景》报告要点与思考[J].开放教育研究,2020,26(06):17-28.

李芒,乔侨,李营.国内外交互式媒体教学应用的比较研究[J].电化教育研究,2017,038(004):53-58.

廖小官.SPSS 统计分析:应用案例教程[M].南京:南京大学出版社,2016.

刘清堂,张思,范桂林,王洋,吴林静.教育大数据视角下的内容语义分析模型及应用研究[J].电化教育研究,2017,38(01):54-61+93.

卢晓航,王胜清,黄俊杰,陈文广,闫增旺,一种基于滑动窗口模型的MOOCs辍学率预测方法[J].数据分析与知识发现,2017,1(04):67-75.

吕晓玲,宋捷.大数据挖掘与统计机器学习[M].北京:中国人民大学出版社,2016.

茆诗松,王静龙,濮晓龙.高等数理统计[M].2版.北京:高等教育出版社,2006.

牟智佳,武法提.MOOC学习结果预测指标探索与学习群体特征分析[J].现代远程教育研究,2017b(03):58-66+93.

牟智佳,武法提.教育大数据背景下学习结果预测研究的内容解析与设计取向[J].中国电化教育,2017a(07):26-32.

牟智维,李雨婷,严大虎.混合学习环境下基于学习行为数据的学习预警系统设计与实现[J].远程教育杂志,2018,36(03):55-63.

倪小鹏.基于设计的研究方法、实例和应用[J].中国电化教育,2007(08):13-16.

乔璐,江丰光.慕课学习者群体的聚类分析——以"STEM课程设计与案例分析"慕课为例[J].现代教育技术,2020,30(01):100-106.

尚俊杰,王钰茹,何奕霖.探索学习的奥秘:我国近五年学习科学实证研究[J].华东师范大学学报(教育科学版),2020,38(09):162-178.

石磊,程罡,李超,魏顺平.大规模私有型在线课程学习行为及其影响因素研究——以国家开放大学网络课程学习为例[J].中国远程教育,2017(04):23-32+80.

孙众,吕恺悦,施智平,骆力明.TESTII框架:人工智能支持课堂教学分析的发展走向[J].电化教育研究,2021,42(02):33-39+77.

田娜,陈明选.网络教学平台学生学习行为聚类分析[J].中国远程教育,2014(11):38-41.

王丽莉,孙宝芝.互联网+时代背景下网络教育发展新趋势——"2015国际远程教育发展论坛"综述[J].中国远程教育,2015(12):12-17.

王亮.学习者与平台交互行为挖掘及学习预测模型构建[J].中国远程教育,2021(05):62-67.

王国富,王秀玲.澳大利亚教育词典:[M].武汉:武汉大学出版社,2002

王梦倩,范逸洲,郭文革,汪琼.MOOC学习者特征聚类分析研究综述[J].中国远程教育,2018(07):9-19+79.

王媛,周作宇.学生参与度的类型与特征探究[J].全球教育展望,2018,47(12):38-50.

武法提,牟智佳.基于学习者个性行为分析的学习结果预测框架设计研究[J].中国电化教育,2016(01):41-48.

武法提,田浩.挖掘有意义学习行为特征:学习结果预测框架[J].开放教育研究,2019,25(06):75-82.

吴永和,程歌星,刘博文,朱丽娟,马晓玲.LAK十周年:引领与塑造领域之未来——2020学习分析与知识国际会议评述[J].远程教育杂志,2020,38(04):15-26.DOI:10.15881/j.cnki.cn33-1304/g4.2020.04.002.

肖睿,肖海明,尚俊杰.人工智能与教育变革:前景、困难和策略[J].中国电化教育,2020(04):75-86.

徐欢云,胡小勇.借鉴、融合与创新:教育人工智能发展的多维路向——基于AIED(2011-2018)的启示[J].开放教育研究,2019,25(06):31-45.

姚二林.人工神经网络设计及其学习复杂度分析[D].北京:北京师范大学,2003.

余明华,冯翔,祝智庭.人工智能视域下机器学习的教育应用与创新探索[J].大数据时代,2018(01):64-73.

詹泽慧,李晓华.混合学习:定义、策略、现状与发展趋势——与美国印第安纳大学柯蒂斯·邦克教授的对话[J].中国电化教育,2009(12):1-5.

张良均.Python数据分析与挖掘实战[M].北京:机械工业出版社,2016.

张治勇,殷世东.高校混合课程开发探析[J].中国高教研究,2010(11):89-91.

郑捷.机器学习算法原理与编程实践[M].北京:电子工业出版社,2015.

郑勤华,熊潞颖,胡丹妮.任重道远:人工智能教育应用的困境与突破[J].开放教育研究,2019,25(04):10-17.

郑咏滟.SPOC混合式教学在英语学术写作课堂中的促学效果研究[J].外语电化教学,2019(05):50-55.

周开乐,杨善林,丁帅,罗贺.聚类有效性研究综述[J].系统工程理论与实践,2014,34(09):2417-2431.

周倩伊,王亚民,王闯.基于互联网大数据的脱敏分析技术研究[J].数据分析与知识发现,2018,2(02):58-63.

周志华.机器学习==Machine learning[M].北京:清华大学出版社,2016.

朱郑州,李政辉,刘煜,邹宇航.学习预警研究综述[J].现代教育技术,2020,30(06):39-46.

Niels Pinkwart.学习分析:当前的挑战与未来的发展[J].开放教育研究,2020,26(02):42-46.

Witten I H.数据挖掘(原书第2版)(计算机科学丛书)[M].北京:机械工业出版社,2012.

Ade R,Deshmukh P R. Instance-based vs Batch-based Incremental Learning Approach for Students Classification[J]. International Journal of Computer Applications,2014,106(3).

Agudo-Peregrina Á F,Iglesias-Pradas S,Conde-González M Á,et al. Can we predict success from log data in VLEs? Classification of interactions for learning analytics and their relation with performance in VLE-supported F2F and online learning[J]. Computers in human behavior,2014,31:542-550.

Akram A,Fu C,Li Y,et al. Predicting students' academic procrastination in blended learning course using homework submission data[J]. IEEE Access,2019,7:102487-102498.

Alasadi S A,Bhaya W S. Review of data preprocessing techniques in data mining[J]. Journal of Engineering and Applied Sciences,2017,12(16):4102-4107.

Aldowah H,Al-Samarraie H,Fauzy W M. Educational data mining and learning analytics for 21st century higher education: A review and synthesis[J]. Telematics and Informatics,2019,37:13-49.

Allen I E, Seaman J. Sizing the Opportunity: The Quality and Extent of Online Education in the United States,2002 and 2003[J]. Sloan Consortium (NJ1),2003.

Amoroso D. Use of online assessment tools to enhance student performance in large classes[J]. Information Systems Education Journal,2005,3(4):1-10.

Amruthnath N,Gupta T. Fault Diagnosis using Clustering. What Statistical Test to use for Hypothesis Testing?[J]. arXiv preprint arXiv:1904.13365,2019.

Archer K J,Kimes R V. Empirical characterization of random forest variable importance measures[J]. Computational statistics & data analysis,2008,52(4):2249-2260.

Avella J T,Kebritchi M,Nunn S G,et al. Learning analytics methods, benefits, and challenges in higher education: A systematic literature review[J]. Online Learning,2016,20(2):13-29.

Azad T D,Ehresman J,Ahmed A K,et al. Fostering reproducibility and generalizability in machine learning for clinical prediction modeling in spine surgery[J]. The Spine Journal,2021,21(10):1610-1616.

Baker R S. Challenges for the future of educational data mining: The Baker learning analytics prizes[J]. JEDM| Journal of Educational Data Mining,2019,11(1):1-17.

Bashaw W L. A FORTRAN program for a central prediction system[J]. Educational and

Psychological Measurement,1965,25(1): 201-204.

Bele J L,Rugelj J. Blended learning-an opportunity to take the best of both worlds[J]. International Journal of Emerging Technologies in Learning (iJET),2007,2(3): 1-5.

Bergstra J S,Bardenet R,Bengio Y,et al. Algorithms for hyper-parameter optimization [C]//Advances in neural information processing systems. NY,United States,2011: 2546-2554.

Bergstra J,Bengio Y. Random search for hyper-parameter optimization[J]. The Journal of Machine Learning Research,2012,13(1): 281-305.

Bloom B S,Bloom P. Academic prediction scales[M]. New York,USA: Free Press of Glericole,1961.

Bonk C J,Graham C R. The handbook of blended learning: Global perspectives, local designs[M]. New York,USA: John Wiley & Sons,2012.

Born A. Predicting students' assignment performance to personalize blended learning [D]. master thesis,Institute of Computer Science,LMU,Munich,2017.

Boyer S, Veeramachaneni K. Transfer learning for predictive models in massive open online courses[C]//International conference on artificial intelligence in education. Springer,Cham,Madrid,Spain,2015: 54-63.

Bubaš G,Kermek D. The prospects for blended learning in Croatian academic institutions [C]//6th CARNet Users Conference,Zagreb. 2004.

Buschetto Macarini L A, Cechinel C, Batista Machado M F, et al. Predicting Students Success in Blended Learning—Evaluating Different Interactions Inside Learning Management Systems[J]. Applied Sciences,2019,9(24): 5523.

Carlson J S, Milstein V. THE RELATION OF CERTAIN ASPECTS OF HIGH-SCHOOL PERFORMANCE TO ACADEMIC-SUCCESS IN COLLEGE [J]. College and University,1958,33(2): 185-192.

Cano E,Ion G. Curriculum development through competency-based approach in higher education [M]. Handbook of Research on Transnational Higher Education. Hershey,USA: IGI Global,2014: 79-95.

Cerezo R,Sánchez-Santillán M,Paule-Ruiz M P,et al. Students' LMS interaction patterns and their relationship with achievement: A case study in higher education[J]. Computers & Education,2016,96: 42-54.

Chahbazi P. Use of projective tests in predicting college achievement[J]. Educational and Psychological Measurement,1956,16(4): 538-542.

Chandra B,Sharma R K. Deep learning with adaptive learning rate using laplacian score [J]. Expert Systems with Applications,2016,63: 1-7.

Chau V T N, Phung N H. Imbalanced educational data classification: An effective approach with resampling and random forest[C]//The 2013 RIVF International

Conference on Computing & Communication Technologies-Research, Innovation, and Vision for Future (RIVF). Hanoi, Vietnam, IEEE, 2013: 135-140.

Chen P S D, Lambert A D, Guidry K R. Engaging online learners: The impact of Web-based learning technology on college student engagement[J]. Computers & Education, 2010, 54(4): 1222-1232.

Cheng H N H, Liu Z, Sun J, et al. Unfolding online learning behavioral patterns and their temporal changes of college students in SPOCs[J]. Interactive Learning Environments, 2017, 25(2): 176-188.

Cho J, Lee K, Shin E, et al. How much data is needed to train a medical image deep learning system to achieve necessary high accuracy?[J]. arXiv preprint arXiv: 1511.06348, 2015.

Christoph Molnar. Interpretable Machine Learning[EB/OL]. [2022-02-06]. https://christophm.github.io/interpretable-ml-book/index.html. 2019-04-06.

Chung Y, Haas P J, Upfal E, et al. Unknown examples & machine learning model generalization[J]. arXiv preprint arXiv: 1808.08294, 2018.

Clark K B. The most valuable hidden resource[J]. College Board Review, 1956, 29: 23-26.

Clarke K R. Non-parametric multivariate analyses of changes in community structure [J]. Australian journal of ecology, 1993, 18(1): 117-143.

Conijn R, Snijders C, Kleingeld A, et al. Predicting student performance from LMS data: A comparison of 17 blended courses using Moodle LMS[J]. IEEE Transactions on Learning Technologies, 2016, 10(1): 17-29.

Conijn R, Van den Beemt A, Cuijpers P. Predicting student performance in a blended MOOC[J]. Journal of Computer Assisted Learning, 2018, 34(5): 615-628.

Contreras D, Hojman D, Matas M, et al. The impact of commuting time over educational achievement: A machine learning approach[R]. 2018.

Dahlstrom E, Bichsel J. ECAR Study of Undergraduate Students and Information Technology, 2014[J]. Educause, 2014.

Dimic G, Rancic D, Macek N, et al. Improving the prediction accuracy in blended learning environment using synthetic minority oversampling technique[J]. Information Discovery and Delivery, 2019.

Ding C S. Using regression mixture analysis in educational research[J]. Practical Assessment, Research, and Evaluation, 2006, 11(1): 11.

Donda C, Dasgupta S, Dhavala S S, et al. A framework for predicting, interpreting, and improving Learning Outcomes[J]. arXiv preprint arXiv: 2010.02629, 2020.

Dreyfus S E. Artificial neural networks, back propagation, and the Kelley-Bryson gradient procedure[J]. Journal of guidance, control, and dynamics, 1990, 13(5): 926-928.

Du X, Yang J, Shelton B E, et al. A systematic meta-Review and analysis of learning analytics research[J]. Behaviour & Information Technology,2019: 1-14.

Duroux R, Scornet E. Impact of subsampling and tree depth on random forests[J]. ESAIM: Probability and Statistics,2018,22: 96-128.

Duan J, Wang Y. Information-Theoretic Clustering for Gaussian Mixture Model via Divergence Factorization[M]. Proceedings of 2013 Chinese Intelligent Automation Conference. Heidelberg Germany: Springer Berlin Heidelberg,2013.

Dutt A, Aghabozrgi S, Ismail M A B, et al. Clustering algorithms applied in educational data mining[J]. International Journal of Information and Electronics Engineering, 2015,5(2): 112.

EDUCASE. 2021 EDUCAUSE Horizon Report® | Teaching and Learning Edition[EB/OL]. https://library. educause. edu/resources/2021/4/2021-educause-horizon-report-teaching-and-learning-edition. 2021-04-26.

EDRi. Chaos Communication Congress 2016[EB/OL]. https://edri. org/our-work/33c3-2016/,2017-1-6.

Ekwunife-Orakwue K C V, Teng T L. The impact of transactional distance dialogic interactions on student learning outcomes in online and blended environments[J]. Computers & Education,2014,78: 414-427.

Feurer M, Hutter F. Hyperparameter optimization[M]. Automated Machine Learning. Cham, Switzerland: Springer, Cham,2019: 3-33.

Fishman J A, Pasanella A K. Chapter II: College Admission-Selection Studies[J]. Review of Educational Research,1960,30(4): 298-310.

Fredricks J A, Filsecker M, Lawson M A. Student engagement, context, and adjustment: Addressing definitional, measurement, and methodological issues[J]. Learning and Instruction,2016,43: 1-4.

Gamulin J, Gamulin O, Kermek D. Data mining in hybrid learning: Possibility to predict the final exam result[C]//2013 36th International Convention on Information and Communication Technology, Electronics and Microelectronics (MIPRO). Piscataway, NJ, IEEE,2013: 591-596.

Garrison D R, Kanuka H. Blended learning: Uncovering its transformative potential in higher education[J]. The internet and higher education,2004,7(2): 95-105.

Garrison D R, Vaughan N D. Institutional change and leadership associated with blended learning innovation: Two case studies[J]. The internet and higher education,2013, 18: 24-28.

Gašević D, Dawson S, Rogers T, et al. Learning analytics should not promote one size fits all: The effects of instructional conditions in predicting academic success[J]. The Internet and Higher Education,2016,28: 68-84.

Gepperth A, Hammer B. Incremental learning algorithms and applications[C]//European symposium on artificial neural networks (ESANN). Bruges, Belgium,2016.

Genuer R, Poggi J M, Tuleau-Malot C, et al. Random forests for big data[J]. Big Data Research, 2017, 9: 28-46.

Géron A. Hands-on machine learning with Scikit-Learn, Keras, and TensorFlow: Concepts, tools, and techniques to build intelligent systems[M]. Sebastopol, USA: O'Reilly Media, 2019.

Gitinabard N, Xu Y, Heckman S, et al. How widely can prediction models be generalized? Performance prediction in blended courses[J]. IEEE Transactions on Learning Technologies, 2019, 12(2): 184-197.

Golino H F, Gomes C M A, Andrade D. Predicting academic achievement of high-school students using machine learning[J]. Psychology, 2014, 5(18): 2046.

Goodfellow I, Bengio Y, Courville A, et al. Deep learning[M]. Cambridge, USA: MIT press, 2016.

Haertel G D, Walberg H J, Haertel E H. Socio-psychological environments and learning: A quantitative synthesis[J]. British educational research journal, 1981, 7(1): 27-36.

Hall P, Gill N. An introduction to machine learning interpretability[M]. Sebastopol, USA: O'Reilly Media, Incorporated, 2019.

Hellas A, Ihantola P, Petersen A, et al. Predicting academic performance: a systematic literature review[C]//Proceedings Companion of the 23rd Annual ACM Conference on Innovation and Technology in Computer Science Education. Larnaca, Cyprus, 2018: 175-199.

He Y, Wang L, Mao C, et al. Friend Recommendation Model Based on Multi-dimensional Academic Feature and Attention Mechanism[C]//CCF Conference on Computer Supported Cooperative Work and Social Computing. Springer, Singapore, 2019: 472-484.

Henze N, Zirkler B. A class of invariant consistent tests for multivariate normality[J]. Communications in statistics-Theory and Methods, 1990, 19(10): 3595-3617.

Heppen J B, Therriault S B. Developing Early Warning Systems to Identify Potential High School Dropouts. Issue Brief[J]. National High School Center, 2008: 1-13.

Horton W K. Designing web-based training: How to teach anyone anything anywhere anytime[M]. New York, NY: Wiley, 2000.

Hu X, Cheong C W L, Ding W, et al. A systematic review of studies on predicting student learning outcomes using learning analytics[C]//Proceedings of the Seventh International Learning Analytics & Knowledge Conference. Vancouver, BC, Canada, 2017: 528-529.

Hummel-Rossi B, Ashdown J. The state of cost-benefit and cost-effectiveness analyses in education[J]. Review of Educational Research, 2002, 72(1): 1-30.

Hung H C, Liu I F, Liang C T, et al. Applying Educational Data Mining to Explore Students' Learning Patterns in the Flipped Learning Approach for Coding Education

[J]. Symmetry,2020,12(2): 213.

Jansen R S,van Leeuwen A,Janssen J,et al. Supporting learners' self-regulated learning in Massive Open Online Courses[J]. Computers & Education,2020,146: 103771.

Jason M. Lodge, Linda Corrin. What data and analytics can and do say about effective learning[EB/OL]. https://www.nature.com/articles/s41539-017-0006-5, 2017-2-9.

Jeon B,Shafran E,Breitfeller L,et al. Time-series insights into the process of passing or failing online University courses using neural-induced interpretable student states [J]. arXiv preprint arXiv: 1905.00422,2019.

John G H. Robust Decision Trees: Removing Outliers from Databases[C]//KDD. Montreal,Canada,1995,95: 174-179.

Kadosh K C,Staunton G. A systematic review of the psychological factors that influence neurofeedback learning outcomes[J]. Neuroimage,2019,185: 545-555.

Khan M M R, Siddique M A B, Arif R B, et al. ADBSCAN: Adaptive density-based spatial clustering of applications with noise for identifying clusters with varying densities[C]//2018 4th International Conference on Electrical Engineering and Information & Communication Technology (iCEEiCT). Dhaka,Bangladesh,IEEE, 2018: 107-111.

Kitchin R. The data revolution: Big data, open data, data infrastructures and their consequences[M]. Thousand Oaks,USA: Sage,2014.

Kohavi R. A study of cross-validation and bootstrap for accuracy estimation and model selection[C]//Ijcai. 1995,14(2): 1137-1145.

Kotsiantis S, Patriarcheas K, Xenos M. A combinational incremental ensemble of classifiers as a technique for predicting students' performance in distance education [J]. Knowledge-Based Systems,2010,23(6): 529-535.

Kuhn M,Johnson K. Applied predictive modeling[M]. New York,USA: Springer,2013.

Kulkarni P, Ade R. Prediction of student's performance based on incremental learning [J]. International Journal of Computer Applications,2014,99(14): 10-16.

Kumar A D,Selvam R P,Kumar K S. Review on prediction algorithms in educational data mining[J]. International Journal of Pure and Applied Mathematics, 2018, 118(8): 531-537.

Kumar M A,Gopal M. Reduced one-against-all method for multiclass SVM classification [J]. Expert Systems with Applications,2011,38(11): 14238-14248.

Lee T D,Magill R A,Weeks D J. Influence of practice schedule on testing schema theory predictions in adults[J]. Journal of motor behavior,1985,17(3): 283-299.

Lei J,G'Sell M,Rinaldo A,et al. Distribution-free predictive inference for regression[J]. Journal of the American Statistical Association,2018,113(523): 1094-1111.

Leitner P,Khalil M,Ebner M. Learning analytics in higher education—a literature review

[M]. Learning analytics: Fundaments, applications, and trends. Cham, Switzerland: Springer, Cham, 2017: 1-23.

Li K C, Wong B T M. Personalising Learning with Learning Analytics: A Review of the Literature[C]//International Conference on Blended Learning. Springer, Cham, Bangkok, Thailand, 2020: 39-48.

Lightner C A, Lightner-Laws C A. A blended model: Simultaneously teaching a quantitative course traditionally, online, and remotely[J]. Interactive Learning Environments, 2016, 24(1): 224-238.

Lipton Z C. The Mythos of Model Interpretability: In machine learning, the concept of interpretability is both important and slippery[J]. Queue, 2018, 16(3): 31-57.

Liu H. Comparing Welch's ANOVA, a Kruskal-Wallis test and traditional ANOVA in case of Heterogeneity of Variance[J]. 2015.

Liz-Domínguez M, Rodríguez M C, Nistal M L, et al. Predictors and early warning systems in higher education-A systematic literature review[C]//LASI-SPAIN. Vigo, Spain, 2019: 84-99.

Loeppky J L, Sacks J, Welch W J. Choosing the sample size of a computer experiment: A practical guide[J]. Technometrics, 2009, 51(4): 366-376.

Lu O H T, Huang A Y Q, Huang J C H, et al. Applying learning analytics for the early prediction of Students' academic performance in blended learning[J]. Journal of Educational Technology & Society, 2018, 21(2): 220-232.

Luo Y, Chen N, Han X. Students' Online Behavior Patterns Impact on Final Grades Prediction in Blended Courses[C]//2020 Ninth International Conference of Educational Innovation through Technology (EITT). IEEE, 2020: 154-158.

Lykourentzou I, Giannoukos I, Nikolopoulos V, et al. Dropout prediction in e-learning courses through the combination of machine learning techniques[J]. Computers & Education, 2009, 53(3): 950-965.

Mahboob T, Irfan S, Karamat A. A machine learning approach for student assessment in E-learning using Quinlan's C4.5, Naive Bayes and Random Forest algorithms[C]//2016 19th International Multi-Topic Conference (INMIC). IEEE, Islamabad, Pakistan, 2016: 1-8.

Mantovani R G, Rossi A L D, Vanschoren J, et al. Effectiveness of random search in SVM hyper-parameter tuning[C]//2015 International Joint Conference on Neural Networks (IJCNN). IEEE, Killarney, Ireland, 2015: 1-8.

Margulieux L E, Bujak K R, McCracken W M, et al. Hybrid, blended, flipped, and inverted: Defining terms in a two dimensional taxonomy[C]//Proceedings of the 12th Annual Hawaii International Conference on Education, Honolulu, HI, January. 2014: 5-9.

Masie E. Blended learning: The magic is in the mix[J]. The ASTD e-learning handbook,

2002,58-63.

Matheos K, Daniel B K, McCalla G I. Dimensions for Blended Learning Technology: Learners' Perspectives[J]. Journal of Learning Design,2005,1(1): 56-75.

Mayer R E. Information processing variables in learning to solve problems[J]. Review of Educational Research,1975,45(4): 525-541.

McGee P, Reis A. Blended course design: A synthesis of best practices[J]. Journal of Asynchronous Learning Networks,2012,16(4): 7-22.

Means B, Toyama Y, Murphy R, et al. The effectiveness of online and blended learning: A meta-analysis of the empirical literature[J]. Teachers College Record, 2013, 115(3): 1-47.

Merceron A, Yacef K. Interestingness measures for association rules in educational data [C]// Educational Data Mining 2008, Montreal, Québec, Canada, 2008: 57-66.

Mermillod M, Bugaiska A, Bonin P. The stability-plasticity dilemma: Investigating the continuum from catastrophic forgetting to age-limited learning effects[J]. Frontiers in psychology,2013,4: 504.

McLachlan G J, Do K A, Ambroise C. Analyzing microarray gene expression data [J]. 2005.

Michael G. Moore. Editorial: Three types of interaction[J]. American Journal of Distance Education,1989,3(2).

Miller L D, Soh L K, Samal A, et al. A Comparison of Educational Statistics and Data Mining Approaches to Identify Characteristics That Impact Online Learning[J]. Journal of Educational Data Mining,2015,7(3): 117-150.

Miller T. Explanation in artificial intelligence: Insights from the social sciences[J]. Artificial intelligence,2019,267: 1-38.

Mirriahi N, Jovanovic J, Dawson S, et al. Identifying engagement patterns with video annotation activities: A case study in professional development[J]. Australasian Journal of Educational Technology,2018,34(1).

Mishra T, Kumar D, Gupta S. Mining students' data for performance prediction[C]// Proceedings of international conference on advanced computing & communication technologies. Rohtak, India, 2014: 255-263.

Miyazoe T, Anderson T. Empirical Research on Learners' Perceptions: Interaction Equivalency Theorem in Blended Learning[J]. European Journal of Open, Distance and E-Learning,2010.

Montavon G, Samek W, Müller K R. Methods for interpreting and understanding deep neural networks[J]. Digital Signal Processing,2018,73: 1-15.

Moreno-Marcos P M, De Laet T, Muñoz-Merino P J, et al. Generalizing predictive models of admission test success based on online interactions[J]. Sustainability, 2019, 11(18): 4940.

Mozelius P, Hettiarachchi E. Critical factors for implementing blended learning in higher education[J]. International Journal of Information and Communication Technologies in Education, 2017, 6(2): 37-51.

Murdoch W J, Singh C, Kumbier K, et al. Definitions, methods, and applications in interpretable machine learning [J]. Proceedings of the National Academy of Sciences, 2019, 116(44): 22071-22080.

Nakayama M, Mutsuura K, Yamamoto H. The possibility of predicting learning performance using features of note taking activities and instructions in a blended learning environment[J]. International Journal of Educational Technology in Higher Education, 2017, 14(1): 6.

Nakayama M, Mutsuura K, Yamamoto H. The prediction of learning performance using features of note taking activities[C]//Proceedings of 23rd European Symposium on Artificial Neural Networks, Computational Intelligence and Machine Learning (ESANN). Bruges, Belgium, 2015: 325-330.

Nay J, Strandburg K J. Generalizability: machine learning and humans-in-the-loop[M]// Research Handbook on Big Data Law. Cheltenham, UK: Edward Elgar Publishing, 2021.

Nespereira C G, Elhariri E, El-Bendary N, et al. Machine learning based classification approach for predicting student's performance in blended learning[C]//The 1st International Conference on Advanced Intelligent System and Informatics (AISI2015), November 28-30, 2015, BeniSuef, Egypt. Springer, Cham, 2016: 47-56.

Ng A. Machine learning yearning: Technical strategy for ai engineers in the era of deep learning[J]. Retrieved online at https://www.mlyearning.org, 2019.

Nguyen V A. The impact of online learning activities on student learning outcome in blended learning course[J]. Journal of Information & Knowledge Management, 2017, 16(04): 1750040.

Nisbet R, Elder J, Miner G. Handbook of statistical analysis and data mining applications [M]. New York, USA: Academic Press, 2009.

Nortvig A M, Peterson A K, Balle S H. Aliterature review of the factors influcing e-learning and blended learning in relation to learning outcome, student satisfaction and engagement[J]. Electronic Journal of E-learning, 2018, 16(1): 46-55.

Odell C W. Attempt at predicting success in freshman year at college[J]. School and Society, 1927, 25(650): 702-706.

NP Ololube. Handbook of research on organizational justice and culture in higher education institutions[M]. Hershey, USA: IGI Global, 2016.

Paechter M, Maier B. Online or face-to-face? Students' experiences and preferences in e-learning[J]. The internet and higher education, 2010, 13(4): 292-297.

Papamitsiou Z, Economides A A. Learning analytics and educational data mining in practice: A systematic literature review of empirical evidence[J]. Journal of

Educational Technology & Society,2014,17(4): 49-64.

Park Y,Yu J H,Jo I H. Clustering blended learning courses by online behavior data: A case study in a Korean higher education institute[J]. The Internet and Higher Education,2016,29: 1-11.

Park Y. Analysis of online behavior and prediction of learning performance in blended learning environments[J]. Educational Technology International, 2014, 15(2): 71-88.

Petkovic D,Okada K,Sosnick M,et al. Work in progress: A machine learning approach for assessment and prediction of teamwork effectiveness in software engineering education[C]//2012 Frontiers in Education Conference Proceedings. IEEE, Seattle, Washington,2012: 1-3.

Picciano A G. Big data and learning analytics in blended learning environments: Benefits and concerns[J]. IJIMAI,2014,2(7): 35-43.

Polikar R,Upda L,Upda S S,et al. Learn++: An incremental learning algorithm for supervised neural networks [J]. IEEE transactions on systems, man, and cybernetics, part C (applications and reviews),2001,31(4): 497-508.

Polyzou A, Karypis G. Feature extraction for next-term prediction of poor student performance[J]. IEEE Transactions on Learning Technologies, 2019, 12(2): 237-248.

Precel K, Eshet-Alkalai Y, Alberton Y. Pedagogical and design aspects of a blended learning course[J]. International Review of Research in Open and Distributed Learning,2009,10(2).

Quinn R J,Gray G. Prediction of student academic performance using Moodle data from a Further Education setting[J]. Irish Journal of Technology Enhanced Learning, 2020,5(1): 1-19.

Rasheed R A,Kamsin A,Abdullah N A. Challenges in the online component of blended learning: A systematic review[J]. Computers & Education,2020,144: 103701.

Robnik-Šikonja M. Improving random forests[C]//European conference on machine learning. Springer,Berlin,Heidelberg,2004: 359-370.

Rodríguez. G. Generalized Linear Models [EB/OL]. https://data.princeton.edu/wws509/notes/,2007. pp45.

Rodríguez C E,Walker S G. Label switching in Bayesian mixture models: Deterministic relabeling strategies[J]. Journal of Computational and Graphical Statistics, 2014, 23(1): 25-45.

Romero C, López M I, Luna J M, et al. Predicting students' final performance from participation in on-line discussion forums[J]. Computers & Education,2013b,68: 458-472.

Romero C, Ventura S. Data mining in education[J]. Wiley Interdisciplinary Reviews:

Data Mining and Knowledge Discovery,2013a,3(1): 12-27.

Romero C, Ventura S. Educational data mining and learning analytics: An updated survey[J]. Wiley Interdisciplinary Reviews: Data Mining and Knowledge Discovery,2020,10(3): e1355.

Ribeiro M T, Singh S, Guestrin C. "Why should i trust you?" Explaining the predictions of any classifier[C]//Proceedings of the 22nd ACM SIGKDD international conference on knowledge discovery and data mining. 2016: 1135-1144.

Rumelhart D E, Hinton G E, Williams R J. Learning representations by back-propagating errors[J]. nature,1986,323(6088): 533-536.

Sanchez-Santillan M, Paule-Ruiz M P, Cerezo R, et al. Predicting students' performance: Incremental interaction classifiers[C]//Proceedings of the Third (2016) ACM Conference on Learning@ Scale. 2016: 217-220.

Shahiri A M, Husain W. A review on predicting student's performance using data mining techniques[J]. Procedia Computer Science,2015,72: 414-422.

Sharma B, Nand R, Naseem M, et al. Effectiveness of online presence in a blended higher learning environment in the Pacific[J]. Studies in Higher Education,2020,45(8): 1547-1565.

Sheng V S, Provost F, Ipeirotis P G. Get another label? improving data quality and data mining using multiple, noisy labelers[C]//Proceedings of the 14th ACM SIGKDD international conference on Knowledge discovery and data mining. 2008: 614-622.

Sherimon V, Cherian S P. Building a Multiple Linear Regression Model to Predict Students' Marks in a Blended Learning Environment[C]//Interactive Mobile Communication, Technologies and Learning. Springer, Cham, Thessaloniki, Greece, 2017: 903-911.

Sheshadri A, Gitinabard N, Lynch C F, et al. Predicting student performance based on online study habits: a study of blended courses[J]. arXiv preprint arXiv: 1904. 07331,2019.

Shmueli G. To explain or to predict?[J]. Statistical science,2010,25(3): 289-310.

Shmueli B. Multiclass Metrics Made Simple, Part I: Precision And Recall.[EB/OL]. https://towardsdatascience. com/multi-class-metrics-made-simple-part-i-precision-and-recall-9250280bddc2,2019-7-2.

Siemens, G. What are Learning Analytics?[EB/OL]. http://www. elearnspace. org/blog/2010/08/25/what-are-learning-analytics/. 2010-08-25.

Siemens G. Learning analytics: The emergence of a discipline[J]. American Behavioral Scientist,2013,57(10): 1380-1400.

Sklearn. apachecn. org.[译] scikit-learn(sklearn)中文文档[EB/OL]. http://scikitlearn. com. cn/,2019-8-4.

Slade S, Prinsloo P. Learning analytics: Ethical issues and dilemmas[J]. American

Behavioral Scientist,2013,57(10): 1510-1529.

Slater S,Joksimović S,Kovanovic V,et al. Tools for educational data mining: A review [J]. Journal of Educational and Behavioral Statistics,2017,42(1): 85-106.

Sorour S E,Mine T. Building an interpretable model of predicting student performance using comment data mining[C]//2016 5th IIAI International Congress on Advanced Applied Informatics (IIAI-AAI). IEEE,2016: 285-291.

Stephens M. Dealing with label switching in mixture models[J]. Journal of the Royal Statistical Society: Series B (Statistical Methodology),2000,62(4): 795-809.

Sukhbaatar O, Usagawa T, Choimaa L. An artificial neural network based early prediction of failure-prone students in blended learning course[J]. International Journal of Emerging Technologies in Learning (iJET),2019,14(19): 77-92.

Tempelaar D, Rienties B, Giesbers B. Stability and Sensitivity of Learning Analytics based Prediction Models[C]//Proceedings of the 7th International Conference on Computer Supported Education-Volume 1. Lisbon,Portugal,2015: 156-166.

Therrien R, Doyle S. Role of training data variability on classifier performance and generalizability[C]//Medical Imaging 2018: Digital Pathology. International Society for Optics and Photonics,2018,10581: 1058109.

Toal D J J, Bressloff N W, Keane A J. Kriging hyperparameter tuning strategies[J]. AIAA journal,2008,46(5): 1240-1252.

Tony Yiu. Understanding The Naive Bayes Classifier[EB/OL]. https://towardsdatascience.com/understanding-the-naive-bayes-classifier-16b6ee03ff7b,2019-10-24.

Travers R M W. Significant research on the prediction of academic success[M]. The measurement of student adjustment and achievement: Contributions from the Institute for Human Adjustment,Bureau of Psychological Services,University of Michigan. Ann Arbor,USA: The University of Michigan Press,1949: 147-190.

Tsangaratos P,Ilia I. Comparison of a logistic regression and Naïve Bayes classifier in landslide susceptibility assessments: The influence of models complexity and training dataset size[J]. Catena,2016,145: 164-179.

Tucker L R. FORMAL MODELS FOR A CENTRAL PREDICTION SYSTEM 1[J]. ETS Research Bulletin Series,1960,1960(2): i-117.

UNSW Teaching Staff Gateway. Interpreting and Grading Learning[EB/OL]. https://teaching.unsw.edu.au/interpreting-grading-learning,2018-5-7.

Vabalas A, Gowen E, Poliakoff E, et al. Machine learning algorithm validation with a limited sample size[J]. PloS one,2019,14(11): e0224365: 1-20.

Van Goidsenhoven S, Bogdanova D, Deeva G, et al. Predicting student success in a blended learning environment [C]//Proceedings of the Tenth International Conference on Learning Analytics & Knowledge. Frankfurt am Main, Germany, 2020: 17-25.

Vasileva-Stojanovska T, Malinovski T, Vasileva M, et al. Impact of satisfaction, personality and learning style on educational outcomes in a blended learning environment[J]. Learning and Individual Differences,2015a,38: 127-135.

Vasileva-Stojanovska T,Vasileva M,Malinovski T,et al. An ANFIS model of quality of experience prediction in education[J]. Applied Soft Computing,2015b,34: 129-138.

Vidovic M M C. Improving and interpreting machine learning algorithms with applications[M]. Technische Universitaet Berlin (Germany),2017.

Villagrá-Arnedo C J, Gallego-Durán F J, Llorens-Largo F, et al. Improving the expressiveness of black-box models for predicting student performance[J]. Computers in Human Behavior,2017,72: 621-631.

Von Luxburg U. Clustering stability: an overview[M]. Delft, The Netherlands: Now Publishers Inc,2010.

Wilson D R,Martinez T R. The general inefficiency of batch training for gradient descent learning[J]. Neural networks,2003,16(10): 1429-1451.

Wilson J H,Ryan R G. Professor – student rapport scale: Six items predict student outcomes[J]. Teaching of Psychology,2013,40(2): 130-133.

Wilson K M. A review of research on the prediction of academic performance after the freshman year[J]. ETS Research Report Series,1983,1983(1): i-44.

Wrisberg C A,Ragsdale M R. Further tests of Schmidt's schema theory: Development of a schema rule for a coincident timing task[J]. Journal of motor behavior,1979,11(2): 159-166.

Wu Y,Chen Y,Wang L,et al. Large scale incremental learning[C]//Proceedings of the IEEE/CVF Conference on Computer Vision and Pattern Recognition. 2019: 374-382.

Xu H,Mannor S. Robustness and generalization[J]. Machine learning,2012,86(3): 391-423.

Xing W, Guo R, Petakovic E, et al. Participation-based student final performance prediction model through interpretable Genetic Programming: Integrating learning analytics,educational data mining and theory[J]. Computers in Human Behavior,2015,47: 168-181.

Yeung D S,Wang D,Ng W W Y,et al. Structured large margin machines: sensitive to data distributions[J]. Machine Learning,2007,68(2): 171-200.

Yoshida Y,Miyato T. Spectral norm regularization for improving the generalizability of deep learning[J]. arXiv preprint arXiv: 1705. 10941,2017.

Yu L,Wang S,Lai K K. A novel nonlinear ensemble forecasting model incorporating GLAR and ANN for foreign exchange rates[J]. Computers & Operations Research,2005,32(10): 2523-2541.

Zacharis N Z. A multivariate approach to predicting student outcomes in web-enabled blended learning courses[J]. The Internet and Higher Education,2015,27: 44-53.

Zeileis A,Hothorn T,Hornik K. Model-based recursive partitioning[J]. Journal of Computational and Graphical Statistics,2008,17(2): 492-514.

Zhang Q,Yang L T,Chen Z,et al. A survey on deep learning for big data[J]. Information Fusion,2018,42: 146-157.

Zhang G,Zhang C,Zhang H. Improved K-means Algorithm Based on Density Canopy[J]. Knowledge-Based Systems,2018: 289-297.

Zhang W,Zhou Y,Yi B. An interpretable online learner's performance prediction model based on learning analytics[C]//Proceedings of the 2019 11th International Conference on Education Technology and Computers. 2019: 148-154.

Zheng S,Lu J J,Ghasemzadeh N,et al. Effective information extraction framework for heterogeneous clinical reports using online machine learning and controlled vocabularies[J]. JMIR medical informatics,2017,5(2): e7235.

Zhong Y,Yang H,Zhang Y,et al. Online random forests regression with memories[J]. Knowledge-Based Systems,2020,201: 106058.

后　记

　　在教育研究和实践中，学生的学习效果一直是师生关注的重要问题。在教师从面授课程教学向混合课程教学改革的过程中面临的最大挑战通常是教学模型的系统性变革。传统面授教学形式的存在时间长达数百上千年，社会对教学形态的期望早已根深蒂固。教师作为知识传递者、学生作为知识接受者的刻板印象，被教与学两方面的利益相关者广泛接受。在面授教学转换到完全在线教学时，一方面，由于师生时空距离上的疏远，并未真正改变师生在教学模型中的关系和位置。混合课程对这种教学模型的影响是，教师会明显地感知到学生通过在线课程资源（甚至是其他互联网资源）学习了教材内容，甚至是已经超出了教材内容，面授过程中的教学内容和教学重点需要重新组织和快速更新，学生往往可取得较传统教学方式更加丰富的学习成果。另一方面，在线课程压缩了面授教学的时长，对某些有信息技术困难而未参与在线学习的学生来说，面授实施过程中教学内容的重新组织和教学活动的重新安排会导致他们陷入知识点的断层，取得的学习成果反而不如完全面授教学。然而当前在这种混合课程实施过程中，教师对新的教学模型进行动态评价的方法尚不够完善。对学生成绩的预测是学生学习效果动态评价的基础，但在具体的教学情境下，预测学生成绩的基本假设是不同的。基于学生学习行为数据的学习成绩预测研究通常认为学习者发生的学习活动（无论是线上还是线下）一定可通过能被观察到的或被记录的学习行为所表征，如果学习者有发生学习行为，一定会改变其学习效果。这种基本假设来源于各种学习理论的前提假设。在解释学习过程的相关理论中，认知主义、行为主义、建构主义和联通主义，对知识存在的形式、获取的方法、分析加工的过程，以及迁移再生产的规律等方面的解释各不相同。但上述理论都承认人在经历学习后会发生一定变化的基本假设。在此假设之下，基于学生学习行为数据的学习成绩预测研究通过发现学生的行为模式，并对未来可能获得的成绩进行预测，可建构直接干预、支持和帮助学习过程的策略。许多学者在这种假设下分析了完全在线课程中的学生学习过程数据，并取得了较有成效的结果。但在混合课程场景下，将研究成果应用于教学实践仍有很长的路要走。本研究只限定在"高活跃型"混合课程中，可依据学生在线学习行为数据预测学习成绩。但尚未考虑不同混合课程中的教师制定学习成绩评定政策的区别，每个班级学生人数的区别，每个学院教师的人数和能力的区别等因素。对于非"高活跃型"的混合课程，可能还存在其他方法预测学生成绩。因此，本研究并未否定从其他视角开展学习成绩预测的研究。一方面，随着信息技术与教育教学过程的进一步融合，未来学者们观察学习过程的方法必将愈发深入和全面，分析主观反思与客观记录融合的学习过程数据，数值与图像融合的数据，静态时点与动态过程融合的数据，行为、情感、生理信号、甚至是心理活动融合的数据，都将是未来学习成绩预测研究可能的方向。另一方面，从学习帮助和支持的角度，预测模型的解释对教师和学生尤为重要，本研究借鉴数据科学领域的方法进行了一些尝试。但随着预测模型构建方法的复杂性越来越高，专门的解释预测模型研究将为师生架接从预测结果到教学实践的桥梁。德国哲学家雅思贝尔斯说："教育的本质意味着：一棵树摇动另一棵树，一朵云推动另一朵云，一个灵魂唤醒另一个灵魂。"笔者相信通过观察树的摇动方式、云的推动过程和灵魂唤醒的表征，能为学习者提供更有效率、更加人性化、更具个性化和更加舒适的教育体验。

  最后，笔者想借此机会表示感谢之意。笔者从信息学科走向工作岗位，三年后又回到学校，攻读教育学博士学位，注定要走一条艰难坎坷之路。时至今日笔者完成该研究，首先要衷心感谢导师韩锡斌教授和程建钢教授的悉心指导。笔者深切地感受到，从工科专业跨向人文社科专业需要补充的不仅是相关专业知识、理论体系、实践能力，更重要的是思维方式和学术思想的训练。在研究初期，笔者试图放弃信息学科中建构的工程思维，从教育思维的角度重建自己的思考方式，但导师依据自身的发展路径给予我大量帮助，使我在学习研究中能够接续自己的思维方式，并在已有理论体系基础上进一步建构教育学相关知识，将知识内化为已有体系结构的一部分。这些指导使本研究从看似纯数据科学的研究最终回归到教育学研究，以信息学科的知识和技能为研究工具，从教育实践中存在的真实问题为切入点，通过数据科学的方法分析教育过程，最终回归到教育实践中真实问题的解决，讨论解决这些问题对师生最直接、最显著的帮助。为完成本研究，笔者第一年从网络学习管理系统入门，分析信息技术在高等院校中服务教育教学的各部门、各阶段和各流程，并对网络学习管理系统的运行机制、数据库结构和师生使用记录等有了相应的了解；第二年参与了网络评教系统的编码和实现，从评价体系、评价方法、评价过程、评价参与主体和评价反馈等方面进行了调研和观摩学习，从而对教育教学领域的系统性评价进行了学习；第三年主导了网络学习管理系统手机 App 和学习分析功能模块的研发和设计，实现了从观摩学习到研发和设计的跨越，也学习了信息时代下师生的在线教学方法、教学策略和多种多样的教学活动，了解了师生在网络学习管理系统中遇到的各种问题，信息化教学环境中师生的教学体验也激发了我从这些问题出发开展研究的兴趣。这种在实践中学习的方式让我能够发挥所长，同时结合教育学理论知识的学习转化为解决实践问题的工具和方法，最终能够完成本研究。

在学习生活中韩老师和程老师给予了我不同方面的关怀。韩老师通过课程讲授、小组指导、共同研究等多种方式，为我展示了一名独立研究者的思考方式、做事方法、执行态度，也为我展示了学为人师、行为世范的真实写照。特别是在研究中韩老师的具体建议既有针对性又有可操作性，对我的点拨常常一针见血，切中要害。每次与韩老师讨论学术都让我受益良多。程老师又有着截然不同的人格魅力，他在领导实践、宏观设计、研究规划等方面，为我展示了一名具有大格局、大视野和大情怀研究者应有的模样，让我见识了一名心怀国之大者的研究取向。他时常说，"教育研究需要解决的是量大面广的师生遇到的最棘手、最困难的问题"。这些经历将成为笔者一生至臻的回忆和无价的财富，不仅为完成本研究提供了帮助，也是笔者未来奋斗的楷模和标杆。

感谢教育技术研究所团队的周潜老师、刘英群老师、杨娟老师和杨成明老师，你们在科研工作、学术写作、心理调适等多方面给予了笔者很大帮助。感谢山东理工大学、郑州升达经贸管理学院、中国石油大学（华东）等高等院校的一线教师及优慕课在线教育（科技）有限公司的老师们对本研究的鼎力支持，本研究的信息化基础环境、教学实践均有赖上述单位和老师的积极配合才得以开展。感谢美国南密西西比大学的张朝阳教授为本研究开拓研究思路、提供算法支持、分析解释模型和实施技术检验。感谢宋继华、贾积有、武祥村、李锋亮和邢晖老师对本研究在教育意义的回归、研究方法的扩展、文字术语的使用、核心概念的定义和写作思路的优化等方面提出的宝贵建议。

感谢刁均峰、黄浩、崔依冉、易凯谕、郭日发、石琬若、刘金晶、陈楠等同门师兄弟，和他们一起共同学习、协作科研、互相帮助对本研究的完成颇有助益,每位同学的独到见解和思维方式对本研究的核心主题、逻辑梳理和内容撰写都提供了良好的启发和莫大帮助,大家饱满的科研热情也时时激励着笔者不畏科研寂寞,艰苦卓绝,奋勇向前。

感谢爱人夏静波,在我开展本研究期间,为我排除后顾之忧,让我得以全身心投入学习科研中。感谢我的家人,你们的支持和守候是我前进的动力。感谢女儿罗嘉池的出生,让我更加奋进,同时在女儿的成长过程中我更加深刻地理解教育规律和教育理论的重要性,能在学习教育、研究教育的同时观察教育对孩子成长的影响,使用所学到的知识和技能促进孩子的成长是我莫大的幸运。而在帮助孩子成长的同时我也深感教育知识和技能的匮乏,极大地促进了我更加刻苦努力,在学习教育理论的同时,从观察、实践过程中总结教育心得。

感谢清华大学为本研究提供的广阔平台和大力支持。天行健,君子以自强不息;地势坤,君子以厚德载物。笔者自当弘扬清华精神,厉行清华校训,在笔者力所能及的范围内,全力推进信息技术与教育教学的深度融合,为中国乃至世界的教育事业发展贡献智慧和方案。

最后,感谢本书的编辑,在与编辑的交流过程中,笔者学习到如何从书籍出版的角度看待学术专著的写作方式,得以将学位论文成功改编。感谢清华大学出版社提供出版机会,帮助笔者与教育研究共同体进行更加深入的交流,促进笔者的学术成长和个人发展。